Die deutschen Funkstörverfahren bis 1945

Fritz Trenkle

CIP-Kurztitelaufnahme der Deutschen Bibliothek

Trenkle, Fritz:
Die deutschen Funkstörverfahren bis 1945
[neunzehnhundertfünfundvierzig] / Fritz Trenkle. –
Frankfurt am Main: AEG-Telefunken-Aktiengesellschaft,
[Abt. Verl.], 1982.
ISBN 3-87087-131-8

DK 621.391.825 (43) (091)
181 Seiten, 191 Abbildungen, 14 Tabellen

Anlagentechnik
Geschäftsbereich Hochfrequenztechnik
Sedanstraße 10
7900 Ulm

Der Verfasser (Jahrgang 1920) leitete bei der Luftwaffe bis 1944 eine Instandsetzungswerkstätte für Funkgeräte, im letzten Kriegsjahr war er bei der Flugfunkforschung (FFO) auf dem Gebiet der Funknavigations- und Funkmeßgerätetechnik beschäftigt. Nach 11jähriger Industrietätigkeit als Gruppenleiter in der Senderentwicklung der Firma Rohde & Schwarz erhielt er von Gen. *Martini* (damals Vorsitzender des Ausschusses für Funkortung AFO, später Deutsche Gesellschaft für Ortung und Navigation DGON) den Auftrag für zwei umfassende Berichte über die Entwicklung der deutschen Funknavigationstechnik bis 1945. Seit 1960 ist der Verfasser bei der deutschen Forschungs- & Versuchsanstalt für Luft- und Raumfahrt DFVLR als wissenschaftlicher Mitarbeiter (Fachgebiet Ausrüstung von Forschungsflugzeugen) tätig. In den Jahren 1979/80 veröffentlichte er nach mehr als 20 Jahren intensiver Nachforschungen zwei weitere grundlegende funkhistorische Werke „Die deutschen Funknavigations- und Funkführungsverfahren bis 1945" und „Die deutschen Funkmeßverfahren bis 1945" (beide im Motorbuch-Verlag), welche erstmalig einen kompletten Überblick über die Fülle der deutschen Entwicklungen aus jener Zeit aufzeigen. Diese werden ergänzt durch die nun vorliegenden Bände über die deutschen (Fremd-) Peil- und die Funkstörverfahren bis 1945.

Inhaltsverzeichnis

Vorwort

Krieg ist Krieg – mit allen Mitteln. Man schießt aufeinander, man bekämpft sich zu Lande, zu Wasser und in der Luft, und man entwickelt Verfahren, um sich der feindlichen Waffenwirkung möglichst zu entziehen – durch Panzerung, durch Tarnung. Der Krieg bleibt nicht beschränkt auf Waffenhandlungen. Und so ist es ganz natürlich, daß auch auf dem Gebiet des Funks mit seinen ebenfalls engen Beziehungen zur Waffenanwendung und mit der gemeinsamen Benutzung des nur einmal vorhandenen Frequenzspektrums beide Seiten aufeinanderstoßen, im Kampfe liegen, mit Angriff, Verteidigung und der List des Tarnens und Täuschens.

Im ersten Weltkrieg ging es dabei noch einigermaßen ruhig zu, der Funkkrieg beschränkte sich auf Horchdienst, Peilung und Chiffrierwesen, und stillschweigend war man übereingekommen, auf Störmaßnahmen weitgehend zu verzichten.

Im zweiten Weltkrieg war das nicht mehr möglich. Die seit dem ersten Weltkrieg weit fortgeschrittene Funktechnik war nun mit der ebenfalls fortgeschrittenen Technik der Waffen in so vielseitiger Weise verknüpft, daß die erfolgreiche Bekämpfung eines Funkverfahrens praktisch auf die Lahmlegung einer speziellen Waffenanwendung hinauslief. Dazu kam noch, daß die Funktechnik selbst eine stürmische Entwicklung durchmachte – die Radartechnik ist für den Krieg und durch den Krieg zu einem bedeutenden, auch für friedliche Zwecke wertvollen und wichtigen Zweig der Funktechnik entwickelt worden – so daß neben dem Krieg mit den Waffen ein Kampf der Laboratorien, der Forschungs- und Entwicklungsstellen, der Erschließung neuer technischer Möglichkeiten und ihrer Abwehr stattfand. Hier kämpften Geist, Erfindungsgabe und Witz, organisatorisches und Fertigungskönnen miteinander, und die Entscheidungen dieses Kampfes schlugen sich in den Entscheidungen an den Fronten nieder.

Die in diesem Band vorliegende Darstellung der deutschen Funkstörverfahren gibt einen Ausschnitt aus diesem technischen Ringen in einem kleinen, aber in seiner Auswirkung sehr bedeutungsvollen Teilgebiet des ungeheuren Kriegsgeschehens im vergangenen Weltkrieg wieder.

Es ist das Verdienst des Verfassers, erstmalig eine nahezu vollständige Dokumentation der Verfahrens- und Geräteentwicklung einem breiten Leserkreis zugänglich zu machen. Bei der Lektüre wird uns bewußt, welche Geduld und Mühe die jahrelangen sorgfältigen Recherchen dem Autor abverlangt haben. Hierfür gebührt ihm Dank und Anerkennung!

W. T. Runge

Einleitung

Ziele der Arbeit

Das vorliegende Buch ergänzt den gleichzeitig erscheinenden Band über Funkhorch- und Funkpeilverfahren durch die Beschreibung der Verfahren für Funkmeßbeobachtung, Schutzmaßnahmen, Funktarnung, Funktäuschung und Funkstörung im betrachteten Zeitraum, dessen letzte Jahre durch einen hart geführten „Krieg im Äther" (heute „Elektronische Kriegführung" genannt) gekennzeichnet war. Gemäß seiner Thematik hat auch dieser Band die folgende Zielsetzung:

Nach beiden Weltkriegen entstanden in Deutschland im Wissen um die technischen Erkenntnisse der Kriegsjahre jeweils große Lücken, die durch (re-)importiertes Wissen nur allmählich und nur scheinbar geschlossen werden konnten. Tatsächlich war nach Ben Akiba „alles schon einmal da"; es mußte aber auf den meisten Gebieten mangels einer erreichbaren Dokumentation ohne Kenntnis bereits durchgeführter analoger Arbeiten mühsam neu erfunden werden, wobei meist die gleichen Irrwege beschritten und die gleichen Erfahrungen gesammelt werden mußten. Trotz Verwendung der jeweils neuesten Technologien und eines oft vervielfachten Aufwandes war das Ergebnis nicht immer besser.

Dieses Buch verfolgt daher zusammen mit den beiden kürzlich erschienenen Bänden*) folgende Ziele:

a) Möglichst lückenlose Aufzeichnung der wichtigsten Teile der Entwicklung der Funktechnik,
b) Darstellung der zur Lösung gegebener Aufgaben beschrittenen Wege und Verfahren,
c) Zusammenstellung der Quellen und des Spezialschrifttums für eingehendere Studien.

Die Darstellung der Geschichte der Funktechnik in Deutschland sollte weder als simple Aufzählung veralteter Technologien, noch als Lehrbuch verstanden werden (das ja auch alle gleichaltrigen Entwicklungen des Auslandes mit enthalten müßte). Der Wert historischer Darstellungen liegt vielmehr in der Beschreibung der *Verfahren,* d. h. der grundlegenden Gedanken und Ideen, die von

*) „Die deutschen Funknavigations- und Funkführungsverfahren bis 1945" und „Die deutschen Funkmeßverfahren bis 1945", beide Motorbuch-Verlag Stuttgart 1979

anderen bereits in jahrelanger und mühevoller Arbeit gewonnen wurden. Es ist dabei unwesentlich, daß viele der vor Jahrzehnten versuchten Verfahren mit den damaligen Hilfsmitteln zum Scheitern verurteilt oder ihrer Zeit voraus waren und daher in Vergessenheit gerieten. Dies ist auch der Grund, warum auch nicht ausgeführte Projekte mit aufgenommen wurden. Aus Gründen eines sonst ausufernden Umfanges wurden operative Ereignisse oder organisatorische Dinge nur dann gebracht, wenn sie von Einfluß auf die technische Entwicklung waren. Es mag dem reinen Theoretiker als „überflüssige Schräubchenkunde“ erscheinen, daß im Buch eine genaue Bezeichnung der einzelnen Typen erfolgt. Dies hilft jedoch demjenigen, der mit oder an den Geräten gearbeitet hat, ist aber unerläßlich für die Suche nach Unterlagen oder Geräten und für deren Identifizierung. Es war mein Anliegen, einem möglichst großen Leserkreis, d. h. vom Entwickler bis zum Historiker oder technisch Interessierten eine weitgehend vollständige Darstellung zu geben.

Auch dieses Buch beruht auf mehr als 25jährigen Nachforschungen, bei denen bereits im Jahre 1958 im Auftrage von *Gen.a.D. W. Martini* für die DGON*) zwei schnell vergriffene Sammelbände**) entstanden waren. In den Fällen, wo keine Entwicklungsberichte oder Gerätebeschreibungen mehr greifbar waren, standen einer objektiven Berichterstattung oft Hindernisse im Wege wie Ungenauigkeiten oder Widersprüche in amtlichen Niederschriften, fehlende Typenbezeichnungen in Nachkriegsveröffentlichungen, Überforderung des Gedächtnisses (nach 30 oder 40 Jahren!) der noch erreichbaren ehemaligen Bearbeiter und so fort. Die Nennung von Jahreszahlen und Namen ist daher stets etwas problematisch und es wird um Nachsicht gebeten, wenn nur teilweise die eigentlichen „Väter“ einer Entwicklung in Erfahrung gebracht werden konnten. Der Verfasser bemühte sich stets fragliche Dinge durch Vergleich möglichst vieler Quellen und Aussagen zu klären. Technische Daten wurden, wenn irgend möglich, Beschreibungen entnommen, da andere Papiere oft Wunsch- oder geforderte Daten enthalten, ohne daß dies immer ersichtlich ist.

Sofern noch Originalbilder gefunden wurden, war ihr Zustand oft so, daß starke Retouchen oder Rekonstruktionen (gekennzeichnet durch „Zeichnung“) nötig waren, die mit äußerster Sorgfalt durchgeführt wurden. Die Bilder sind hier weniger als Dokumentarfotos zu einem

*) DGON = Deutsche Ges. für Ortung und Navigation/Düsseldorf
**) s. Literaturverzeichnis [214, 215].

bestimmten Ereignis, sondern mehr als technische Illustrationen zu verstehen, die möglichst viele Details zeigen sollen. Anregungen, Berichtigungen und bessere Bilder sind stets willkommen!

Danksagung

Ganz besonders zu Dank verpflichtet ist der Verfasser dem *Oberpostdir. a.D. Dr. E. Meinel* und Herrn *H. Widdra*, desgl. den Herren *Dr. R. Owczarek* und *G. Hepcke* für die unermüdliche Mithilfe bei der Unterlagen- und Informationsbeschaffung über Entwicklungen des RPZ, des FTU und der DVL. Von all den Herren, die in den letzten Jahrzehnten durch Unterlagen, Textkorrekturen und Ergänzungen zum Gelingen des Werkes beigetragen haben, können hier nur folgende stellvertretend für die übrigen genannt werden: *W. Beck, W. Böhnlein, A. Dahl (†), Korv. Kap. a.D. W. Dechend (†), F. E. Düser, O.a.D. G. Ewald, K.z.S. a.D. H. Gießler (†), R. Hahn, O. a.D. K. Hofmann* und *K. O. Hoffmann, R. Juschka, V. Karger, Prof. Dr. W. Kroebel, Dr. H. Netheler, A. Price, Prof. Dr. J. Rohwer, O. a.D. A. Rump, A. Schamfuß, H. Schliephake, A. Troost, Prof. Dr. G. Ulbricht, Dr. M. Wächtler.* Ihnen und den vielen Ungenannten meinen herzlichsten Dank!

Die Bilder stammen aus amtlichen Unterlagen und Schriften der Firmen Telefunken und Lorenz und DGON-Berichten, desgl. von den Herren *R. G. Buck, J. Fastner, L. Frädrich, U. Holstein, G. Hütter, Dr. R. Owczarek, F. Selinger, H. Widdra* und einigen mir unbekannten Spendern. Allen sei für die freundliche Druckerlaubnis herzlichst gedankt!

Anschrift des Verfassers: Fritz Trenkle, Alb.-Schweitzer Ring 7, 8080 Fürstenfeldbruck.

1. Verfahren im Funkkrieg

Die Kriegführung mit Mitteln der Funktechnik hatte bereits zaghaft im 1. Weltkrieg begonnen, wurde aber im 2. Weltkrieg immer wirksamer. Dies wurde von unserer obersten Führung trotz aller Warnungen der Wissenschaftler und der Nachrichtenchefs der 3 Wehrmachtsteile erst im Jahre 1943 nach der Katastrophe von Hamburg voll erkannt, als die gesamte deutsche Luftabwehr am Boden und in der Luft durch Störung aller Funkmeßgeräte ihrer „Augen“ beraubt und so total lahmgelegt worden war.

Vom „Krieg im Äther“ wurden alle Arten von Funksignalen, d. h. sowohl Rundfunksendungen als auch der Funknachrichtenverkehr (einschl. Flugsicherungs-, Jägerleitverkehr usf.), die Navigationssendungen, die Radarortung und auch die Funklenkung betroffen. Voraussetzung für alle Arten von Maßnahmen war die *Funkaufklärung* in Form von *Nachrichten-Aufklärung* bzw. *Funkmeßbeobachtung.* Diese wurde von festen Bodenstellen, Schiffen oder Flugzeugen aus durchgeführt, durch Erfassung und Ortung der gegnerischen Geräte, verbunden mit Analyse und Identifizierung der Signale. Eine Sonderform der Nachrichtenaufklärung war die *Funküberwachung* zur Kontrolle inländischer Sendungen (einschl. derjenigen von Agenten). In allen drei Fällen war nicht nur der Inhalt und die Form der Sendungen, sondern auch der Standort des zugehörigen Senders von Bedeutung, der durch Peilung ermittelt werden mußte, wenn das Rufzeichen nicht bekannt war. Die Funkaufklärung muß laufend und systematisch durchgeführt werden, da Einzelbeobachtungen oft zu falschen Schlüssen führen können. Sie hat die Aufgabe, sich ihre Erkenntnisse möglichst unbemerkt vom Gegner durch passive Mittel (Empfang und Peilung) zu verschaffen. Die geschichtliche Entwicklung der Funkaufklärung, desgl. die dabei entwickelten Verfahren und Anlagen vom Langwellen- bis zum UKW-Bereich werden im Band über Funkhorch- und Funkpeilanlagen [414] besprochen. Das hier nachfolgende Kapitel behandelt ergänzend dazu die Funkmeßbeobachtungsanlagen auf kürzeren Wellenlängen (UKW/DMW/ CMW).

Die erzielten Ergebnisse der Funkaufklärung führen dann zu *Gegenmaßnahmen,* wie *Täuschung* des Gegners, die er (möglichst) nicht bemerken soll, *Störung* des Gegners und zu *Schutzmaßnahmen* für eigene Anlagen. Dadurch wendet der Gegner seine Waffen an falscher Stelle oder gar nicht an oder der Einsatz bleibt weitgehend wirkungslos. Zu früh eingeleitete Gegenmaßnahmen werden leicht erkannt, verraten den eigenen Standort und die eigene Absicht und führen zur Anwendung anderer Verfahren, Geräte oder Frequenzen, die erst wieder mit viel Aufwand erkannt und analysiert werden müssen. Ein zu später Einsatz von Gegenmaßnahmen hingegen garantiert dem Gegner mindestens Teilerfolge.

Der sicherste Schutz ist, überhaupt nicht oder so zu strahlen, daß der Gegner die Strahlung nicht erfassen kann. Da totale Funkstille oft gleichbedeutend mit der Verhinderung des eigenen Waffeneinsatzes ist, muß hier also stets ein Kompromiß zwischen Risiko und Wirkung gefunden werden. Den taktischen Erwägungen für sofortige Reaktionen können strategische Gesichtspunkte entgegenstehen: So ist z.B. die laufende (vom Gegner unbemerkte) Informationsgewinnung, auch wenn der Gegner dann ungestört Einsätze durchführen kann, oft wichtiger als die sofortige Störung. Letztere kann einen Einsatz verhindern, führt aber oft zu weiteren, die man nicht rechtzeitig erfassen kann, weil man neue Verfahren oder Frequenzen noch nicht erkannt hat. Die Entwicklung der Gegenmaßnahmen (Schutzmaßnahmen, Tarn-, Täuschungs- und Störmaßnahmen) im betrachteten Zeitraum auf der deutschen Seite werden im nachfolgenden Kapitel 3 besprochen mit entsprechenden Hinweisen auf einschlägige Literatur der ehemaligen Gegner. (Weitere Informationen, auch über die heutige Form siehe Lit. [384 386]).

Aus den bisherigen Ausführungen ergibt sich daher folgendes Schema über die Methoden der Funkkriegführung:

Tabelle 1: **Methoden**

Methoden der Funkkriegführung	
<u>Funkaufklärung</u> mit Funknachrichtenbeobachtung Funkmeßbeobachtung Auswertung, Deutung usf.	<u>Gegenmaßnahmen</u> mit Schutzmaßnahmen Funktäuschungsmaßnahmen Funkstörmaßnahmen

Nachfolgend sollen noch die am häufigsten verwendeten Abkürzungen gebracht werden:

Tabelle 2: **Frequenzbereiche (Einteilung vor 1945):**

Bezeichnung		Wellenlänge	Frequenz	Abkürzung
Längstwellen		20- 5 km	15 - 60 kHz	(LLW)
Langwellen		5000-500 m	60 - 600 kHz	LW
Mittelwellen		500-180 m	600 -1600 kHz	MW
Grenzwellen		180-100 m	1,6- 3,0 MHz	GW
Kurzwellen	Nahverkehr	100- 50 m	3,0- 6,0 MHz	KW
	Fernverkehr	50- 10 m	6,0- 30,0 MHz	FKW
Ultrakurzwellen		10- 1 m	30 - 300 MHz	UKW
Dezimeterwellen		10- 1 dm	300 -3000 MHz	DMW
Zentimeterwellen		10- 1 cm	3 - 30 GHz	CMW

Tabelle 3: **Militärische Abkürzungen:**

FuHE..	Funk-Horch-Empfänger..	FuPeil A..	Funk-Peil-Anlage (Luftw.)
FuMB..	Funk-Meß-Beobachtungs-Gerät..	FuP.Ger...	Funk-Peil-Gerät (Heer)
FuMG..	Funk-Meß-Gerät.. (Luftw.)	H-Dienst	Horchdienst (Luftw./Heer)
FuMO..	Funk-Meß-Ortungsgerät.. (Marine)	B-Dienst	Beobachtungsdienst (Marine)
FuMS..	Funk-Meß-Störgerät.. (Marine)	E-Dienst	Entschlüsselungs-dienst
FuMT..	Funk-Meß-Täuschungsgerät.. (Marine)	A-Dienst	Auswertungsdienst

2. Funkmeßbeobachtungs-(FuMB-)Anlagen

Diese Anlagen dienten vornehmlich zur Erfassung und Beobachtung gegnerischer Funkmeß- und Funknavigations-Verfahren. Gegnerische Funklenkanlagen traten erst gegen Kriegsende in Erscheinung. Demgemäß mußten zur Aufnahme der fast ausnahmslos verwendeten Impulsmodulation breitbandige Empfänger verwendet werden. Die FuMB-Stellen hatten die Aufgabe, jeweils die Frequenz, die Impulsfolgefrequenz, die verwendete Polarisation (horizontal/vertikal), den Standort, den mutmaßlichen Verwendungszweck, betriebliche Veränderungen usf. beobachteter Radar- und Navigationssender festzustellen und weiterzumelden.

2.1 FuMB-Anlagen der Luftwaffe

Die Funkaufklärung durch einen Horch- oder Beobachtungsdienst war etwa ab 1934 bei allen drei Waffengattungen zwar eine feste Aufgabe, wurde aber bei der Luftwaffe zum Leidwesen von *General Martini* von dessen obersten Chef nur als „technische Spielerei" betrachtet. Nach Einführung der ersten Funkmeßgeräte bei Marine und Luftwaffe erachtete es *General Martini* als äußerst wichtig zu wissen, wieweit eine ähnliche Entwicklung in England bereits fortgeschritten war. Unter vielen Schwierigkeiten gelang es ihm im Jahre 1939 die Erlaubnis zu bekommen, die beiden vor der Abrüstung stehenden Luftschiffe LZ 127 „Graf Zeppelin (I)"*) und LZ 130 „Graf Zeppelin (II)" als fliegende FuMB-Stationen auszubauen und einzusetzen. Bereits Ende Mai 1939 flog LZ 130 zum Kanal und von da an parallel zur englischen Küste, doch jeweils außer Sichtweite, nordwärts. Weder bei dieser, noch bei einer anderen, im August 1939 auf einer anderen Strecke durchgeführten Fahrt konnten Signale englischer Radarstationen gehört werden [139]. Bis jetzt ist noch nicht einwandfrei geklärt worden, aus welchem Grunde die damals bereits voll funktionsfähige und in Betrieb befindliche englische Radarkette längs der Küste nicht erfaßt wurde. Die Annahme, daß der Zweck der Flüge von den Engländern erkannt und deshalb jeweils die Radarkette abgeschaltet worden war, konnte nicht sicher bestätigt werden [251].

General Martini ließ sich jedoch durch diesen Rückschlag nicht entmutigen und erweiterte später den Funkaufklärungsdienst durch einen eigenen Funkmeß-Beobachtungsdienst (FuMB-Dienst), um über alle neuen gegnerischen Aktivitäten auf dem Funksektor unterrichtet zu

*) Dieses lag damals bereits seit Jahren ohne Gasfüllung in Frankfurt/Main

sein und um erforderlichenfalls auch Gegenmaßnahmen ergreifen zu können. Falls die Ergebnisse des FuMB-Dienstes keine Erklärung über den Verwendungszweck neu erfaßter Signale zuließen, wurden sie einer Kommission vorgelegt, die aus Angehörigen des FuMB-Dienstes, der Abteilungen Entwicklung und Forschung des technischen Amtes des RLM und entsprechend ausgewählten Entwicklungschefs der Funkindustrie gebildet waren. Zusammen mit Gefangenenaussagen und der Auswertung erbeuteter Geräte gelang es so meist in relativ kurzer Zeit ein richtiges Bild des neuen gegnerischen Verfahrens zu gewinnen [101].

Die Erbeutung von englischen Kenngeräten des Typs „R 3000" im April 1940 und die Rekonstruktion der Schaltung und Wirkungsweise (durch *F. Michelssen*/RLM und *Dr. Steimel*/Telefunken [461]) gab den Anlaß ein „Sonderkommando R 3000", später umbenannt in „Funktechnisches Untersuchungskommando = FTU/LC 4", zu gründen, dem Fachleute des RLM, der DVL und des Heereswaffenamtes, später auch des Flugfunkforschungsinstitutes Oberpfaffenhofen = FFO und der Industrie (Telefunken, Lorenz u. a.) angehörten. Das FTU hatte die schwierigen Aufgaben, den Stand der englischen Radar- und Kennungstechnik, die Methode der englischen Jägerführung, desgleichen die Art von nur dem Namen nach bekannt gewordenen Geräten zu erkunden und geeignete Gegenmaßnahmen zu finden und zu erproben. Man hatte nämlich englische Meldungen aufgenommen, daß in St. Omer (ca. 80 km landeinwärts von Dover) startende deutsche Flugzeuge bereits wenige Minuten später in England gemeldet wurden. Kurze Zeit darauf erschienen auch an entsprechender Stelle am Kanal englische Jäger. Ein im Mai/Juni 1940 an die Kanalküste bei Cap Gris Nez entsandter Beobachtungstrupp

Erster behelfsmäßiger FuMB-Peiler des FTU (mit Empfänger EO 281) am Strand von Wissant.

der DVL (*Prof. von Handel, Dr. Pfister* und *Dr. Owczarek*/DVL) war mit behelfsmäßigen Peilgeräten, d. h. mit UKW-Empfängern EO 281 (Lorenz, 14–104 MHz) und Dreibeinen mit drehbarem Peilkopf mit horizontaler Dipolantenne, ausgerüstet. Im Bereich um 25 MHz wurden Radar-Impulssendungen mit horizontaler Polarisation und 25 Hz Folgefrequenz beobachtet, die gemäß der Peilung von der bereits bekannten und am Kanal gegenüberliegenden großen Mastgruppe bei Dover kamen. Parallel dazu konnte auch an Hand erbeuteter englischer Jäger-Funksprechgeräte das englische Führungsverfahren („Pip-Squeak"-Verfahren) enträtselt werden. Bei diesem wurden die mit Hilfe von Peilungen (tonfrequent modulierter Peilzeichen von kurzer Dauer auf einer gesonderten Frequenz) ermittelten Jägerstandorte mit den durch Radar ermittelten Standorten deutscher Flugzeuge verglichen und ermöglichten so eine straffe Jägerführung. Die gewonnenen Ergebnisse wurden beim RLM schriftlich und mündlich dargelegt, wobei eine Jägerführung nach englischer Art von deutschen Jägern damals noch als „unzumutbar" bezeichnet wurde [265, 458, 461]. Danach wurde das FTU wesentlich verstärkt und widmete sich neben der Aufgabe der Verbindungsaufnahme zu allen einschlägigen Nachrichten-Einheiten der Luftwaffe am Kanal um Anregungen zu erhalten und zu geben hauptsächlich der Funkstörung (s. Kap. 3.1).

FuMB-Peilanlage des RPZ (April 1942 am Mittelmeer)

Unabhängig davon wurden im Verfahren der gegenseitigen Amtshilfe auch 2 Meßtrupps des Reichspost-Zentralamtes = RPZ (*Dr. Scholz, H. Widdra* u. a.) im Juni 1940 an die Kanalküste entsandt. Es war ihre Hauptaufgabe, die bereits vorher am Westwall beobachteten Impulssendungen zwischen 21 und 25 MHz, sowie zwischen 26 und 29 MHz zu untersuchen und nach Möglichkeit die Standorte der Anlagen zu peilen. Die Meßtrupps waren u. a. mit Eigenbaugeräten des RPZ für den Frequenzbereich 15–120 MHz (Muster der weiter unten besprochenen „Domeyer"-Empfänger) und mit Peilantennen für Horizontal- bzw. Vertikalpolarisation ausgerüstet. Dazu kamen noch triggerbare Oszillographen zur Analyse von Impulsfolge und Impulsform. Die Aufgabe der englischen

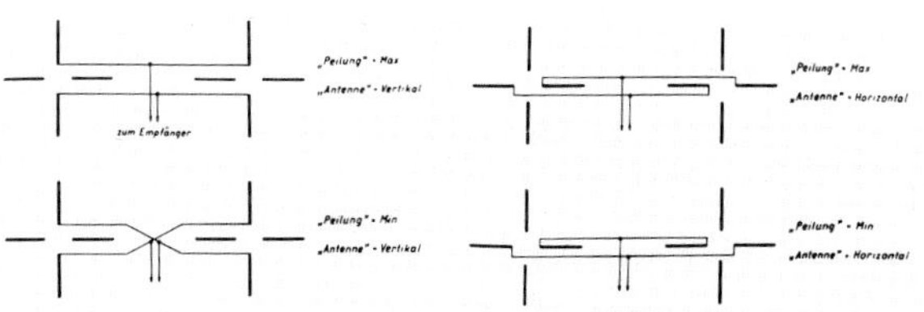

Antennenumschaltung vertikale/horizontale Polarisation und Maximum-/Minimum-Peilung

Frühwarnkette ("Chain – Home" = "CH") und die Mehrzahl der Senderstandorte wurden bald erkannt und in einem umfangreichen Bericht an den Oberbefehlshaber der Luftwaffe mitgeteilt.

Als Folge dieser beiden unabhängigen Berichte von FTU und RPZ über die englische Frühwarnkette und einer darin ausgesprochenen Empfehlung erhielten die deutschen Flugzeuge die Anweisung, die englische Küste nicht mehr hoch im Schutze von Wolken anzufliegen, wo sie gut von der englischen Küstenkette erfaßt wurden, sondern die Radarkeulen in möglichst geringer Höhe über dem Wasser zu unterfliegen. Zweitens erhielt die DVL/Adlershof den Auftrag zur Entwicklung und Erprobung von Störsendern, der aber bald an das FTZ übergeben wurde [401, 456]. Als dritte Maßnahme ordnete man die Zerstörung der Küsten-Radarstationen durch Bombenangriffe und Beschießung durch Seeartillerie an, (s. hierzu Kap. 3.1e).

Im Laufe des Juli und August 1940 baute das RPZ zwischen Den Helder und Cap de la Hague eine Reihe ortsfester FuMB-Stationen mit Peilmöglichkeiten bis zu 300 MHz auf. So entdeckte man sehr bald sog. „Turmanlagen" um 43 MHz, mobile Landstationen um 83 MHz und Versuchssendungen für das Hyperbelnavigationsverfahren „GEE" (um 48 und 53 MHz), das jedoch erst ab 1942 voll zum Einsatz kam (vergl. Kap. 3.3). Außerdem wurden Störsendestellen eingerichtet (s. Kap. 3.1). Im Jahre 1941 entstand bei Calais eine zentrale Beobachtungs- und Auswertestelle, die es ermöglichte, jeden Störsender gezielt auf eine der Radarfrequenzen zu setzen und etwaigen Frequenzsprüngen unmittelbar zu folgen. Erfaßt und richtig gedeutet wurden in Zusammenarbeit mit den entsprechenden FuMB-Stellen der Marine (s. nächstes Kapitel) die Flugzeugbordgeräte für Schiffssuche („ASV"-Geräte) im Bereich 170–180 MHz und Schiffsbord- und Landgeräte im Bereich 200–250 MHz [456].

Mit dem Wachsen der Organisation des FuMB-Dienstes am Kanal, wurde das Sonderkommando des RPZ zunächst der Luftflotte 2 unterstellt und dann in das Ln. Rgt. 3 eingegliedert. In Paris befand sich die Auswertezentrale, welche die Ergebnisse sammelte und die Verbindung zu den anderen Wehrmachtsteilen zu halten hatte. Spätestens ab 1942 wurde die FuMB-Organisation entsprechend der besetzten Gebiete im Süden auf Sizilien, Kreta, Bulgarien, im Norden auf Dänemark und Norwegen ausgedehnt. Im Reich entstanden u. a. die Zentralen Krefeld, Kettwig, Kleve usf. Die zusammenfassende

Leitung übernahm Ende 1942 der Funkleitstand des Oberbefehlshabers der Luftwaffe (7/Ln. Rgt. OBdL) [456]. Die weitere Entwicklung wird etwas weiter unten geschildert. Interessant ist, daß die FuMB-Tätigkeit der Luftwaffe am Kanal den Mitgliedern der 1943 gebildeten Arbeitsgruppe „Rotterdam" (vergl. weiter unten) unbekannt war, so daß dort das Fehlen von Luftwaffen-FuMB-Stellen am Kanal beklagt wurde und Ende April 1944 vom RLM eine Ergänzung der Marine-FuMB-Stellen durch entsprechende Luftwaffen-Stellen ins Auge gefaßt wurde [282]!

Wie im gleichzeitig erscheinenden Band über Peilanlagen [414] angedeutet, hatte das RPZ bereits ab 1936 *UKW-Peiler* entwickelt und gebaut. Sie waren dafür entworfen, Störquellen des damals im Versuchsstadium befindlichen Fernsehens ausfindig zu machen (Diathermie-Geräte, nicht entstörte Motoren etc.). Es handelte sich um vertikale, drehbare H-Adcockantennen, die mit einem um 90° verdrehten horizontalen Dipol kombiniert waren, so daß die Peilminima in der gleichen Richtung lagen. Dazu kamen spezielle breitbandige Empfänger für den Bereich um 48 MHz. Auf eine Seitenbestimmung wurde verzichtet. In Weiterentwicklung dieser Anlagen für die Luftwaffe entstanden vermutlich bereits 1939 UKW-Peilanlagen für andere Bereiche, wofür beim FTZ *(Domeyer)* eine neue Empfängerreihe *FuMB/A–H* entstand. Es waren dies 9-Röhrensuper (mit 2x RV 12 P 2000 in HF-Stufe und Mischer, 1x RL 12 T 1 als Oszillator und 6 Stahlröhren in den ZF- und NF-Stufen). Die Empfindlichkeit lag bei 4 μV, die Bandbreite bei ±150 kHz. Die ersten beiden Versionen müssen den Bereich 25 bis ca. 100 MHz erfaßt haben, da sie im oben geschilderten FuMB-Einsatz des Jahres 1940 am Kanal eingesetzt waren. Die Deckbezeichnung „*Windmeßstelle* = *WIM*" der Peilstellen wurde später oft auch auf die „Domeyer"-Empfänger übertragen, von denen noch folgende Versionen bekannt wurden:

FuMB/C = FuMB 3 der Marine	170–220 MHz,
FuMB/F	75–150 MHz,
FuMB/G	150–250 MHz und
FuMB/H	200–300 MHz (?).

Die mobilen *Peilstellen* waren in einem Peilanhänger (1achsig) untergebracht. Der demontierbare 4 m-Mast wurde durch eine Holzkonstruktion abgestützt. Die Antennenköpfe waren auswechselbar, um die Anlage für verschiedene Frequenzbereiche einsetzen zu können. Die horizontale und vertikale Polarisation der Antenne war getrennt nebeneinander benutzbar. Die Versionen für

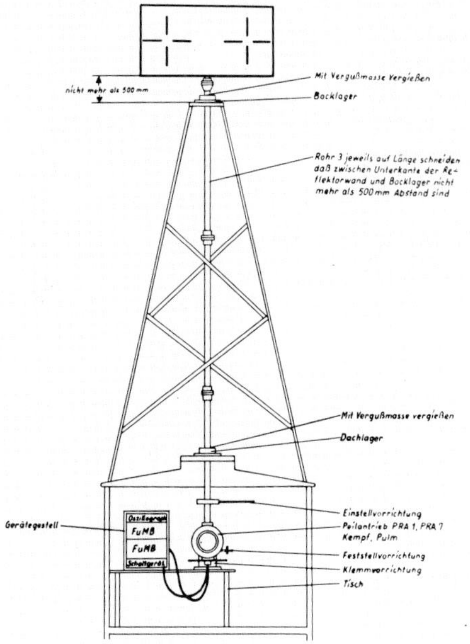

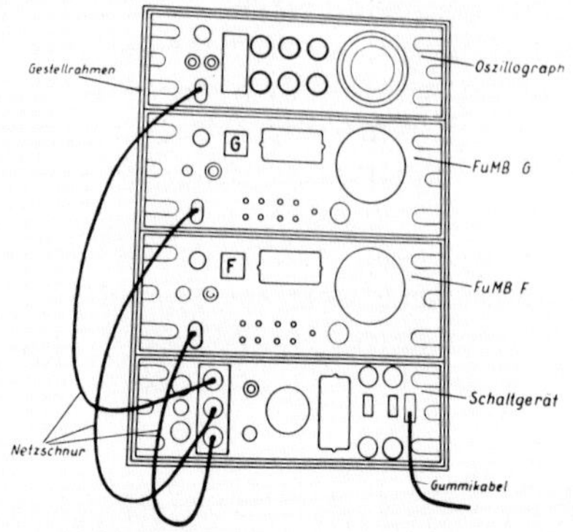

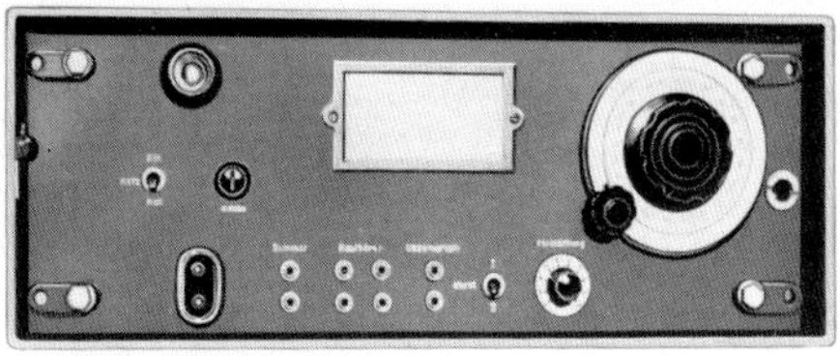

FuMB-Peilanlage RPGF 2:
Einzelempfänger FuMB/C („WIM"), Empfangsgestell und Gesamtanlage

die Bereiche 75–150 MHz (Jägersprechverkehr) und 150–250 MHz (Radargeräte) waren am meisten in Verwendung, es gab aber auch Doppelanlagen mit übereinander angeordneten Antennen, die gemeinsam gedreht wurden. Alle diese Anlagen des RPZ waren anscheinend nur den direkt Beteiligten bekannt, da sie auch keine offizielle FuMB-Bezeichnung erhielten. Die Fertigung erfolgte später in kleineren Serien bei kleineren Firmen, die Komplettierung aber stets beim RPZ. Kaum bekannt war ebenfalls eine im Juni 1944 erstellte Version *RPGF 2,* welche ebenfalls mit den Empfängern FuMB/G und/H und einem Oszillographen ausgerüstet war und somit auch den Bereich 75–150/150–250 MHz überstrich. Die Antenne war jedoch anscheinend nach Art der „Pellworm"-Antennen der Marine (s. nächstes Kapitel) aufgebaut, wie sie auch bei den weiter unten genannten Anlagen der Luftwaffe verwendet wurde. D.h. sie bestand aus einem Reflektornetz mit 2 in $\lambda/4$ Abstand davor angeordneten vertikalen Dipolen (mit Abstand Mitte/Mitte = 0,6 λ). Zusätzlich dazu waren 2 horizontale Dipole angebracht, so daß für Empfang und Peilung sowohl eine vertikal polarisierte, als auch eine horizontal polarisierte Adcockantenne zur Verfügung stand, deren Dipole wahlweise für Maximum-Peilung ($\pm 3°$) oder Minimum-Peilung ($\pm 1°$) umschaltbar waren [82]. Als Peilhaus wurde meist die zerlegbare Peilhütte der Luftwaffe gewählt oder auch Kastenwagen-Aufbauten. Der Antennen-Rohrmast wurde von Hand durch einen Peilantrieb (Typ „Pulm" oder

„Kempf") gedreht. Um größere effektive Antennenhöhen zu erzielen, wurden relativ lange Rohrmasten verwendet, die je nach Antennenhöhe entsprechend abgestützt waren, z.B. durch Abschnitte des für Heerespeiler entwickelten zerlegbaren Dreibeinmastes (aus Holz). Die „Domeyer"-Empfänger wurden gelegentlich auch an Dipol- oder einfachen Adcock-Antennen betrieben, die die Truppe hergestellt hatte [162, 163].

Auch das FFO entwickelte eine Adcockantenne Typ *C 318* mit 2 horizontalen Ganzwellen-Dipolen vor einem Reflektornetz für den Bereich 150–300 MHz, die aber offensichtlich nicht zum Einsatz kam [421].

Wie bereits erwähnt, waren die FuMB-Empfänger-Ausgänge auch mit der Vertikalablenkung von Kathodenstrahl-Oszillographen verbunden, um so die Art der Tastung bzw. Modulation und deren Frequenz feststellen zu können. Zur Ausmessung der Impulsfrequenz wurde dann die Zeitbasis des Oszillographen von einem zusätzlichen Tongenerator so angesteuert, daß nur ein Impuls sichtbar blieb. Damit war die Tonfrequenz gleich der Impulsfolgefrequenz. Bei Funklenk- oder Leitstrahlsendern konnten die Tastzyklen auf dem Bildschirm synchronisiert werden zur Bestimmung der Tastfrequenz. Im Kopfhörer wurde dann durch Überlagerung der empfangenen Signale mit dem einstellbaren Tongeneratorsignal aus dem Schwebungsnull die genaue Modulationsfrequenz(en) ermittelt. Die später verwendete Impulsbreitenmesser wurden bereits [414] beschrieben.

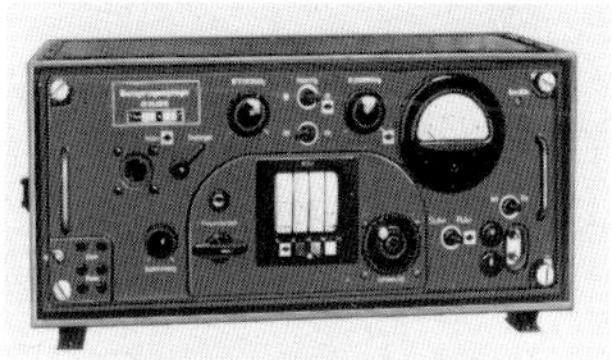

FuMB4 = RS 1/5 UD 42 „Samos" (90–470 MHz)

Gelegentlich tauchen in Listen auch die Empfänger *„Köthen I... IV"* auf, die folgende Bereiche überdeckten: 750–1000 MHz, 600–750 MHz, 500–600 MHz bzw. 430–500 MHz. Sie waren von der Fa. Siemens für DMW-Richtfunkanlagen entwickelt, wurden aber vereinzelt dann bei FuMB-Anlagen eingesetzt [112].

FuMB5 = RS 1/20 DM 43 „Fanö" (400–800 MHz)

Die ersten offiziellen und mit einer Typenbezeichnung versehenen FuMB-Peilanlagen der Luftwaffe überdeckten sich frequenzmäßig etwas mit den in [414] (Kap. 2.8) beschriebenen UKW-Adcock-Peilanlagen, waren aber Ende 1943 von der Fa. Lorenz erstellt unter Benutzung der von Rohde & Schwarz ursprünglich für die Marine entwickelten Empfänger

RS 1/5 UD 42 „Samos" = FuMB 4	90-470 MHz	Röhren: 2x RD 12 Ta
RS 1/20 DM 43 „Fanö" = FuMB 5 (ex RS 2/5 UD 42)	400-800 MHz (auch 800-1600 MHz mit Oberwellenmischung)	1x RD 12 Ga 4x EF 13 1x EB 11

Flugmeldeposten mit FuMB-Richtantenne

Beide Geräte waren auch bei der Luftwaffe in Verwendung. (Sie wurden übrigens noch nach dem Krieg für viele Jahre als Meßempfänger ESD bzw. ESH weitergefertigt). Der Eingang wurde durch einen Gegentakt-Diodenmischer gebildet, in den auch für Prüfzwecke ein besonderer Prüfoszillator eingekoppelt werden konnte, dessen Grund- und Oberwellen (100 MHz, 200 MHz usf.) in jedem Teilbereich als Eichreferenzpunkte dienten. Die Demodulation war umschaltbar für amplituden- bzw. frequenzmodulierte Sendungen (AM/FM). Die Schwundregelung erfolgte beim Suchbetrieb automatisch, beim Peilbetrieb konnte sie von Hand eingestellt werden. Mit einem geeichten Ausgangsinstrument konnte wahlweise die ZF- oder die NF-Spannung gemessen werden für Minimumpeilung nach Instrument mit drehbarem Dipol. Die Empfindlichkeit der Geräte lag bei 12 bzw. 20 μV für S/N = 3/1, die Bandbreite bei 50 kHz. Die damit bestückten FuMB-Anlagen der Fa. Lorenz trugen die Bezeichnungen:

Fu Peil A 82 a1 a2	„Pulm Sa“	Empf. „Samos“	Peilber.	120– 375 MHz 100– 300 MHz
Fu Peil A 82 b	„Pulm Sb“	Empf. 1 „Samos“ Empf. 2 „Samos“	Peilber. Peilber.	100– 180 MHz 150– 300 MHz
Fu Peil A 90 ?		Empf. „Fanö“	Peilber.	400– 800 MHz (800–1600 MHz mit Oberwellenmischung)

FuMB-Peilanlage FuPEil A 82a2 „Pulm Sa“ (100–300 MHz)

Sie waren meist in einem (ursprünglich für ein Funkmeßgerät gleichen Namens entwickelten) „Kurmark“-Stand mit elektrisch drehbarem Gabelmast untergebracht. Als Antennen wurden wieder die (vom NVK entwickelten und bei Lorenz gebauten) „Pellworm“-Antennen verwendet, wie sie bereits weiter oben beschrieben wurden [82].

Einige dieser Anlagen sollen übrigens analog zu der in [366] beschriebenen halbaktiven Anlage „Klein-Heidelberg“ im „Parasit“-Verfahren für die Flugzeugortung mit Hilfe der Rückstrahlung der starken Bodensender des englischen Impuls-Hyperbelnavigations-Verfahrens „GEE“ verwendet worden sein. Da die Standorte der Sender bekannt waren, ergaben sich um Senderstandort und Peiler als Brennpunkte ellipsenförmige Standlinien konstanter Entfernung, so daß neben der durch Peilung ermittelten Richtung auch die Entfernung ermittelt werden konnte [115].

Die Anlage *„Pulm Sb“ Fu Peil A 82 b* war eine Doppelanlage mit 2 „Samos“-Empfängern und 2 Antennensystemen, welche die gleichzeitige Beobachtung des UKW-Sprechverkehrs und der Radar- und Impulsnavigationsverfahren der gegnerischen Flugzeuge eines Verbandes zuließ. Bei Lieferschwierigkeiten des „Samos“ wurden auch Empfänger Sadir R 87 H und/oder auch die weiter oben beschriebenen RPZ-Empfänger FuMB/F, /C oder /D verwendet. Der nach [112] zeitweise geplante Einbau der Anlage in einem schweren „Freya-LZ“-Stand (vergl. [366]) unterblieb offensichtlich, da die ebenfalls bei der Fa. Lorenz gefertigten Marine-FuMB-Anlagen FuMB 21 (vergl. weiter unten) wesentlich weniger aufwendig waren und vermutlich auch vereinzelt bei der Luftwaffe zum Einsatz kamen. Aus dem gleichen Grunde dürfte die Entwicklung der Anlage *Fu Peil A 90* zurückgestellt worden sein, zumal der Bereich oberhalb von 240 MHz (und unterhalb von 3 GHz) vom Gegner praktisch nicht verwendet wurde.

FuMB-Doppelanlage FuPeil A 82b „Pulm Sb“ (90–400–800 MHz)

Schon nach der Erbeutung eines „Würzburg“-Funkmeßgerätes durch ein englisches Kommando am 27./28. Februar 1942, hatte der Chef der Luftnachrichtentruppe, *General W. Martini* mehrmals, besonders eindringlich am 8. August 1942, die Wiederaufnahme der immer noch gestoppten Entwicklungen auf dem CMW-Gebiet gefordert; beim RLM war man jedoch (gestützt durch die Ansicht einiger deutscher Wissenschaftler) der Ansicht, daß der Gegner technisch auch nicht viel weiter sein könne als die Fa. Telefunken, die bei einer Präsentation am 27. November 1942 „bewiesen“ hatte, daß die Zentimeterwellen für Funkmeßgeräte untauglich seien, da sie am Ziel nicht reflektiert, sondern „weggespiegelt“ würden. Daraufhin war eine Woche später das CMW-Labor von Telefunken *(Illberg)* aufgelöst worden [137, 139, 153].

Schon bald (am 2. Febr. 1943) wurde der größte Schock auf dem HF-Gebiet verursacht durch die Erbeutung eines englischen, auf 9 cm Wellenlänge arbeitenden, Rundsuch-Funkmeßgerätes „H2S“, das bei uns nach dem Fundort des abgeschossenen Bombers als „Rotterdam-Gerät“ bezeichnet wurde. Bereits nach wenigen Tagen wurde eine „Arbeitsgemeinschaft Rotterdam“ = AGR gegründet, der die wichtigsten Fachleute aus Industrie, Forschung und den 3 Wehrmachtsteilen angehörten und deren Vorsitz der Entwicklungsleiter der Gruppe Funkmeß bei Telefunken, *Dr. L. Brandt* übernahm. Vordringlichste Aufgabe schien damals der Nachbau einiger Geräte, um ihre Eigenschaften und Leistungen zu erkunden, desgl. die schnellstmögliche Entwicklung von Warngeräten. Nun erst, 3 Wochen nach der Erbeutung des „Rotterdam-Gerätes“, konnte *Gen. Martini* den sofortigen Beginn der Entwicklung von FuMB-Empfängern im CMW-Bereich durchsetzen.

Gerätesatz „Naxos I“
für Bodenverwendung mit
„Fingex“-Antenne

In den Labors fanden sich zwar einige wenige Versuchsgeräte, die aber meist nur einen ganz engen Frequenzbereich überdeckten. Die Fa. Telefunken (Maas) erstellte in wenigen Wochen einen Warnempfänger *„Naxos I“ = FuMB 7 = FuG 350,* der aus einem $\lambda/4$-Strahler mit Bandpaß und Detektor („Finger-Antenne“ genannt) und einem 6stufigen NF-Verstärker bestand, der die mechanischen Bauteile des Kenngerätes FuG 25 „Zwilling“ verwendete. (Das FuG 25 war entsprechend falschen Spezifikationen des RLM in 10000 Stück gefertigt worden, hatte sich aber als nicht einsetzbar erwiesen [366]). Dazu kam je nach Einsatz ein kleines Netzgerät oder ein Gleichstromumformer. Das Gerät deckte einen Bereich von 8–12 cm Wellenlänge, entsprechend 2500–3700 MHz (2,5–3,7 GHz) ab. Am 15. 3. 1943 wurde das 1. Muster, am 1. 6. 1943 wurden die ersten 100 Geräte (von 1700) geliefert. Als Detektorempfänger mit NF-Verstärker war er nicht besonders empfindlich (ca. 2000 kTo), zumal noch Schwierigkeiten mit der Herstellung stabiler Detektoren bei Telefunken (mit RPZ) und Siemens (mit FFO) auftraten und CMW-Meß- und Prüfgeräte erst entwickelt werden mußten. Der zwischen Antenne und den nicht sonderlich breitbandigen Rohrkreis mit Detektor geschaltete Bandpaß war zwar „elegant“ konstruiert und stellte entwicklungstechnisch ein Novum dar, brachte aber zusätzlichen Empfindlichkeitsverlust und zerbrach leicht. Die am Boden verwendete Ausführung des „Naxos I“ mit Netzteil nahm zudem über die Netzzuleitungen Störungen von benachbarten Funkmeßgeräten, Industriewerken etc. auf, so daß die Reichweite der mit der vertikal polarisierten „Finger-Antenne“ ausgerüsteten Empfänger meist nicht über 10–20 km hinausging. Das „Rotterdam“-Gerät arbeitete übrigens mit horizontaler Polarisation, was in keinem der damaligen Auswertungsberichte erwähnt wurde.

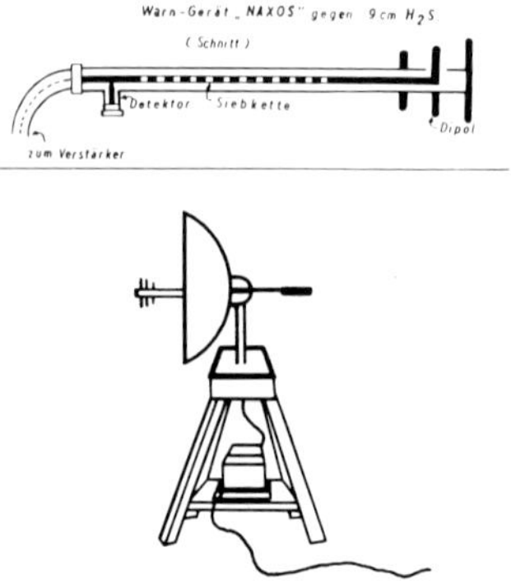

„Naxos W“ – Versuchsmuster mit 40 cm
– Parabolspiegel und Yagi-Antenne
mit Detektor

Etwas bessere Versuchsergebnisse brachten Versuchsausführungen *„Naxos W“* (erprobt im Juni 1943) mit Nachbauten des Rotterdam-Dipols in einem schwenkbaren Parabolspiegel von 40 cm ∅. Vom „Naxos“ waren damals mehr als 20 verschiedene Versionen bei den Firmen Telefunken, Lorenz, Kimmel usf. in Entwicklung, von denen aber hauptsächlich nur 3 an Bord von Flugzeugen [366] und 5 Versionen bei der Marine (s. w. unten) zum Einsatz kamen.

Im März/April 1943 waren bei der Fa. Pintsch die Empfänger *„Leukos I“* (4–7 cm) und *„Leukos II“* (7–12 cm Wellenlänge) in Entwicklung unter Verwendung von Bremsfeldröhren („Resotanks“). Man hat aber später nichts mehr davon gehört [282].

Das FTU baute am Kanal einen großen Zylinderparabolspiegel mit Dipol, abstimmbarer Lecherleitung (Bereich etwa 6–12 cm Wellenlänge), Detektor und mehrstufigem Verstärker auf, um die Wellenlängen neuer CMW-Radars zu erkunden [458].

Drehbarer Empfangsspiegel mit abstimmbarem CMW-Detektorempfänger des FTU an der Kanalküste (rechts Störsendeanlage „Breslau I").

Bei der Fa. Blaupunkt fand sich neben einem Muster eines CMW-Empfängers *„Alag U"* (9,5–10,5 cm Wellenlänge) ein für Richtfunkzwecke entwickelter Empfänger *„Korfu 812"* (8–12 cm Wellenlänge, entspr. 2,5–3,75 GHz, Entwickler *Dr. Güllner/Dr. Lämmchen*), der mit Magnetron-Oszillator (RD 2 Md 2), Detektor-Mischstufe, 4 ZF-Stufen (40 MHz), einer 2. Mischstufe mit 2. Überlagerer und 5 weiteren ZF-Stufen (60 MHz), einem FM-Demodulator und 2 NF-Stufen ausgerüstet war. Für AM-Betrieb war ebenfalls eine Diode vorgesehen, die an den Ausgang der 2. ZF-Stufe der 60 MHz-ZF angeschlossen war. Die ZF- und NF-Stufen waren mit EF 14 bzw. Dioden RD 2,4 Gc bestückt. Bei späteren Lieferungen wurden übrigens die nur für FM-Betrieb benötigten Stufen weggelassen. Der Empfänger wies eine Empfindlichkeit von etwa 500 kTo auf. Nach relativ kurzer Nachentwicklungszeit konnte er ab Anfang Juni 1943 für Luftwaffe und Marine in Serie gefertigt werden. Gleichzeitig liefen entsprechend einer Forderung von *Staatsrat Esau* Weiterentwicklungen für andere Frequenzbereiche an, die sich mangels geeigneter Magnetrons recht schwierig gestalteten.

Im Herbst 1943 waren schließlich auch 15 Warnstationen mit der ersten Serie der „Korfu 812"-Geräte und drehbaren Hornantennen bestückt. Sie waren meist in zerlegbare Peilhütten der Luftwaffe eingebaut, wurden dann als *Fu Peil A 100 „Korfu"* bezeichnet und konnten Flugzeuge

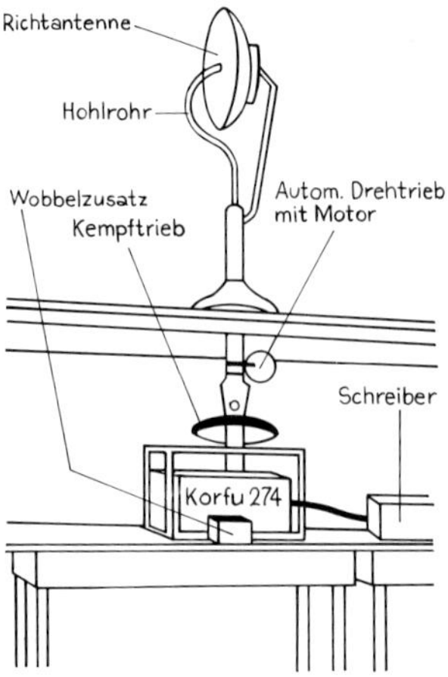

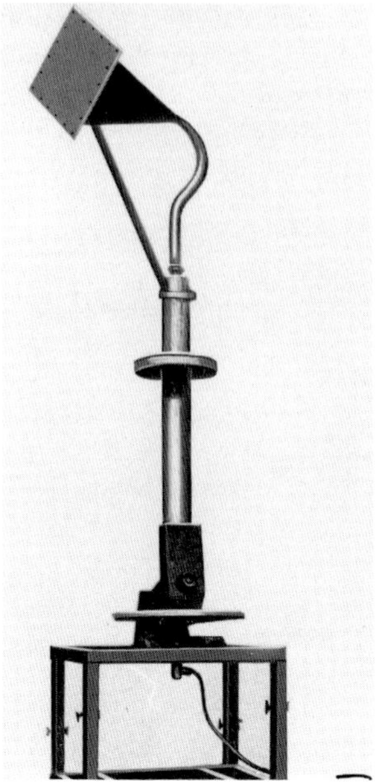

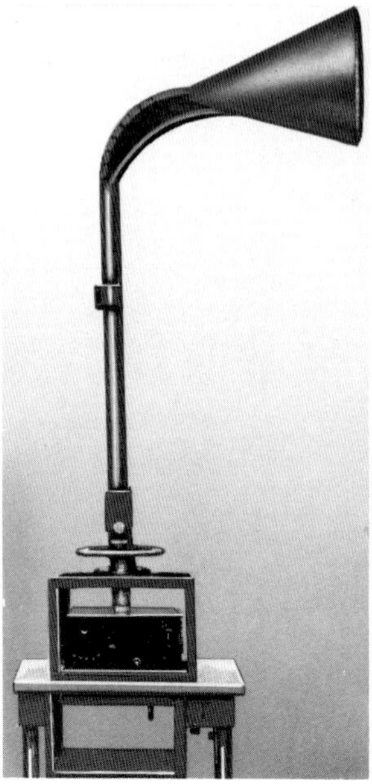

Empfänger „Korfu“ mit verschiedenen Horn- bzw. Parabolspiegel-Antennen. Rechts unten FuPeil A 100 mit „Korfu 812“

mit eingeschaltetem „Rotterdam“ auf mehrere 100 km orten. Ihre Peilergebnisse liefen bei einer Auswertezentrale = Funkleitstand des Obdl. in Potsdam-Eiche zusammen [139]. Die Peilgenauigkeit lag bei ±3–5°.

Zu dieser Zeit war die Lage im FuMB-Dienst so, daß mit den vorhandenen Peilanlagen hauptsächlich der Sprechverkehr des Gegners (98–156 MHz), vereinzelt auch ältere Bordradaranlagen (im Bereich 170–240 MHz) und auch die Rundsuchgeräte „Rotterdam“ (um 3000 MHz) erfaßt werden konnten. Hierbei konnten infolge der Vielzahl der meist nur kurz dauernden und abwechselnd von verschiedenen Flugzeugen abgestrahlten Signale oft nur grobe Einzelpeilungen gewonnen werden. Auch bei Zusammenarbeit mehrerer FuMB-Stellungen waren Kreuzpeilungen oder gar Flugwegverfolgungen oft schwierig durchzuführen. Letztere wurden als besonders wichtig erachtet, um Anflugmeldungen miteinander koordinieren zu können und durch Anpeilung der gegnerischen FuMGs auch eine Unterscheidung Freund/Feind vornehmen zu können. Besondere Sorge bereiteten die hochfliegenden „Mosquito“-Flugzeuge der Engländer, die wegen ihrer hohen Geschwindigkeit von Jägern nicht abgefangen werden konnten, aber höchst genau Punktziele bombardierten oder als „Pfadfinder“ (nach deutschem Vorbild [265]) Ziele für nachfolgende Bomberströme markierten. Sie wurden anscheinend auf dem Funkwege geführt. Wie das UKW-Verfahren „Oboe“ (in Deutschland „Bumerang“ genannt) im August 1943 bei der FuMB-Stelle „Maibaum“ (bei Kettwig im Ruhrgebiet) entdeckt wurde, ist in Kap. 3.1e (Beispiele für durchgeführte Störaktionen) geschildert.

Bei sehr weit von England abliegenden Zielen mußten die „Mosquito“-Flugzeuge aber ein Zentimeterwellen-Rundsichtgerät ähnlich dem „Rotterdam“ verwenden. Beim Luftgau-Kommando VI (Münster) bekam der sehr ruhrige Referatsleiter FuMB, *Hauptm. A. Dahl,* der auch schon ein akustisches Peilverfahren gegen „Mosquitos“ entwickelt hatte, den Auftrag nach Verbesserungsmöglichkeiten zu suchen. Zusammen mit seinem *Feldwebel Kaufmann* (einem ehemaligen Funkamateur) besichtigte *Dahl* im August 1943 u. a. eine „Naxos W“-Anlage mit 60 cm-Spiegel, die für Einweisungszwecke direkt am 3 m-Spiegel eines „Würzburg“-Gerätes angebracht war. Mit dieser Kombination waren noch keine Erfahrungen gewonnen worden, da der Detektor des „Naxos“ defekt war, wie sich herausstellte. Dabei kam *Hauptm. Dahl* zum Schluß, daß durch direkten Einbau einer „Naxos“-Anlage in einen 3 m-Spiegel eines „Würzburg“-Drehstandes eine leicht realisierbare Verbesserungsmöglichkeit entstand. Es mußte durch die Kombination einer hohen Peilschärfe (Antennengewinn!) mit der Schwenkbarkeit des Spiegels nach Seite und Höhe auch die Verfolgung eines Einzelflugzeugs möglich sein. Auch die „Korfu“-Geräte hatten zu dieser Zeit nur eine nach der Seite schwenkbare Trichterantenne mit $\pm 5^\circ$ Peilgenauigkeit, so daß meist mehrere Flugzeuge gleichzeitig erfaßt wurden und daher nicht getrennt werden konnten.

So wurde trotz des strengen Verbots der Änderung von Wehrmachtsgerät aus einer „Würzburg“-Anlage der Gerätesatz ausgebaut und dafür der „Naxos“-Verstärker installiert, wodurch das sog. *„Naxburg“-Gerät* entstand. Die naheliegende Verwendung der „Rotterdam“-Yagiantenne mit „Naxos“-Bandpaß erwies sich für die gegebenen Hilfsmittel als zu schwierig, so daß ein Eigenbau beschlossen wurde. Auf einer Plexiglasplatte wurde ein Breitbanddipol von 4,5 cm Länge befestigt, in dessen Speisepunkt ein speziell ausgesuchter Detektor eingebaut wurde. Die neue Antenne wurde in dem (genau mit Hilfe der Sonnenstrahlung bestimmten) Brennpunkt des 3 m-Spiegels befestigt. Die entstehende NF wurde über Drosseln und ein HF-Kabel zum Verstärker geleitet. Als Vorsatzkalotte (Reflektor) diente eine halbierte Konservendose. Die Störeinstrahlungen auf das Netzkabel konnten durch Übergang auf Batteriebetrieb beseitigt werden [162].

FuMB-Peilanlage „Naxburg“ mit Empfangsbereich etwa 8–12 cm und 2–6 cm

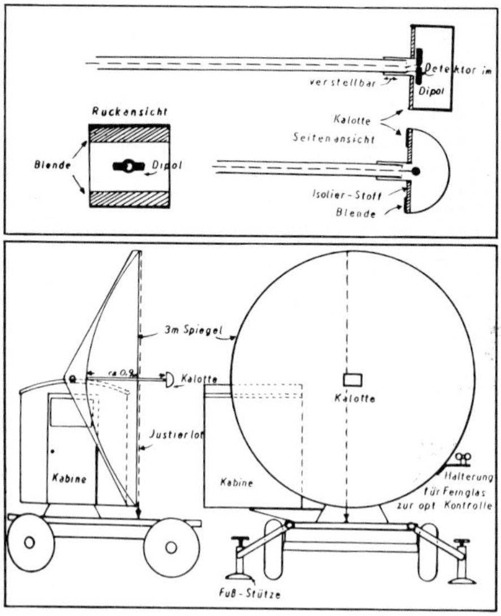

Bereits beim ersten nächtlichen Probebetrieb (am 22. 9. 1943) und in der Folgezeit wurde eine Peilgenauigkeit von ca. $\pm 1°$ (bei Maximum-Peilung nach Seite und Höhe), desgleichen eine Reichweite von 150–200 km erzielt, wie aus den Überflugmeldungen anderer FuMB-Stellen ermittelt wurde. Da diese in ihrem Anflugweg verfolgten Flugzeuge meist „Mosquitos“ waren, die seltsamerweise von den „Korfu“-Geräten nicht erfaßt wurden, lag der Schluß nahe, daß diese Flugzeuge für ihre genau gezielten Bombenwürfe Panoramageräte verwendeten, deren Frequenzbereich außerhalb desjenigen der

„Korfu"-Geräte lag. Wegen der beschränkten Zuladefähigkeit der Flugzeuge und der noch vorhandenen „Löcher" in der Funküberwachung (zwischen 12 cm und 1,8 m Wellenlänge) waren etliche Sachbearbeiter noch skeptisch und unterrichteten die Luftwaffenführung nicht von den Erfolgen der „Naxburg"-Geräte. Der Nachrichtenführer im Luftgaukommando Münster ermöglichte jedoch den Umbau von ausgemusterten „Würzburg"-Geräten in „Naxburg"-Geräte, deren Bedienungsstand nun zum Schutz gegen die Witterung und Umgebungsgeräusche mit einem Holzverschlag versehen wurde. Von günstig ausgesuchten Stellungen (anfänglich 3) mit einer Basislinie von 200 km waren alle Anflüge von der englischen Küste bereits auf Entfernungen von über 400 km (bestätigt durch Überflugmeldungen) zu beobachten. Ursprünglich war zur Flugwegverfolgung die Vornahme von Kreuzpeilungen geplant. Da sich die Panoramageräte der meist in 6 km Höhe anfliegenden Bomber durch ihre Impulsfrequenz von denjenigen der meist in 10 km Höhe einfliegenden „Mosquitos" unterschieden, konnte man in Kenntnis der Flughöhe und bei der inzwischen erfolgten Verbesserung der Höhenpeilung auf $\pm 0{,}25^\circ$ die Entfernung bis auf etwa 10% genau ermitteln, d. h. bereits mit *einem* passiven Gerät eine Ortung = Standortsbestimmung durchführen. Die Verbesserung der Höhenpeilgenauigkeit erfolgte durch Anbringung einer Schlitzblende an der Antennenkalotte.

Hier ist noch einzufügen, daß bereits 3 Wochen vor dem Bau des ersten „Naxburg"-Gerätes (ohne Kenntnis von *Hptm. Dahl*) von einer nicht genannten Firma ein „Korfu 812"-Empfänger in einen „Würzburg"-Drehstand eingebaut worden war, wobei eine Peilgenauigkeit von $\pm 1^\circ$ erzielt wurde. Es blieb jedoch bei 2 Mustern dieses *„Korona"-Gerätes.* Die Luftwaffe zeigte kein Interesse, lediglich die Kriegsmarine ließ später ähnliche Anlagen fertigen (vergl. „Chinesen"-Stand, weiter unten) [282]. Später wurde die Bezeichnung „Korona" für eine kombinierte Störanlage verwendet.

Die „Naxburg"-Geräte erfaßten also, da der Antennendipol der einzige abgestimmte Teil war, neben den „Rotterdam"-Geräten der Bomber auf 9 cm Wellenlänge die entsprechenden Geräte der „Mosquitos" auf 3 cm Wellenlänge (3. Harmonische des Dipols, die 2. Harmonische entspr. 4,5 cm Wellenlänge schied wegen Fehlanpassung des Dipols für diese Wellenlänge aus). Obwohl bereits am 22. 6. 1943 *Dr. Scheibe* von der PTR auf diese Möglichkeit in einer AGR-Sitzung hingewiesen hatte (ohne daß *Dahl* dies wußte), glaubte man beim RLM erst dann an die Existenz der 3 cm-Radars, als sie im Februar 1944 erbeutet worden waren („Rotterdam X“ der Engländer und „Meddo“ der Amerikaner). Nun sollte das „Naxburg“-Gerät von der Fa. Telefunken nachgebaut werden. Die Leistungen der ersten Geräte waren jedoch vollkommen unbefriedigend. Man hatte wohl eine Aversion gegen die „Bastel-Konkurrenz“, die einfachen aber wirksamen Justierungsmethoden (optische Brennpunktbestimmung mit Hilfe der Sonne) total unterschätzt und glaubte das „mit der linken Hand“ erledigen zu können. Wegen des Mißerfolges wurde dann der Nachbau zur Ln-Werkstatt in der Nähe von Münster verlegt. Unter Anleitung von *Fw. Kaufmann* wurden dort noch 20–24 Stück hergestellt, sie erfüllten dann bis Kriegsende, bedient durch Ln-Helferinnen, ihre Aufgabe unter den schwierigsten Umständen und lieferten unbezahlbare Ergebnisse [162, 163]. Es ist bezeichnend, daß in den AGR-Berichten der Name „Naxburg“ nicht erwähnt wird im Gegensatz zur peinlich genauen Berichterstattung über einzelne Versuchsmuster von Geräten und Röhren etc.

Um die geringe Peilschärfe der „Korfu“-Geräte von etwa $\pm 5^\circ$ auf etwa $\pm 1^\circ$ zu verbessern, wurde Ende 1943 das sog. *„Zeitpeil-Verfahren Johnske“* bei der Fa. Getewent untersucht. Es war in [136] wie folgt definiert: „Die auf verschiedenen „Korfu“-Empfangsstationen erfaßten Signale werden in der Leit-Empfangsstation gleichzeitig oszillographisch dargestellt. Dadurch werden die Sichtwinkel vom „Rotterdam“-Gerät zu den Peilbasen direkt angezeigt und durch Abdeckung der Standort ermittelt“.

Das Verfahren nutzte also die bekannte Drehrichtung und Drehgeschwindigkeit des Richtdiagramms der „Rotterdam“-Antenne aus, dürfte aber bei Vorhandensein mehrerer Bordgeräte im gleichen Raum Schwierigkeiten bei der Auswertung ergeben haben und daher über ein Labormuster kaum hinausgekommen sein, da es später nicht mehr erwähnt wurde.

Hier muß noch kurz auf die damals stürmisch einsetzende Entwicklung von Antennen für das CMW-Gebiet eingegangen werden. Bekannt waren die Horn- und die Parabolspiegelantennen, für die noch Anpassungsprobleme zu lösen waren. Da der Energieverlust auf der Antennenzuleitung pro Meter um so größer ist, je kürzer die Wellenlänge ist, bedeutete das für die „Korfu“-Empfänger, daß die Antenne maximal 2 m oberhalb der Empfänger angebracht werden konnte. Die Verwendung starrer Rohrleitungen zwischen Horn und Empfänger brachte weniger Verluste als diejenige eines Koaxialkabels. Bei Detektor-Empfängern („Naxos“ usf.) konnte der Detektor direkt an

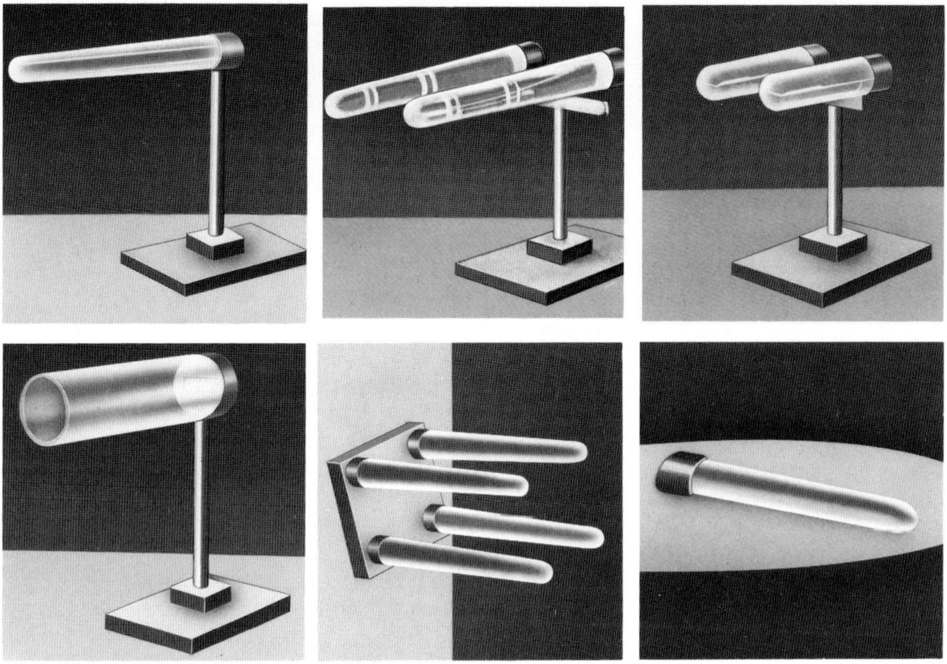

Bilder aus der Entwicklung keramischer Antennen

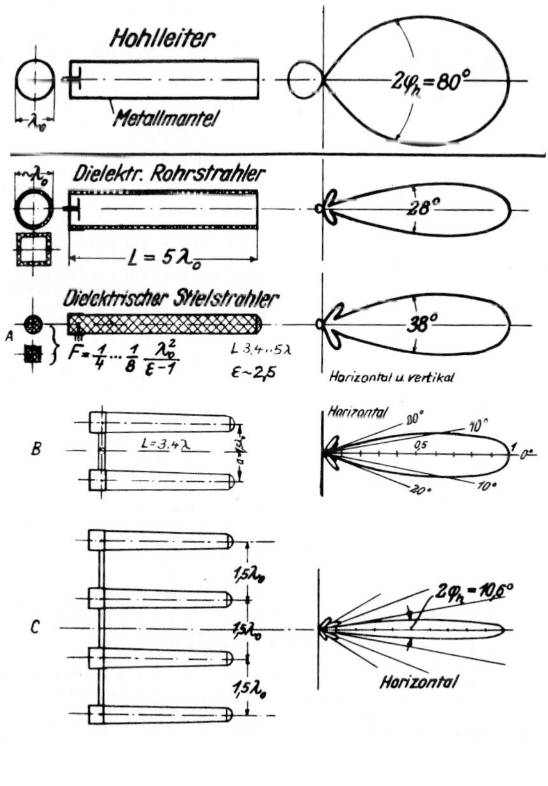

Diagramme für Hohlleiter, dielektrischen Rohrstrahler und Stielstrahler (A = einfach, B = zweifach, C = vierfach)

die Antenne gesetzt werden, so daß der so gebildete „Antennen-Kopf" in größerer Höhe bzw. Entfernung vom NF-Verstärker angebracht werden konnte. Neben den Yagi-Antennen des „Rotterdam"-Gerätes mit oder ohne Parabolspiegel wurden später vor allem Stielstrahler (nach *Mallach* [167, 168]) verwendet. Konische Trolitulstäbe = „Stielstrahler" und Trolitulrohre = „dielektrische Rohrstrahler" mit $\lambda/4$- oder $\lambda/2$-Strahler am Ende ergaben eine gute Richtwirkung, besonders wenn sie in Gruppen zu 2, 4 oder 8 Strahlern zusammengefaßt waren. Später entstand auch eine dielektrische Rundstrahlantenne mit vertikalem $\lambda/4$-Strahler in einer Trolitulscheibe aufgesetzt auf eine horizontale Gegengewichtsplatte. Weitere Antennenentwicklungen werden weiter unten bei den Marinegeräten besprochen.

Die Sichtpeilanlage *„Naxos Z"* sollte ursprünglich das Summen-Differenz-Peilverfahren mit 2 Empfängern „Steinziege" verwenden [282]. Die dann an Bord von Flugzeugen und Schiffen eingesetzten Seriengeräte verwendeten aber eine rotierende Antenne mit 2 Stielstrahlern, an welche der Bandpaß mit Detektor über eine kapazitive Drehkupplung direkt angeschlossen war. Da die „Rotterdam"-Antennen nur 1,5 mal pro Sekunde gedreht wurden, erschien zuerst die Darstellung einer automatischen Peilanlage schwierig, bis ein junger Ingenieur bei Telefunken daraufkam, die Peilantenne mit etwa 20 Umdrehungen pro Sekunde (oder schneller) drehen zu lassen. Neben dem Antriebsmotor war ein 2-Phasen-Generator montiert, dessen 2 Spannungen an die (hier fest angebrachten) vertikalen und horizontalen Ablenkspulen einer Anzeigeröhre geleitet wurden. Dadurch rotierte der Lichtpunkt des Elektronenstrahls unter einer 360°-Skala genau synchron mit der jeweiligen Empfangsrichtung der Drehantenne. Der Ausgang des „Naxos"-Verstärkers war an die zylindrische Steuerelektrode der Sichtröhre angeschlossen, so daß ein z. B. aus Richtung 90° einfallendes Signal den Elektronenstrahl unter der entsprechenden Gradzahl nach außen ablenkte („Zacken"-Anzeige). Spätere Versionen arbeiteten mit Einphasengenerator an der Antenne und elektrostatischer Ablenkung der Anzeigeröhre über 2 Phasenschieber, desgleichen nun mit Helltastung des sonst gesperrten Elektronenstrahls, so daß unter der entsprechenden Gradzahl ein heller Punkt oder kurzer Strich erschien. Dem Prinzip nach war also die „Naxos Z"-Anlage eine Maximum-Peilanlage mit Sichtanzeige, wobei sich stroboskopische Effekte allerdings nicht ganz vermeiden ließen. Sie wurde in diesen Formen hauptsächlich nur in Flugzeugen (als passives Nachtjagdgerät FuG 350 Z, s.

[366]) und auf Schiffen der Kriegsmarine (s. weiter unten) verwendet.

Eine einfachere Art einer Rundsuchanlage ist auf dem weiter oben gezeigten Bild der Parabolspiegelantenne für „Korfu“ ersichtlich. Der Drehschaft der Antenne sollte mit einem Antriebsmotor und einer Drehkupplung für die Antennenzuleitung ausgerüstet werden. An den Empfängerausgang sollte auch ein Schreiber (Fa. Neumann) angeschlossen werden. Wenn gleichzeitig mit der Empfängerausgangsspannung die jeweilige Richtung der Antenne (mit rotierendem Potentiometerabgriff) registriert wird, erhält man mit dieser Methode einen Schreibstreifen, der gegf. auch einen Kurzzeitbetrieb des beobachteten Bordradars erkennen und auswerten läßt. Wieweit diese Idee einsatzmäßig verwendet wurde, ist nicht bekannt. Der Antennenmotor sollte für Handpeilbetrieb abschaltbar sein.

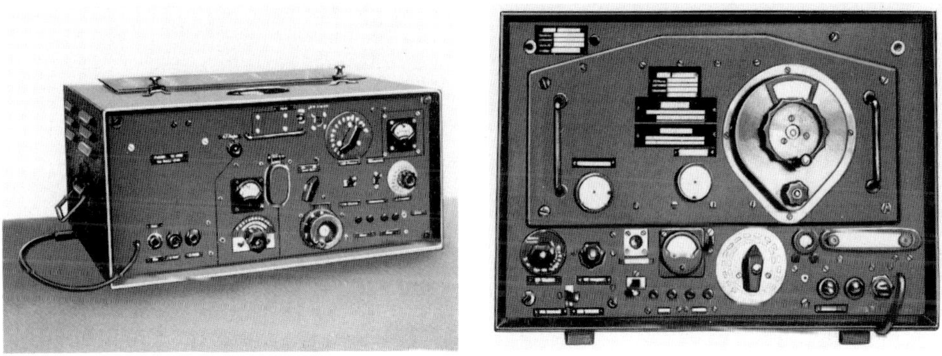

„Korfu“-Empfänger, Normalausführung (links) und kleinere Neuausführung (rechts)

Hier muß noch kurz auf die Weiterentwicklung der Typenreihe der „Korfu“-Empfänger für verschiedene Frequenzbereiche eingegangen werden. Da nur 2 geeignete Typen von Magnetrons (RD 2 Md und RD 2 Md 2) direkt greifbar waren, konnte man nur für die Bereiche 12–18 cm und 8–12 cm die Grundwellenmischung anwenden; für kürzere Wellenlängen wurde die 2. Harmonische beider Oszillatoren benutzt, womit sich mit etwas reduzierter Empfindlichkeit (und Mehrdeutigkeiten durch Grund-und Oberwellenmischung), nun die Bereiche 6–9 cm und 4–6 cm ergaben. Der Bereich 2,7–4 cm erforderte die Heranziehung der 3. Harmonischen und die Verwendung eines Hochpaßfilters am Eingang. Man hatte gut daran getan, diese Entwicklungen voranzutreiben, denn bereits im Januar 1944 wurde die Verwendung des 3 cm-Bereiches seitens des Gegners durch die Erbeutung entsprechender Radargeräte (vergl. weiter oben) Gewißheit. In kleinen Stückzahlen soll auch eine Version für den

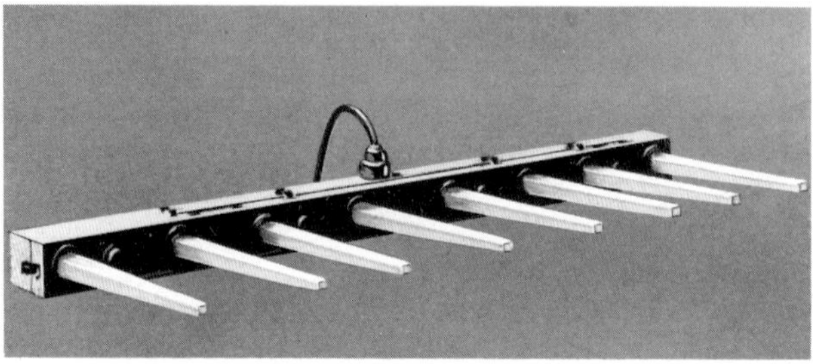

Vierlings-FuMB-Peilanlage FuPeil A 100 a1, oben 8fach-Stielstrahler und 4fach-Stielstrahler ohne Abdeckung

Bereich 0,9–2,7 cm gefertigt worden sein. Die Auskopplung aus den Hornantennen erfolgte übrigens bei Hohlrohr und Kabeln mit 45°-Drehung, so daß die Antennen auf horizontal und auf vertikal polarisierte Wellen gleich gut ansprachen. Bei Kriegsende standen also folgende „Korfu"-Varianten zur Verfügung:

Korfu 68	= E 351 A	= FuMB 13	3750- 5000 MHz	6- 8 cm
Korfu 46	= E 351 B	= FuMB 14	5000- 7500 MHz	4- 6 cm
Korfu 1218	= E 351 C	= FuMB 12	1660- 2500 MHz	12- 18 cm
Korfu 274	= E 351 D	= FuMB 15	7500-11000 MHz	2,7- 4 cm
Korfu 812	= E 351 E	= FuMB 11	2500- 3750 MHz	8- 12 cm
Korfu 1720	= E 351 F?	= FuMB 17	11500-17700 MHz	1,7-2,6 cm

Es gab auch eine mechanisch kleinere Ausführung des „Korfu"-Empfängers, von dem noch HF-Teile (mit leider zerkratztem Typenschild) erhalten sind.

Die Fa. Telefunken (*Maas*) entwickelte auch ein dem „Naxos Z“ ähnliches Gerät für Verwendung am Boden. Diese Sichtpeilanlage *Fu Peil A 100 „Kornax (I)“* verwendete für den 9 cm-Bereich die Drehantenne des Funkmeßgerätes „Berlin“ [366] mit 4 großen Stielstrahlern, den Empfänger „Korfu 812“ und ein Sichtgerät mit 360°-Skala. Diese Anlage wurde anscheinend selten allein, sondern meist in der weiter unten beschriebenen Vierlings-Anlage verwendet. Etwas später entstand ebenfalls bei Telefunken (*Dr. Hasselbeck/Troost*) eine Ausführung *„Kornax (X)“* für den 3 cm-Bereich mit einer neu entwickelten Drehantenne mit 2 dielektrischen Rohrstrahlern und Igelitschaum-Schutzhaube, dem Empfänger „Korfu 274“ und dem Sichtgerät. Die Reichweite einer derartigen, auf dem Feldberg im Taunus aufgestellten Anlage war so groß, daß die gegnerischen Bomber bereits beim Sammeln über der englischen Küste, d. h. auf eine Distanz von ca. 550 km geortet werden konnten [361].

FuMB-Rundsuchanlage „Kornax (X)“ für 3 cm Wellenlänge auf dem Feldberg.

Mitte 1944 entstanden bei der Fa. Blaupunkt mit dem Verfügbarwerden verschiedener Frequenzbereiche der „Korfu“-Geräte neben der besprochenen „Einlings“-Anlage Fu Peil A 100 mit „Korfu 812“ oder „274“ auch Zwillingsanlagen für den 9 cm- und den 3 cm-Bereich und eine große Vierlingsanlage *Fu Peil A 100 „Kornax (II)“*, die mit 4 Empfängern den Bereich von 2,7–12 cm (2,5–11,1 GHz) lückenlos überstrich. Für jeden Empfänger war eine Hornantenne (Peilgenauigkeit ca. ±5°) vorgesehen, die gemeinsam am Mast des Peilantriebes befestigt waren. Für den „Korfu 812“ E 351 E war noch ein verkleideter 8-fach-Stielstrahler angebracht, der eine Peilgenauigkeit von ±2,5° erzielte und wahlweise für Peilbetrieb anstelle der für den Suchbetrieb besser geeigneten Hornantenne angeschaltet werden konnte. Der E 351 E konnte auch an eine bei der Anlage „Kornax (I)“ beschriebene Drehantenne mit Sichtpeilanzeige für den Rundsuchbetrieb angeschlossen werden. Die Anzahl der noch zum Einsatz gekommenen Vierlings-Anlagen ist nicht bekannt. Es gab auch Kombinationen mit Störsendern = „Korona“, (s. Kap. 3.1 d).

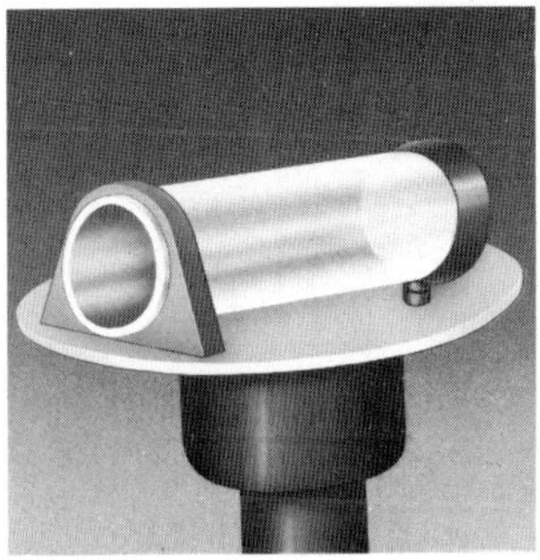

Oben: Drehantenne mit Rohrstrahler (Zeichnung)

Ende 1944 arbeitete die Fa. Blaupunkt (*Dr. Lämmchen*) noch an 2 *„Korfu“-Kurzzeitpeilern.* Die Ausführung mit *Glimmlampenanzeige* war nach dem Prinzip des „Kornax“ mit Drehantenne aufgebaut, sollte aber anstelle der Braunschen Röhre Glimmlampen zur Richtungsanzeige verwenden. Es ist nicht bekannt, wie das Nachleuchten einmal gezündeter Glimmlampen erreicht werden sollte. Die zweite Art *„Korfu Q“* arbeitete nach der „Quotientenmethode“, d. h. mit der Anzeige des Verhältnisses der

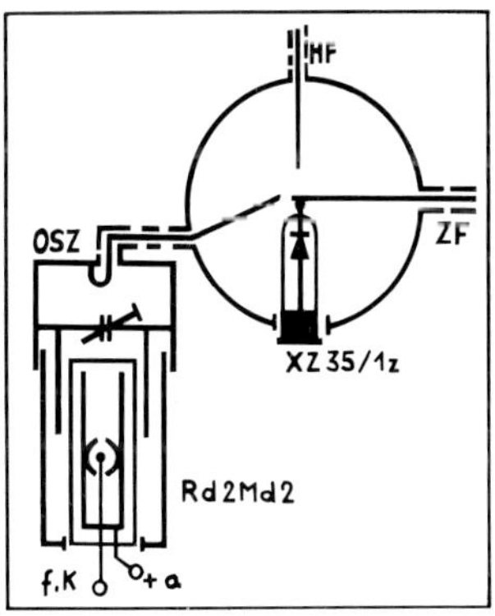

Oszillator und Mischkreis im Empfänger „Korfu“ (Dauermagnet nicht gezeichnet)

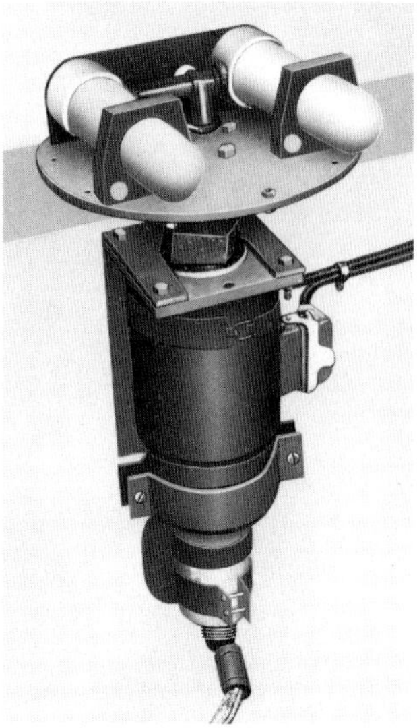

„Korfu"-Kurzzeitpeiler mit Glimmlampenanzeige, links die Drehantenne (wie „Naxos Z" und „Korfu Z")

Feldstärken in zwei Richtantennen. Dafür wurden 2 Empfangskanäle, d.h. 2 „Korfu"-Empfänger mit gemeinsamem Oszillator und Regelteil benötigt. Das Antennensystem bestand aus einer drehbaren Scheibe mit 2 unabhängigen und leicht auseinandergespreizten Stielstrahlern. Zur Überprüfung der Gleichheit der 2 Kanäle wurde ein von der Antenne abgesetzter Prüfsender benötigt, der die gewünschte Frequenz durch Mischung der Oszillatorfrequenz mit einem 40 MHz-Oszillator (Frequenz der 1. ZF) erzeugte. Die Anzeige sollte wohl vermutlich wie

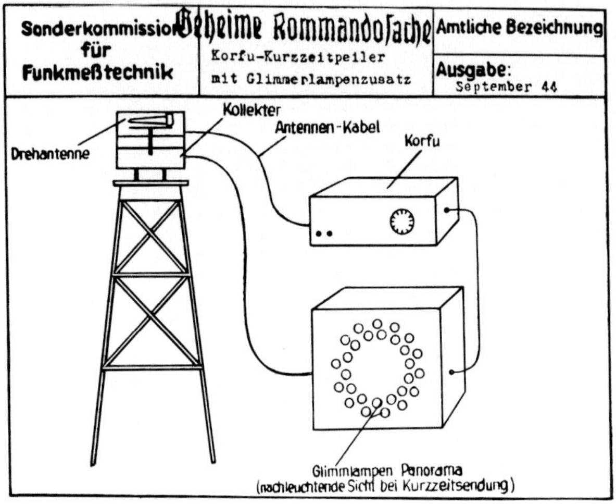

„Korfu" – Kurzzeitpeiler nach der Quotientenmethode

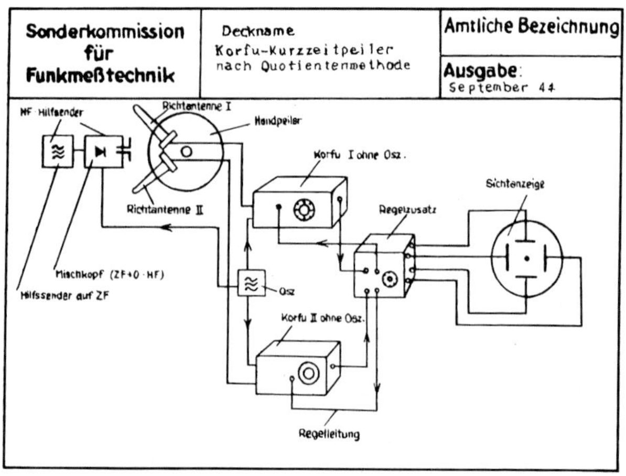

beim nachfolgend beschriebenen Gerät „Würzratte" erfolgen, die Sichtröhre hätte dann aber um 45° verdreht gezeichnet werden müssen. Bei diesem Gerät handelte es sich im Gegensatz zum vorher beschriebenen um eine von Hand bediente Minimum-Peilanlage mit Nachleuchtanzeige der Links-/Rechtsabweichung. Da als Peilschärfe nur etwa ±2° erwartet wurden, erscheint der Aufwand recht groß.

Die Fa. Funkstrahl (*Riese*) erstellte 1944 im Auftrag des Heeres-Waffenamtes ein Peil- und Einweisungsgerät „*Würzratte*", bestehend aus 4 „Naxos-W"-Antennen mit Detektoren und je 2 Zweikanalverstärkern mit je einer Abweichungsanzeige links/rechts bzw. hoch/tief. Zusätzlich waren für Gehörpeilung zwei Kopfhöreranschlüsse vorgesehen. Der Gerätesatz mit den im Viereck (links/rechts/hoch/tief) angeordneten Antennen war auf einen stabilen Dreifuß mit Azimutskala aufgesetzt, die Antennenanordnung war zusätzlich noch vertikal schwenkbar. Für die Abweichungsanzeige waren die beiden Braunschen Röhren um 45° verdreht eingebaut, die beiden unteren bzw. die beiden rechten Ablenkplatten lagen an Erde. An die beiden anderen waren die Ausgangsspannungen der Verstärker gelegt. Bei Eintreffen eines Signales verlängerten sich die Lichtpunkte zu Strichen, die bei genauer Erfassung des Zieles, d. h. bei 4 gleichstarken Signalen, vertikal (zwischen „links" und „rechts") bzw. horizontal (zwischen „oben" und „unten") standen. Bei Auswanderung des Zieles neigten sich diese „Lichtzeiger" entsprechend. Eine Fernübertragung des Azimut- und Elevationswinkels durch Synchrogeber (z. B. für Flak-Einweisung) war vorgesehen. Die Röhrenbestuckung bestand aus 18 Stück EF 14 und 2 LB 2. Für Eichzwecke (Einstellung der gleichen Verstärkung aller Kanäle) war ein Prüfsender „Puck" fest eingebaut. Der Frequenzbereich war 1,5–3,75 GHz (8–20 cm), die Peilgenauigkeit betrug ±0,5°. Im Oktober 1944 wurde die Entwicklung vom OKW/TLR/F1 (Techn. Luftrüstung) übernommen. Weiteres ist nicht bekannt.

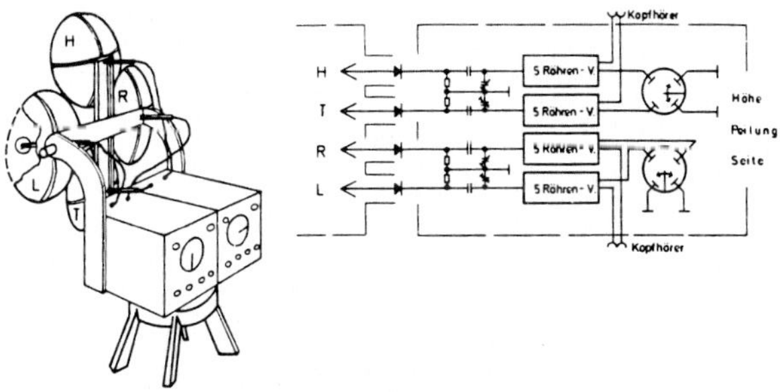

FuMB Peilgerät „Würzratte" mit Seiten- und Höhenpeilung und Steuergebern (nicht gezeichnet) als Flak-Einweisungsgerät

Mitte 1944 konnte man zwar mit den „Naxos"- und „Korfu"-Varianten den größten Teil des CMW-Bereiches abdecken, war sich aber im klaren, daß diese Geräte verbesserungsbedürftig waren und daß auch gegf. im DMW-

Bereich Überraschungen zu erwarten waren. Die Planung für die bereits erwähnten Funk-Einheitsempfänger unter der Federführung des Heeres sah wie folgt aus, konnte allerdings nur noch zum kleinen Teil realisiert werden [112a, 136]:

Uk HE I	= Ukw E 54 „Ulm B"	21,5- 120 MHz	Telefunken	kleine Serie
Uk HE II		60,0- 300 MHz	Lorenz	Muster
Uk HE III		(230) 300 - 600 MHz	Ostmark-W.	Muster
			(Lorenz)	Muster
Uk HE IV		550 - 1200 MHz	Löwe-Opta	Muster
Uk HE V	„Dagö"	1200 - 2000 MHz	Lorenz/Telef.	Muster
			R & S	
Uk HE VI	„Alsen"	2000 - 6000 MHz	Lorenz/LMT	in Entwickl.
Uk HE VII		5000 -15000 MHz	?	in Entwickl.

Bei der Fa. Lorenz (*Dr. Gossel*) gab es für den *Uk H. E. III* zwei Muster mit RD 12 Ta1 (Oszillator) und RD 12 Gc (Mischer) mit koaxialen Rohrleitungskreisen, desgl. für den *Uk H. E. V* ein Labormuster mit Scheibentriode LD 11 und Kristallmischer. Letzteres Gerät war als Halbtornister ausgeführt mit eingebautem Netzteil für Netz- und Zerhackerbetrieb [82]. Bei Rohde & Schwarz (*Dr. Spieß*) lief eine Entwicklung *„Borneo"* (800–2000 MHz, Ende 1944 geändert auf 2000–4000 MHz):

Bei der Luftwaffe war anscheinend die Existenz der *Wellenanzeiger* nur den E-Stellen und wenigen Referatsleitern bekannt. Der offensichtlich nur in wenigen Exemplaren an Bord von Sonderflugzeugen (s. weiter unten) eingesetzte *W. Anz. g 2* erfaßte nämlich:

die Schiffsuchgeräte (A.S.V.)	um 177 MHz,
die Nachtjagdgeräte (A.I.)	um 200 MHz,
die engl. Flak-Radargeräte	um 208 MHz,
die Schiffsbordgeräte	um 214 MHz,
die Rückwärtswarngeräte	um 230 MHz und
die Hyperbelnavigationsanlagen	um 240 MHz.

Seine Funktion wurde bereits in [414] beschrieben (Empfänger mit abschaltbarem Elektromotor an der Abstimmungsachse, der NF-Ausgang ist mit der senkrechten Ablenkung der eingebauten Oszillographenröhre verbunden. Die horizontale Ablenkung ist synchronisiert mit der Abstimmung, so daß alle Sender des Frequenzbereiches nebeneinander angezeigt werden).

Man muß zwar berücksichtigen, daß im Herbst 1943 die Produktion kaum die Anforderungen der U-Boot-Waffe decken konnte. Andererseits hätten solche Geräte, die heute selbstverständliche Grundausrüstung aller Beobachtungsstellen sind, im Falle der weiter unten besprochenen Aufklärung des englischen „Oboe“-Führungsverfahrens sehr gute Dienste leisten können und vermutlich die Vernichtung wichtiger deutscher Industriewerke und auch der vorbereiteten V1- und V2-Stellungen in Frankreich mindestens teilweise verhindern können, wenn sie rechtzeitig und in genügender Anzahl zur Verfügung gestanden hätten. Luftwaffenstellen erkannten offensichtlich mangels Information nicht den Vorteil der direkten Darstellung der „Funklage“ mit sofortiger Entdeckung eines Einsatzes. Handabgestimmte Empfänger für diesen Bereich mußten eine Vielzahl von Frequenzen laufend absuchen, konnten daher neu in Betrieb genommene nur zufällig entdecken und standen außerdem damals nur in viel zu geringer Stückzahl zur Verfügung.

Eine interessante Entwicklung für die Luftwaffe war auch ein beim FFO (*Dr. Stützer*) bearbeiteter *Wellenanzeiger für CMW,* der mit 2 getrennten Abstimmkreisen, die gleichzeitig als Antenne dienten, einen Gesamtbereich von 590–3000 MHz (10–51 cm Wellenlänge) überstrich. Mit der von einem Elektromotor angetriebenen Drehkondensatorachse gekoppelt war ein Potentiometer, an dem eine sinusförmige Wechselspannung für die Ablenkung (Zeitbasis) einer Braunschen Röhre gewonnen wurde. Weitere Schaltnocken sorgten dafür, daß beim Hinlauf der eine Kreis, beim Rücklauf der 2. Schwingkreis an den Verstärker angeschlossen wurde und daß entsprechend die Zeitbasis in verschiedenen Höhen geschrieben wurde. Der Verstärkerausgang war wie üblich an die vertikale Ablenkung angeschlossen. Es konnten so die Anzeigen auf beiden Bereichen für das Auge gleichzeitig (in Wirklichkeit alternierend) zur Anzeige gebracht werden. Der Deckname des anscheinend bei Kriegsende nur noch als Muster erstellten Gerätes ist nicht überliefert.

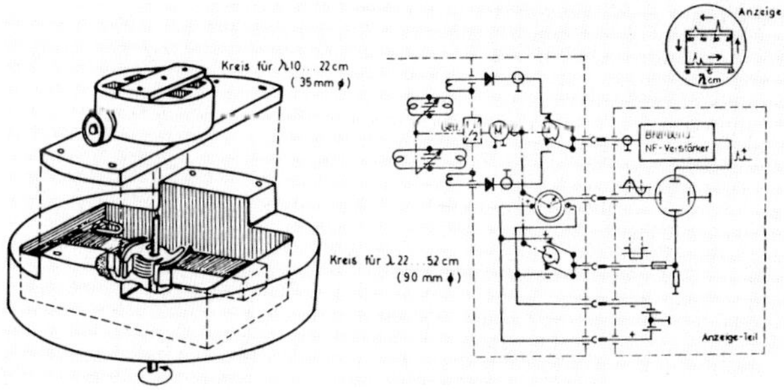

FuMB-Wellenanzeiger
(590–3000 MHz in 2 Teilber.)
Die mit Plexiglas abgedeckten Schwingkreise dienten gleichzeitig als Antennen. An den Auskoppelschleifen waren die Detektoren angeschlossen. Versuchsgerät [FFO/1944]

Obwohl Flugzeuge besonders geeignet zum Beobachten gegnerischer Bodenfunkmeßgeräte waren, war es sehr schwierig, dafür geeignete Typen aus der Produktion oder von Verbänden der Luftwaffe freizubekommen.

Neben den Flugzeugen der Ln-Abt. 100 des Ln-Schul- & Versuchsregiments Köthen (Später K.Gr. 100 bzw. K.G. 100) und den Flugzeugen der E-Stellen wurden erst später kleine Versuchskommandos gebildet, die mit FuMB-Empfängern und/oder auch mit Funkmeß-Stör-(FuMS-) Sendern ausgerüstet waren (vergl. auch Kapitel 3.1e). Das FTU (*Dr. Sailer*/FFO) rüstete 2 Do 217 (W. Nr. 18 u. 19) mit Horchgeräten aus, wobei der Beobachter liegend in der umgebauten Bombenwanne so untergebracht war, daß er die Horchempfänger vor sich hatte. Er war nur über die EiV (Eigenverständigungsanlage = Bordtelefon) mit der übrigen Besatzung verbunden. Ein Sonderkommando *Rastedter* (am Kanal, später von Bordeaux-Merignac aus und dann im Mittelmeer eingesetzt), desgl. ein Sonderkommando *Koch* (u. a. in Athen-Kalamaki) wurden mit Horchflugzeugen ausgerüstet und waren ab 1943 im Einsatz (s. w. unten). Zeitweilig war dem I./K. G. 66 eine Horch- und Störstaffel zugeteilt. Über den Einsatz dieser Flugzeuge ist recht wenig bekannt geworden. 1945 sollen auch einzelne Flugzeuge von Nachtjagdeinheiten in Oberitalien mit Spezialempfängern (Typ nicht bekannt) zum Abhören des gegnerischen Sprechverkehrs ausgestattet worden sein. Verbürgt ist die Verwendung von Ju 52, He 111, Ju 88, Do 217, Ju 188 und FW 200 (letztere nur mit Einzelgeräten) für Zwecke der Funkaufklärung. Die naheliegende Ausrüstung großer Flugzeuge wie Ju 290 als „fliegende Laboratorien" (wie sie auf der Gegnerseite erfolgreich eingesetzt wurden) ist nicht bekannt geworden.

Gegenüber den in normalen Flugzeugen der Truppe eingesetzten Warn- bzw. Zielsuchgeräten „Naxos I" bzw. „Naxos Z" [366] waren die in Sonderflugzeugen verwendeten Funkmeßbeobachtungsempfänger abstimmbar und mit Zusätzen ausgerüstet, um nähere Aussagen über die genaue Frequenz und die Modulationseigenschaften machen zu können.

Neben dem vereinzelten Einsatz von Funkhorchempfängern wie *FuHE d, e und f* (25–61/60–151 bzw. 145–305 MHz), die infolge ihrer schmalen Bandbreite nur für den Empfang von Nachrichtenverbindungen geeignet waren, wurden hauptsächlich folgende FuMB-Empfänger verwendet: *R 600 A = FuMB 1* (Metox, 113–560 MHz), *„Domeyer"-Empfänger FuMB/C* (RPZ, 170–220 MHz), „Samos" FuMB 4 (Rohde & Schwarz, 80–480 MHz) und *„Fanö" FuMB 5* (Rohde & Schwarz, 400–800 MHz, mit Obererwellenmischung bis 1600 MHz). Als Antennen wurden drehbare Horizontaldipole (mit Peilskala am Antrieb) und auch vertikale Stabantennen verwendet.

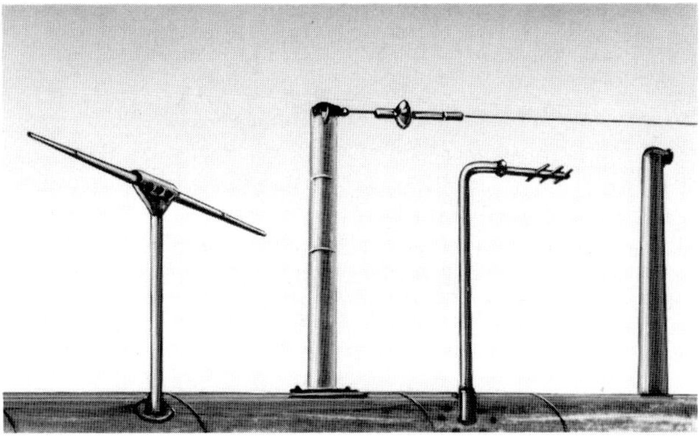

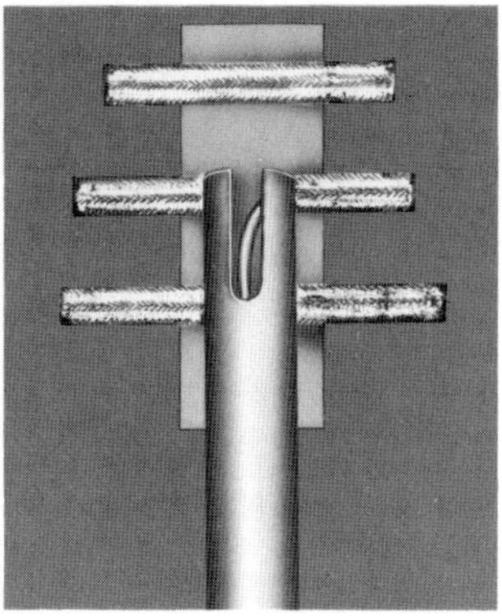

FuMB-Flugzeug des Sonderkommandos Rastedter (Sept. 1943) nach Luftangriff
Oben Zeichnung der „Korfu“-Antenne und der hinteren Antennengruppe

Für den CMW-Bereich wurden von den 5 Haupttypen des „Korfu“-Empfängers hauptsächlich die Versionen *„Korfu 812“ FuG 351 e = FuMB 11* (2500–3750 MHz = 9 cm-Bereich) und *„Korfu 274“ FuG 351 d = FuMB 15* (7500–11100 MHz = 3 cm-Bereich, beide Entwicklungen der Firma Blaupunkt) mit drehbaren Yagi-Antennen eingesetzt, die gegenüber dem „Rotterdam“-Yagi vertauschte Strahlrichtung aufwiesen. Gelegentlich kamen auch Stielstrahler zur Anwendung. Da das ständige Absuchen der Abstimmbereiche von Hand sehr ermüdend war, wurde der Abstimmantrieb oft mit einem abschaltbaren Motor gekuppelt, wodurch sog. „automatische Durchdrehempfänger“ entstanden. An den Ausgang der Geräte waren kleine Oszillographen (Philips, AEG oder Loewe-Opta), ggf. auch Tonfrequenzgeneratoren, zur Analyse von Navigations- oder Funkmeßsignalen (nach Impulsbreite und -Folgefrequenz) angeschlossen, die wie die Empfänger mit 110 V/333 Hz (anstelle der sonst am Boden üblichen 220 V/50 Hz) aus FuG 10-Empfängerumformern betrieben wurden.

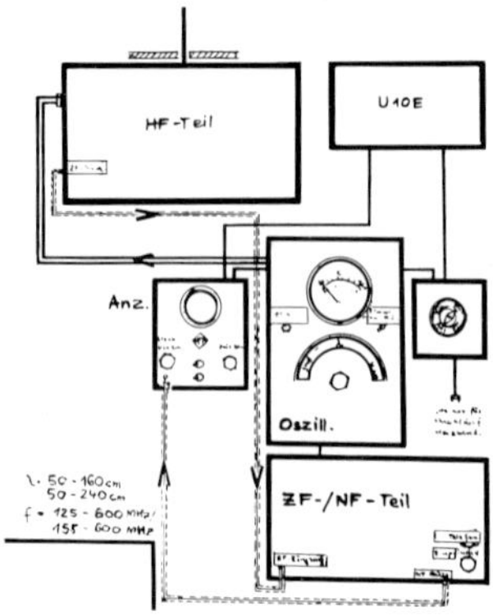

Wellenanzeiger (Versuchsgerät)

Es gab auch speziell für die Bordverwendung in Flugzeugen entwickelte *Wellenanzeiger.* Das erste Gerät dieser Art war beim FFO (*Dr. Stützer*) entwickelt und war bereits im Februar 1942 bei K. G. 40 in Bordeaux-Merignac im Einsatz. Es erfaßte einen Bereich von 125–600 MHz und besaß einen getrennten Oszillator mit Anzeige der jeweiligen Frequenz auf einem Drehspulinstrument (Eichung in Wellenlängen). Sein Deckname wurde nicht bekannt. Das Gerät wurde später ersetzt durch den Typ *„Wessling“* (gleicher Entwickler). Dieses Gerät besaß einen im Azimut fernsteuerbaren Horizontaldipol und einen Bereich von 120–600 MHz. Die Abstimmung konnte von Hand oder wahlweise durch einen Motor betätigt werden. Auch dieses Gerät war kurzzeitig (Anfang 1944) beim K. G. 40 in Erprobung. Das Sonderkommando Rastedter verwendete dagegen den *W. Anz. g2 = FuMB 9,* den es offensichtlich von der Kriegsmarine erhalten hatte. Es erkundete in deren Auftrag in den Monaten Juli bis einschließlich September 1943 über der Biskaja mit 2 He 111 (RI+DF, ersetzt durch SQ+MX, und TM+KM), die mit W. Anz. g2, „Samos“, „Fanö“ und „Korfu 812“ ausgerüstet waren, desgl. in gefährlicheren Seegebieten mit einer Ju 188 (FD+KM) und auf dem Atlantik mit einer (vom K. G. 40 ausgeliehenen) FW 200 (F8+MK), beide nur mit „Samos“ ausgerüstet. Sie sollten herausfinden, welche Geräte die U-Boot-Suchflugzeuge der Engländer verwendeten. Sie fanden heraus, daß praktisch nur noch das „Rotterdam“-Gerät im Einsatz war.

Reichlich widersprüchlich sind die Angaben über eine Typenreihe von *DMW-CMW-Warnempfängern* („Wim“ = „Windmeßstellen-Empfänger“), die laut Planung folgende Geräte umfassen sollte [112a]:

„Stieglitz“	FuG 360	Fa. Pintsch,	2000–6000 MHz,
	FuG 361	Fa. Telefunken	1200–2000 MHz,
	FuG 362	Fa. Loewe-Opta	600–1200 MHz.

Sie sollten als *aperiodische* Geräte ausgeführt sein, so daß keine Bedienung benötigt wurde. Da aber vom Gegner nur die Bereiche um 3000 und 10 000 MHz benutzt wurden, wurde dieser Plan gestoppt. Nach [282] war aber bereits im März/April 1943 ein *abgestimmter Super* für den Bereich 5–15 cm = 2000–6000 MHz „Stieglitz“ für Flugzeug-Bordverwendung bei der Fa. Pintsch in Erprobung (Oszillator vermutlich ein „Resotank“ = Bremsfeldröhre von Pintsch). In einer FuMB-Liste vom November 1944 steht aber: „Stieglitz“ der Fa. Funkstrahl (*Dr. Kleinsteuber*), Super (Bereich 12–18 cm = 1670–2500 MHz) mit Anzeige auf Braunscher Röhre bei Entwicklungsstand von 70% von SKFM*) am 1. 9. 1944 gestoppt.

*) SKFM = Sonderkommission Funkmeßtechnik

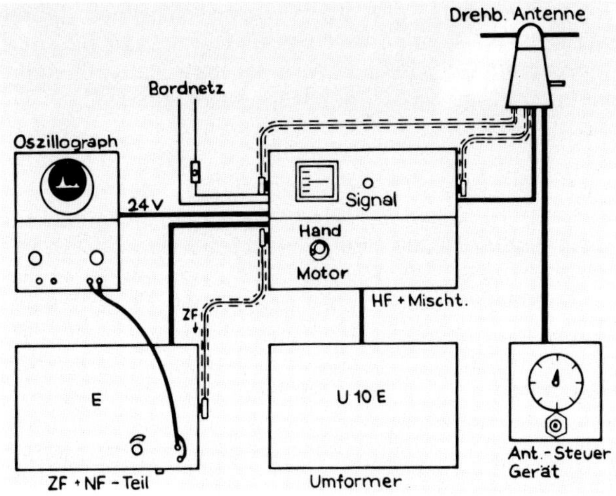

FuMB-Gerät „Wessling“

Nach [458] entwickelte Ballerban und baute die Fa. Eumig 5 Registriergeräte mit 3 cm-Kathodenstrahlröhre und Photoregistrierung. Diese wurden (vermutlich im Frühjahr 1943) in FW 190 (im Heck) zusammen mit kleinen auswechselbaren gewobbelten Empfängern eingebaut, um so über London die Frequenzen neuer Radargeräte der Flugabwehr erfassen zu können. Da die Umkehrpunkte der Wobbelung auf den Filmstreifen durch Lichtpunkte gekennzeichnet waren, konnten so die Frequenzen gut nachträglich festgestellt werden.

2.2 FuMB-Anlagen der Kriegsmarine

Die *Kriegsmarine* war in bezug auf den Horchdienst und die Funkmeßbeobachtung mindestens so aktiv wie die Luftwaffe. So hatte auch die Marine bereits unmittelbar nach der Besetzung Frankreichs in Boulogne an der Kanalküste eine große feste Horchstelle eingerichtet, die bis zum Rückzug wertvollste Informationen lieferte. Ihre Aufgabe war – wie bei den übrigen eingerichteten Landstationen – die Feststellung von

a) Sendefrequenz der gegnerischen Radargeräte,
b) Polarisation,
c) Impulsfolgefrequenz,
d) Betriebsart (Maximumpeilung, Flimmerpeilung, Rundsuchbetrieb usf.)
e) Verwendung (Land-, Schiffsbord- oder Flugzeug-Bordgerät)
f) Standort (bei Landgeräten) bzw. (Kursverfolgung bei Bordgeräten).

Die Stelle in Boulogne stand unter Leitung von *Baurat Dr. Bode,* mußte aber aus Personalmangel zeitweilig die Beobachtungen am Kanal unterbrechen, als sich am Mittelmeer günstigere Beobachtungsmöglichkeiten ergaben.

Alle bei der Marine für die Beobachtung von Frequenzen oberhalb von etwa 60 MHz eingesetzten Geräte und Anlagen erhielten eine FuMB-Bezeichnung, deren Zuteilung sehr uneinheitlich gehandhabt wurde. Die Nummern 1–19 enthielten ursprünglich Empfänger mit Antennen, später nur Empfänger oder Empfangsköpfe (= Antennen mit angebauten Detektoren). Die Nummern ab 20 bezeichneten Anlagen mit bestimmten Antennen (FuMB Ant..), zu denen teilweise sehr unterschiedliche Empfänger (FuMB..), Verstärker und/oder Zusatzgeräte (FuMZ..) verwendet werden konnten.

Im Herbst 1941 hatte obige Horchstelle erstmalig englische ASV-(Anti-Surface-Vessel-) Radargeräte (Schiffssuchgeräte) an Bord von Schiffen und Flugzeugen im Bereich 180–210 MHz entdeckt, die aber schon vereinzelt ab Frühjahr 1941 gegen deutsche U-Boote im Einsatz waren und bei Tage zu einigen erfolgreichen Bombenangriffen geführt hatten. Besonders unangenehm wurden ab Mitte 1942 die neu eingeführten nächtlichen Flugzeugangriffe, wobei die Flugzeuge nach Radarortung (an die man aber auf deutscher Seite nicht glaubte) im letzten

Grafische Darstellung der Erkundungsergebnisse der Marine-FuMB-Stelle Boulogne

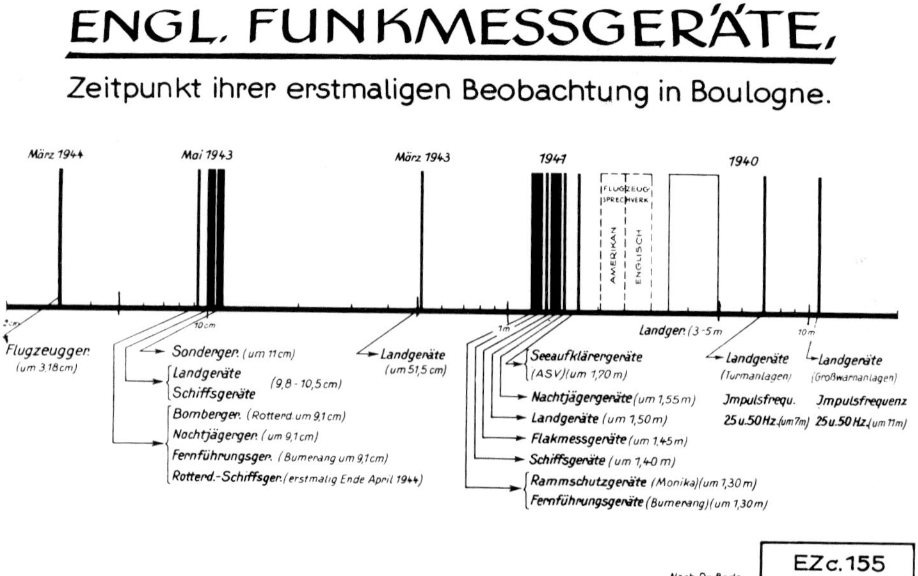

Teil des Zielanfluges im Tiefflug einen starken Scheinwerfer („Leigh Light") einschalteten und das völlig überraschte Boot nach Sicht erfolgreich bombardierten. Vorsorglich waren bei den französischen Firmen Metox und Grandin (wegen der Überlastung aller deutschen Firmen) 1100 Stück des beim NVK entwickelten *UKW-DMW-Empfängers R 600 A* gefertigt worden. Dies war ein Überlagerungsgerät mit Gegentakt-Diodenmischstufe (mit Eicheltrioden als Dioden geschaltet) und Dreipunktoszillator (ebenfalls eine Eichelröhre). In den übrigen Stufen wurden Stahlröhren verwendet. Es erfaßte einen Bereich 113–500 MHz und wurde im August 1942 als erstes FuMB-Gerät = *FuMB 1* eingeführt. Der Empfänger wurde auf U-Booten zusammen mit einer zusammenfaltbaren primitiven Antenne FuMB Ant. 2 „Honduras" (wegen ihrer Form auch „Biskayakreuz" genannt) eingesetzt. Diese bestand aus 2 verschieden langen und nach unten geknickten Dipolen. Die beiden Zuleitungskabel liefen durch das offene Turmluk nach unten, durch das vor dem Tauchen auch die Antenne gereicht werden mußte. Während des Betriebes mußte das „Biskayakreuz" laufend

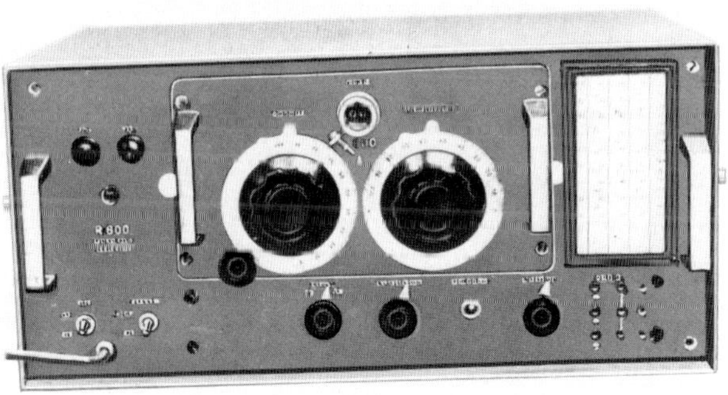

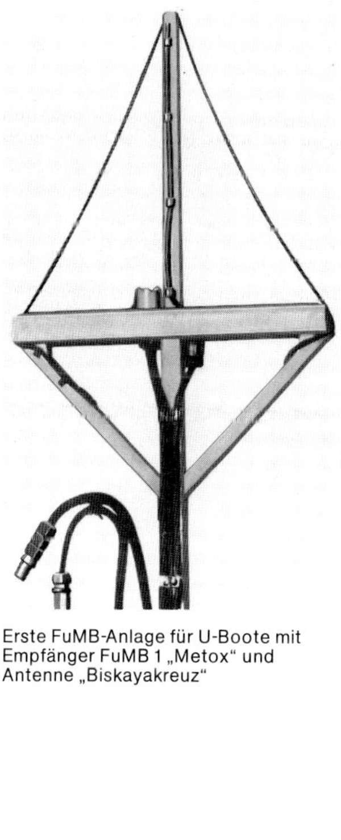

Erste FuMB-Anlage für U-Boote mit Empfänger FuMB 1 „Metox" und Antenne „Biskayakreuz"

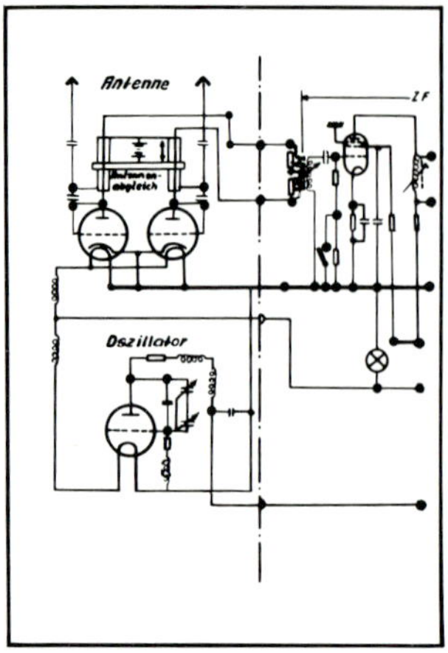

Eingangsschaltung des FuMB 1

hin- und hergedreht werden, da das Diagramm 2 Nullstellen aufwies. Obwohl das Gerät bei höherem Seegang nicht verwendbar war, da dann das Turmluk geschlossen werden mußte, gingen zeitweilig die U-Boots-Verluste zurück, da die Boote in der Mehrzahl der Fälle rechtzeitig gewarnt wurden und tauchen konnten. In verkehrsreicheren Gegenden führten die laufend wahrgenommenen Ortungssignale aus den verschiedensten Richtungen allerdings auch zu einer starken Nervenbelastung der Besatzung, so daß sich bei guten Sichtverhältnissen manchmal die Kommandanten entschlossen, den „Metox" abzuschalten. Auf S-Booten wurde der „Metox" zusammen mit einfachen Dipolen = FuMB Ant. 1 „Hondo" verwendet, die ebenfalls laufend um ±90° gedreht werden mußten.

Unter der Bezeichnung *FuMB 2* lief der französische *Empfänger Sadir R 87 E,* dessen Frequenzbereich (66–120 MHz) nur von Landstationen überwacht wurde, um ev. neue Feindgeräte zu erfassen. Auch der speziell den Bereich der ASV-Geräte (170–220 MHz) erfassende Empfänger *(FuMB 3 = FuMB/C (RPZ)* wurde bei der Marine meist nur an Landstationen benutzt. An Land und an Bord hingegen wurden die beiden von Rohde & Schwarz entwickelten Empfänger *FuMB 4 = RS 1/5 UD 42 „Samos"* (90–470 MHz) und *FuMB 5 = RS 1/20 DM 43 (ex RS 2/5 UD 42) „Fanö"* (400–800 MHz, mit Oberwellenmischung 800–1600 MHz) eingesetzt, hauptsächlich in den weiter unten beschriebenen Anlagen.

Eingangsschaltung von FuMB 4 „Samos"/FuMB 5 „Fanö"

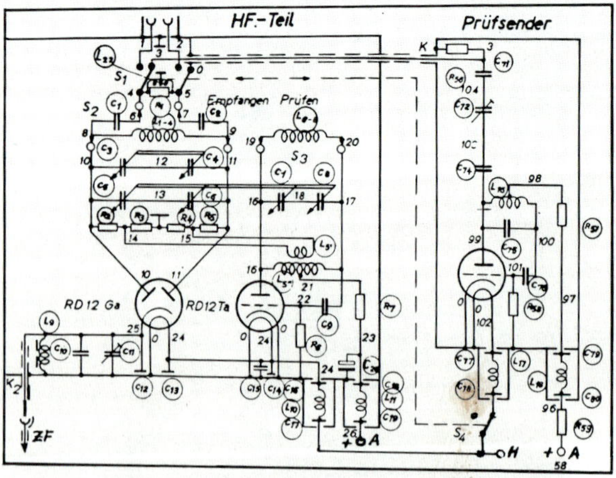

Im Februar 1943 war zwar ein englisches Bordradar (H2S = „Rotterdam"-Gerät) auf 9 cm Wellenlänge erbeutet worden, desgl. hatte die FuMB-Stelle am Kanal auch englische Landgeräte auf der gleichen Frequenz ermittelt.

Trotzdem glaubte man nicht an einen Einsatz derartiger Geräte auf Schiffen und Flugzeugen gegen U-Boote (der erst im Herbst 1943 nachgewiesen wurde, aber tatsächlich bereits seit dem Frühjahr in steigendem Maße durchgeführt wurde). Vorsorglich war auch die Entwicklung eines CMW-Warnempfängers angelaufen, er konnte aber serienmäßig bestenfalls im Winter geliefert werden. Nach dem damaligen Stand der Erkenntnisse über die Leistungen des „Rotterdam"-Gerätes führte man vielmehr die plötzlichen gezielten Angriffe (vor allem durch Flugzeuge) ohne vorherige Warnung durch den R 600 A auf andere Möglichkeiten zurück.

So kam die Theorie auf, daß bei neuen ASV-Geräten die Impulsfolgefrequenz umschaltbar sei und oberhalb des hörbaren Bereiches liegen könne (NB. Eine Impulsfolgefrequenz von 20 kHz entspricht einem Meßbereich von 7,5 km). Die Empfänger wurden daher im März/April 1943 nach einem Vorschlag von *Funkmaat Bruster* auf U 214 mit einem „Magischen Auge" (Abstimmanzeigeröhre EM 11) nachgerüstet, womit tatsächlich nicht hörbare Ortungen durch Veränderung der Regelspannung mit Anzeige an der Abstimmröhre nachweisbar gewesen sein sollen [139] (ev. Oberwellen von KW-Sendern auf Schiffen?).

Weiterhin vermutete man eine Umstellung der ASV-Geräte auf Kurzortung (d. h. nur kurzzeitige Einschaltung mit großen Pausen), sodaß sie vom „Metox" leicht übersehen werden konnten, wenn die Antenne gerade in einer ungünstigen Richtung stand.

In den ersten Maiwochen 1943 schnellten die U-Boot-Verluste hoch, ohne daß der Grund erkennbar wurde. Die Folge waren personelle Änderungen im Bereich der für die Ortung Verantwortlichen. Trotz verschiedener Maßnahmen (Ausrüstung der U-Boote mit Vierlings-Flak, Marsch in Gruppen etc.) mußte der U-Boot-Krieg wegen zu hoher Verluste im Atlantik bald eingestellt werden [139].

Hier ist nun einzufügen, daß bei den mit dem „Metox" ausgerüsteten U-Booten inzwischen das primitive „Biskayakreuz", das bei jedem Tauchen mit durch das Turmluk genommen werden mußte und bei stürmischer See nicht verwendbar war, durch eine am Turm fest angebrachte Rundempfangsantenne FuMB Ant. 3 „Bali (I)" (NVK/IFS, Bereich 100–400 MHz) ersetzt wurde. Sie bestand aus einem breiten Ringdipol (für den Empfang horizontal polarisierter Wellen) mit aufgesetzten Vertikalstäben, die ihr den Spitznamen „Häschen" einbrachten. Die Stäbe

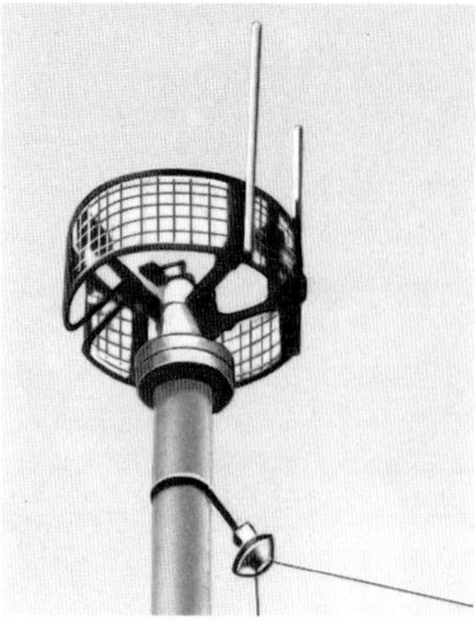

Runddipolantenne „Bali I“, rechts Versuchs-, links Serienmuster

dienten bei Kurzschließen der symmetrischen Dipolspeisung als obere Hälfte eines vertikalen Dipols, dessen untere Hälfte durch den Tragmast gebildet wurde, so daß also wahlweise auch ein Empfang vertikal polarisierter Wellen möglich war.

Anfang Juli 1943 wurde ein U-Boot im Unternehmen „Feldwache“ mit einer (später beschriebenen) Vierfach-Versuchsanlage ausgerüstet, die einen Bereich von 100–6000 MHz lückenlos überstrich. Das Boot wurde bereits kurz nach dem Auslaufen bombardiert und schwer beschädigt, so daß es umkehren mußte. Es wurde nun u.a. vermutet, daß die Oszillatorstrahlung des „Metox“ über die Antenne vom Gegner zum passiven Zielflug auf die Boote verwendet würde. *Dr. Runge* (Telefunken) stellte Ende Juli 1943 in Anwesenheit eines Vertreters der Kriegsmarine (*Kap. z. See von Wieser*) im Fliegerhorst Bordeaux-Merignac am Boden einen „Metox“-Empfänger mit „Bali“-Antenne auf. Zum Zielflug wurde eine FW 200 des K.G.40 mit dem Schiffssuchgerät „Rostock“ (GEMA, 125 MHz) verwendet, dessen Sender abgeschaltet war. Da sich bereits bei 3–4 km Flughöhe Reichweiten zwischen 50 und 70 km ergaben, schien das Rätsel gelöst zu sein. Der B.d.U. (Befehlshaber der U-Boote) befahl sofort per Funkspruch die Abschaltung des „Metox“-Empfängers auf allen Booten. Heute wissen wir, daß diese Möglichkeit vom Gegner nie ausgenutzt wurde.

Schuld an den Verlusten waren vielmehr 3 andere Entwicklungen: Erstens hatte der Gegner ab 1942 die Geleitschiffe systematisch mit KW-Sichtpeilanlagen (High Frequency Direction Finder = HF-DF) ausgerüstet, deren Zusammenspiel untereinander und mit Landpeilstellen immer wirksamer wurde. Die Geräte konnten die Kurzsignale deutscher U-Boote orten, die damals noch am Geleitzug die Funkstille durchbrachen, und so deren

Standort schnell ermitteln. Die gegnerischen Standortmeldungen wurden zwar entschlüsselt, aber für Ortungsmeldungen von ASV-Radars gehalten und erst im Juni 1944 als Peilungen des deutschen Funkverkehrs erkannt. Zweitens gelang den Engländern über lange Perioden die Entschlüsselung deutscher Funksprüche, so daß sie oft genau wußten, wann und wo welches deutsche Boot stehen mußte, auch wenn es selbst vollkommene Funkstille einhielt. Drittens wurde in zunehmendem Maße das 9 cm-ASV-Gerät (Seeversion des „Rotterdam“-Gerätes) eingesetzt, auf das der „Metox“ nicht ansprach [139, 251, 256, 271, 380].

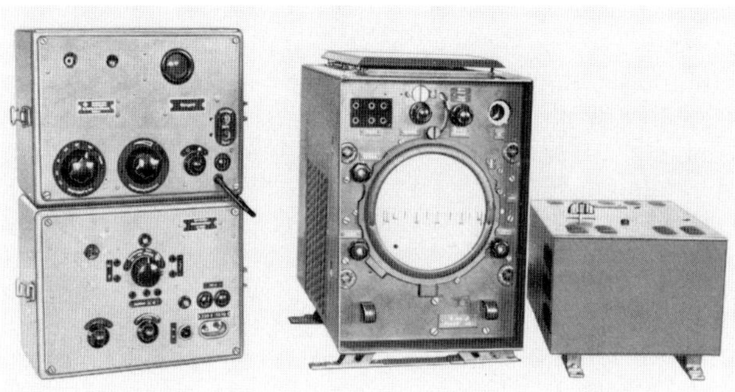

Empfänger „Wangerooge a“ FuMB 6 mit aufgesetztem Warnzusatz „Norderney a“, rechts Wellenanzeiger W. Anz. g2 FuMB 9

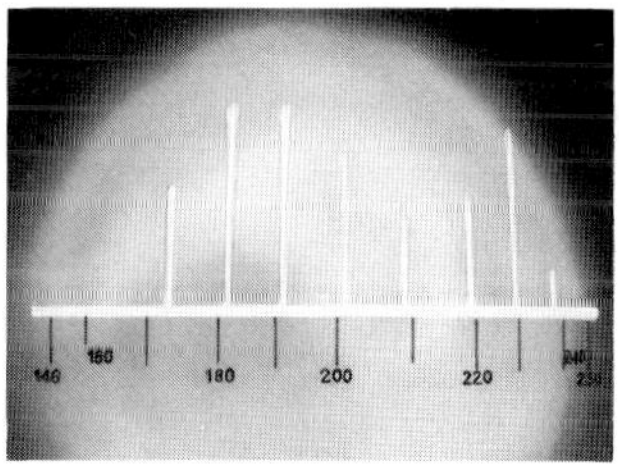

Testbild auf FuMB 9 (Impulsabstand 9 MHz)

Bei der Fa. Rohde & Schwarz lief um diese Zeit die Entwicklung eines einfachen automatischen *Suchempfängers FuMB 6 „Wangerooge a/b“* (158–250 MHz, Fremdpendler mit 3 NF-Stufen und mit abschaltbarem Suchlauf (Frequenzwobbelung durch Motor auf der Drehkondensatorachse). Er wurde in kleiner Stückzahl im Sommer 1943 an das NVK geliefert. Es zeigte sich bei der Erprobung, daß Pendler selbst bei stehender Abstimmung beim Eintreffen kurzer Radarimpulse nicht ihre volle Schwingamplitude erreichen. Außerdem erwies sich der Motorantrieb als erschütterungsempfindlich. Der Empfänger sollte zusammen mit einem *Warnzusatz FuMZ 8 „Norderney a“* verwendet werden, der mit Hilfe zweier Gastrioden (Thyratrons) bei Eintreffen von Impulsen wahlweise Einzel- oder Dauerwarnung (durch Hupe etc.) geben konnte. Da Pendler außerdem stark in die Antenne strahlen (wenn sie nicht mit zusätzlicher HF-Vorstufe ausgerüstet sind) und wegen der bereits genannten ungünstigen Eigenschaften wurde der Auftrag sofort gestoppt und abgeändert in einen Entwicklungsauftrag für einen *Breitband-Warnempfänger FuMB 6 „Wangerooge c“*. Dieses Gerät bestand aus einer Breitband-HF-Stufe, Gleichrichter und einem 3stufigen Impulsverstärker, einer Gastriode für Warnungsauslösung und einer Schaltstufe.

Bei einem Empfangsbereich von 167–250 MHz wurde eine Empfindlichkeit von 4 mV erreicht. Von dieser Bauform sollen um die Jahreswende 1943/44 etwa 25–30 Stück an den Stützpunkt Brest geliefert worden sein. Gleichzeitig in Entwicklung war ein *Doppel-Empfangsteil „Wangerooge d“* (2 x 3 Röhren), von dem jedoch nur 1 Muster erstellt wurde. Alle diese Geräte waren in den HF-Stufen mit RD 12 Ta, in den Gleichrichterstufen mit RD 12 Ga und in den NF-Stufen mit EF 14 bestückt. Als Thyratrons wurden 7475 bzw. EC 50 verwendet. Der Warnzusatz wurde später als *Dreifach-Zusatz „Norderney b, c“* bei der Fa. Funkstrahl gefertigt. (Das der Nummer nach folgende FuMB 7 wird etwas weiter unten behandelt.)

Im Hinblick auf die vermutete Kurzzeitortung mit dem 200 MHz-ASV-Gerät lief für die Marine eine Fertigung des bereits erwähnten *Wellenanzeigers FuMB 8 W. Anz. g „Cypern“* (Heeresentwicklung, gefertigt von *Hagenuk*, Bereich 160–250 MHz). U-Boote durften nur noch auslaufen, wenn das FuMB 8 und die Antenne „Bali“ eingebaut waren. Damit verschob sich die Wiederaufnahme des U-Boot-Krieges im Nordatlantik auf September 1943. Die ersten positiven Eindrücke erwiesen sich bald als falsch (das FuMB 8 neigte zur Selbsterregung und täuschte dann eine Radarerfassung vor), so daß man bald auf das verbesserte *FuMB 9 W. Anz. g2 „Cypern II“* umrüstete. Da die Mehrzahl der U-Boote seit Anfang 1943 mit Funkmeßgeräten FuMO 30 (GEMA) bzw. später mit dem FuMO 61 „Hohentwiel U“ (Lorenz) ausgerüstet war, wurde auf der Rückseite des ausfahrbaren FuMO-Drehspiegels eine Minimum-Peilantenne FuMB Ant. 5 „Samoa“ mit 2 gegenphasig zueinander geschalteten Breitband-Schrägdipolen angebracht, an die das FuMB 9 angeschlossen wurde (vergl. auch weiter unten). Im Jahre 1944 soll es übrigens auch noch Muster eines *FuMB 16 = W. Anz. g3 („Cypern III“)* mit neuem HF-Teil (150–286 MHz) gegeben haben.

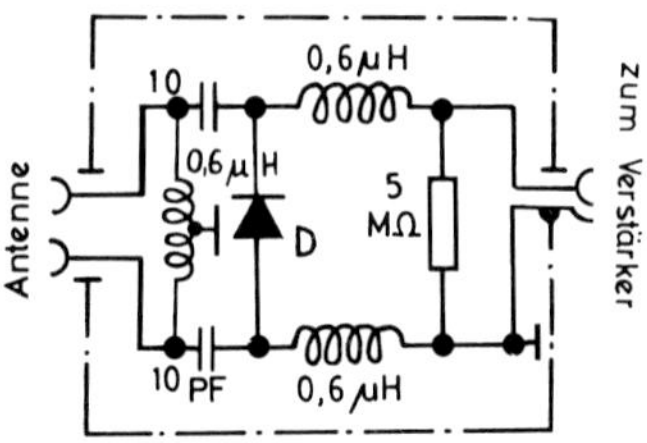

Schaltung von Detektorvorsatz „Borkum“ FuMB 10

Parallel zu FuMB 8 bzw. 9 lief die Ausrüstung aller in Frontgebieten eingesetzten Schiffe mit aperiodischen (nicht abgestimmten) Detektorempfängern *FuMB 10 „Borkum“* (NVK/*Hoffmann*), deren Empfangsbereich praktisch durch denjenigen der angeschlossenen Antenne bestimmt wurde. Sie sollten zusammen mit NF-(genauer: Impuls-)Verstärkern „Amrum“ bzw. „Hela“ (beides Entwicklungen des RPZ) verwendet werden, die jedoch nur in Mustern erstellt und später durch andere Typen ersetzt wurden. Da Kurzwellensignale des eigenen Bordsenders öfters die Detektoren überlasteten, wurde in der Ausführung *„Borkum II“* ein (symmetrischer) Hochpaß mit eingebaut. Der Empfangsbereich dieses Detektorvorsatzes war bei Zusammenschaltung mit der Antenne „Bali“ 100–400 MHz. Mit einem solchen Gerät erfaßte man sofort alle Geräte gleichzeitig, die im Empfangsbereich arbeiteten. Im Gegensatz zum Empfang mit abgestimmten Geräten konnte man also kein Gerät übersehen, dafür konnte man nicht die Frequenz feststellen. Für Warnzwecke war letzteres ja kaum nötig, desgleichen war die Empfindlichkeit für diese Verwendung ausreichend. Wir werden auf dieses Gerät nochmals weiter unten zurückkommen. (Die der Nummer nach folgenden Empfänger FuMB 11–15 werden bei der Anlage FuMB 27 behandelt).

Im Dezember 1943 wurde der „Wissenschaftliche Führungsstab der Kriegsmarine“ (WFM) unter der Leitung von *Prof. Dr. Küpfmüller* eingerichtet, der viele wertvolle Empfehlungen geben konnte.

Wie bereits weiter oben angedeutet, war bei Telefunken (*Maas/Eichorn*) ein dort entwickeltes CMW-Warngerät *FuMB 7 „Naxos I“* vorerst mit 100 Stück in Fertigung gegangen, die ersten Mustergeräte wurden im September

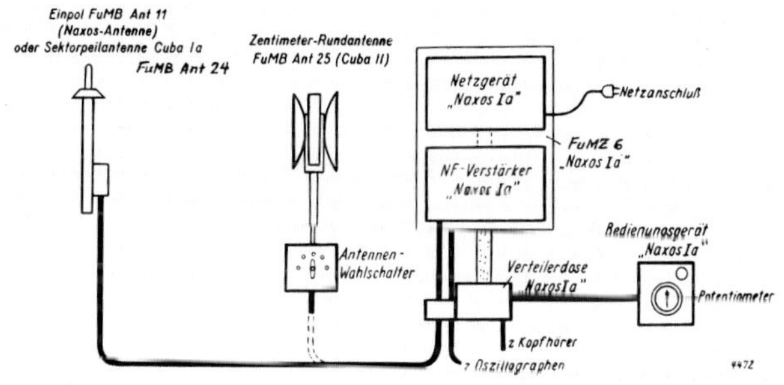

Vereinfachter Anlagenplan

Vereinfachter Anlagenplan

„Naxos Ia“ mit „Fingerantenne“, die dann durch die Richtantenne „Cuba Ia“ (rechts) ersetzt wurde

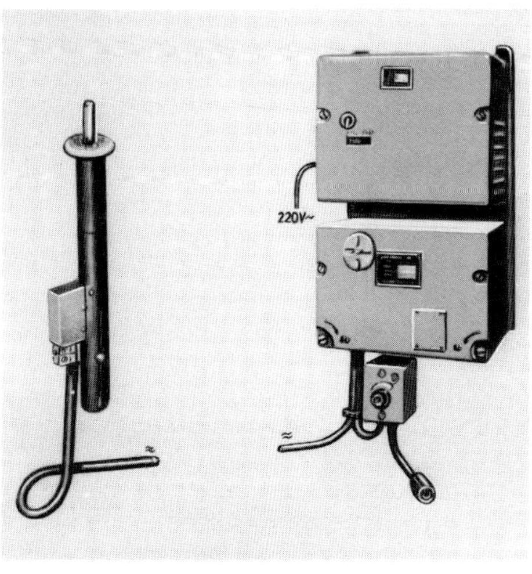

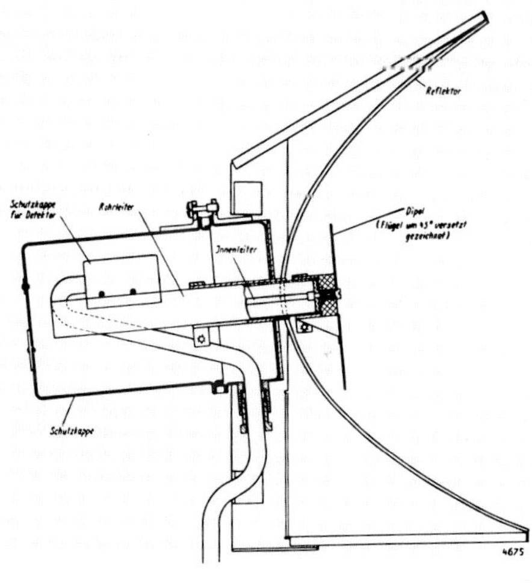

1943 an die Marine geliefert. Die Stromversorgung erfolgte bei der Marineversion durch Netzgeräte (im Gegensatz zu den weiter oben besprochenen Ausführungen für die Luftwaffe). Um auch horizontal polarisierte Wellen empfangen zu können, mußte die bereits beschriebene „Finger"-Antenne im Winkel von 45° an einem Holzstab befestigt werden, der dauernd um ±90° geschwenkt werden mußte, da die Antenne in dieser Lage ja ein 8förmiges Diagramm (wie ein Horizontal-Dipol) aufwies. Das NF-Kabel mußte bei U-Booten wieder durch das offene Turmluk nach unten zum „Naxos"-Verstärker (später *FuMZ 6* benannt) geleitet werden. Obwohl das Gerät bei Erprobungen nur Reichweiten von 5–8 km erbrachte, wurde es neu auslaufenden Booten sofort mitgegeben, soweit es verfügbar war. Um diese Zeit waren zwar bereits 9 cm-Rundsuchgeräte an Bord von Schiffen und auch von Suchflugzeugen über See festgestellt worden. Da aber mit dem „Naxos I" im Probeeinsatz nur wenige CMW-Ortungen erzielt worden waren, glaubte man eher an Infrarot-Ortungen oder andere Möglichkeiten, zumal damals viele Fachleute die „Rotterdam"-Geräte nur für Navigations-, nicht jedoch für Suchzwecke geeignet hielten.

Anfang Dezember 1943 durchgeführte Versuchsflüge mit einem erbeuteten und wieder instandgesetzten „Rotterdam"-Gerät erbrachten erstmalig Ortungen von Schiffen auf 10–20 km Entfernung. Wenige Wochen darauf war das Gerät besser justiert, so daß neben U-Booten sogar Bojen erkennbar waren. Zur gleichen Zeit war die Brauchbarkeit der CMW für Flakfunkmeßgeräte klar bewiesen worden. In den AGR*-Berichten [282] werden diese Angaben kommentarlos gebracht ohne Hinweis darauf, daß die „Wegspiegelungstheorie" nun endgültig zusammengebrochen war und einen „Erdrutsch" der Meinungen ausgelöst hatte.

Beim ersten Einsatz des „Metox" war eine (vom Chef des Marine-Nachrichtendienstes verfaßte) „Anleitung für den Funkmeßbeobachtungsdienst" ausgegeben worden, in der es sinngemäß hieß: „Die FuMB-Empfangsreichweite ist mindestens doppelt so groß wie die Ortungsreichweite des erfaßten Funkmeßgerätes" [139]. Diese Feststellung galt im UKW-Bereich auch für den Fall, daß das FuMB-Gerät nur aus Detektor-Gerät (mit Verstärker) und einfachem Dipol als Antenne bestand, da vom U-Boot nur ein kleiner Teil der auftreffenden Wellen zurückreflektiert wurde. Im CMW-Bereich war nun die rückstrahlende Fläche sehr groß gegenüber der Wellenlänge, andererseits ist die Antennenfläche eines CMW-Dipols kleiner als

*) AGR = Arbeitsgemeinschaft „Rotterdam"

diejenige eines UKW-Dipols, so daß bei CMW gegenüber UKW und sonst gleichen Bedingungen (Leistung, Entfernung etc.) FuMB-Antennen mit höherem Gewinn (durch Bündelung der Wellen = Richtwirkung) verwendet werden müssen. Diese hier stark vereinfacht dargestellten Verhältnisse waren zwar 1944 vielen Fachleuten bekannt, wurden aber aus Geheimhaltungsgründen nicht verbreitet. Die mangelnde Aufklärung führte zusammen mit entstellenden Gerüchten um die Zielflugversuche auf den „Metox"-Empfänger zu einer übertriebenen „Strahlungsangst", auf Grund deren oftmals ein erfolgversprechender Einsatz von FuMO- und auch FuMB-Geräten unterblieb.

Der äußerst unbefriedigende Aufbau des FuMB 7 „Naxos I" mit der „Fingerantenne" (ex FuMB Ant. 11) veranlaßte das NVK zu einer Nachentwicklung, daß der $\lambda/4$-Strahler durch einen querstehenden Dipol „Fliege" mit Zylinderparabolreflektor ersetzt wurde. Es ist nicht bekannt, ob die Marine bereits damals den Bandpaß entfernte. Auf jeden Fall erreichte die damals als *FuMB Ant. 24 „Cuba I" = „Fliege"* bezeichnete Antenne nun Reichweiten von 20 km und mehr. Um auch vertikal polarisierte Wellen empfangen zu können, wurde der Dipol um 45° verdreht. Da die Antenne eine Richtwirkung besaß (Diagrammbreite ca. 100°), wurde sie am Peilrahmen angeklemmt und mit diesem gedreht. Dieser „Empfangskopf" wurde später in *FuMB 24 „Fliege"* („Cuba I") umbenannt und zusammen mit dem nun in einer 1000-Stück-Serie in Fertigung befindlichen „Naxos"-Verstärker FuMZ 6 ab Ende 1943 auch auf Überwasserschiffen eingesetzt. Bei den U-Boot-Anlagen mußte die Antenne vor dem Tauchen abgeklemmt und mit durch das Turmluk genommen werden. Eine in Anlehnung an „Cuba I" von Telefunken (*Koch/Eichhorn*) entwickelte druckfeste Vierfachantenne mit Umschalter — Sektorpeilantenne „Cuba II" = FuMB Ant. 25 wird nach dem Sept. 1943 nicht mehr erwähnt [136], sie war also zum Einsatz nicht geeignet.

Etwa Anfang 1944 trat die bereits erwähnte Änderung bei der Zuteilung der FuMB-Bezeichnungen ein, so daß den Anlagen nun Nummern ab 20 zugeordnet wurden. Das NVK (*L. Pungs, K. Lamberts*) hatten nach Aufhebung des Entwicklungsverbotes (veranlaßt durch die Erbeutung eines „Würzburg"-Gerätes durch ein britisches Kommando in der Nacht vom 27./28. Febr. 1942) Breitbandantennen entwickelt, die aus sogenannten „Einheitsfeldern" beliebig zusammengesetzt werden konnten. Die Felder „Typ A" bestanden aus je 2 spannungsgespeisten Ganzwellen-Dipolen mit $\lambda/2$ Abstand, aufgesetzt auf eine

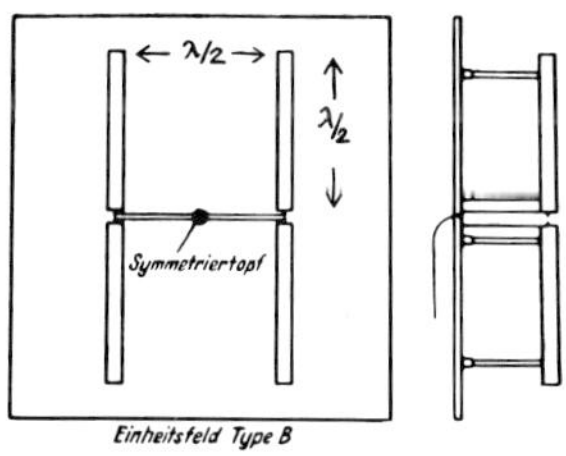

Breitband-Antennen des NVK, Einheitsfelder Typ A und B

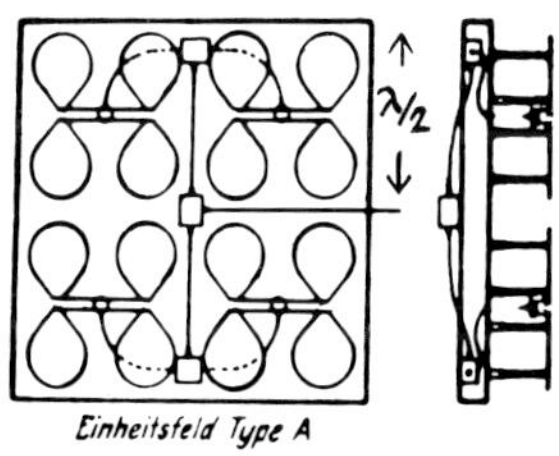

Reflektorwand. Beim „Typ B“ wurden anstelle der Rohrdipole nun 8 flache, in ihrer Form an Tennisschläger erinnernde, Breitbanddipole ($\lambda/2$ Länge) verwendet, die ohne allzugroße Fehlanpassung das Überstreichen eines Frequenzbereiches von 1:3 bis 1:4 erlaubten [167, 177].

Eine der ersten Antennen dieser Art wurde bei der *„Timor“-Anlage* (ohne FuMB-Nr.) für den Bordeinsatz verwendet. Die FuMB Ant. 7 „Timor“ bestand aus 8 vertikal und 4 horizontal polarisierten Breitbanddipolen, von denen wahlweise jeweils die linke Hälfte gegenphasig mit der rechten Hälfte verbunden werden konnte, so daß sich für die Minimum-Peilung Doppelkeulendiagramme ergaben. Die im Frequenzbereich 100–400 MHz erzielbare Peilgenauigkeit lag bei ±1,5°. Als Empfänger wurde der FuMB 1 „Metox“, (113–560 MHz) zusammen mit einem Empfänger R 203 (60–160 MHz, ebenfalls von Metox) verwendet. Beide wurden später meist durch den FuMB 4 „Samos“ (87–470 MHz) ersetzt. Da die Antenne ein sehr hohes Gewicht aufwies, mußte sie an drehbaren E-Meßhauben (Beispiel = „Prinz Eugen“) oder an aufgesetzten FuMO-Hauben angebracht werden. In letzterem Falle mußte sie an der Rückseite der Haube (also in 180° zur FuMO-Antenne) installiert werden (Beispiel: „Admiral Scheer“). Diese Anlage wurde stets in Kombination mit Anlagen des Typs FuMB 30 verwendet, später jedoch durch die leichtere Anlage FuMB 31 „Palau“ ersetzt, die beide weiter unten besprochen werden.

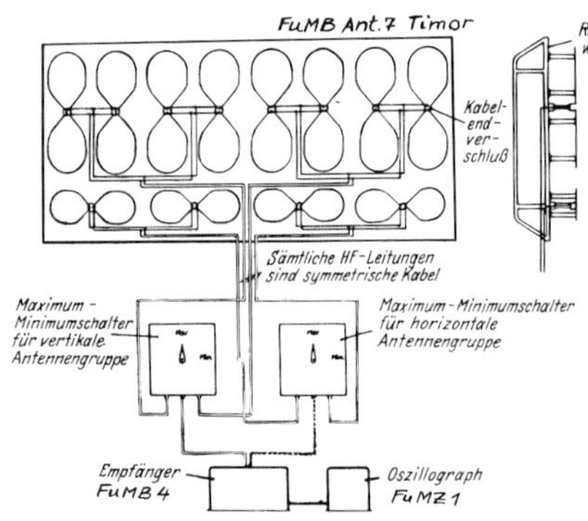

Große FuMB-Peilanlage mit Antenne „Timor“ auf „Prinz Eugen“

Für die Land-FuMB-Stellen wurde in Zusammenarbeit zwischen NVK/ELAC und Lorenz eine Großanlage *FuMB 20 „Grönlandstand“* geschaffen, die als ganzes elektrisch drehbar war. Im Peilhaus waren 2 Empfänger FuMB 4 „Samos“ mit je einem nachgeschalteten Oszillographen FuMZ 1 (Philips GM 3155) oder FuMZ 2 (AEG E 01/6/5N) untergebracht, desgleichen 2 R-C-Tongeneratoren FuMZ 3 (R & S SRV) oder FuMZ 4 (Philips GM 2307) und ein Pegelschreiber (S & H Rel mse 124a) zur Auswertung der Antennendiagramme der gegnerischen Geräte, ihrer Schwenkgeschwindigkeit usf. Die an der Front des Peilhauses befestigte Antenne FuMB Ant. 9 „Grönland“ bestand aus 3 Systemen, die aus Einheitsfeldern Typ B aufgebaut und übereinander angeordnet waren. Das oberste System für den Empfänger 1 bestand aus 2 x 8 horizontal polarisierten Feldern. Das mittlere bestand aus 8 vertikal polarisierten, das unterste wieder aus 8 horizontal polarisierten Feldern, die wahlweise an den Empfänger 2 geschaltet werden konnten. Durch gegenphasiges Zusammenschalten der jeweils linken und rechten Antennenhälften entstand ein Doppelkeulendiagramm mit etwa ±0,3° Peilschärfe im Bereich 91–462 MHz. (Die Frequenzangaben hier und nachfolgend sind einer amtlichen Liste [Nr. nicht bekannt] entnommen, da die Werte in [471] meist aus dem Gedächtnis niedergeschrieben wurden.) Eine „Grönland“-Anlage war ab Ende 1943 bei Brest im Einsatz und erzielte gegen ASV-Geräte Reichweiten bis zu mehr als 200 km. Es wurden keine weiteren mehr gebaut, da die nachfolgend beschriebene Anlage FuMB 21 bei wesentlich einfacherem Aufbau vollauf genügte [177].

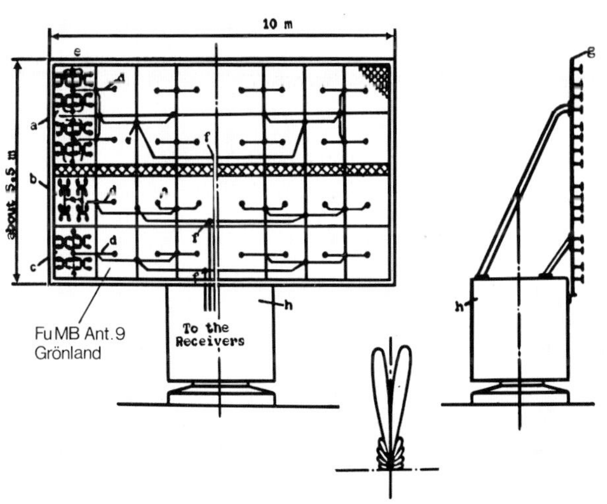

FuMB-Peilanlage FuMB 20 = „Grönlandstand“ (91-462 MHz) mit 2 x FuMB 4 und 2 x FuMZ 1 (2). Nur Muster

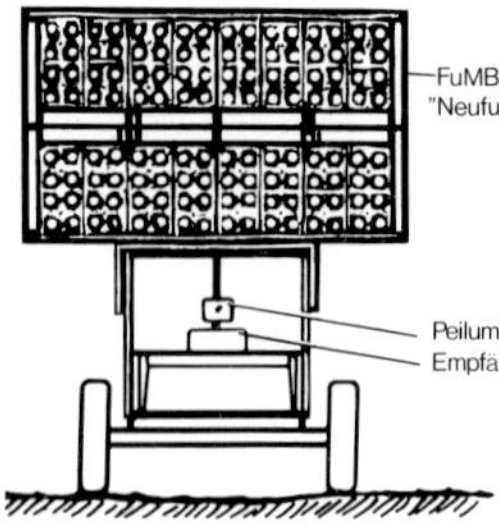

FuMB-Peilanlage (FuMB-) „Neufundlandstand“ mit FuMB 4 und FuMZ 1
Mehrere Musteranlagen mit unterschiedlichen Antennen

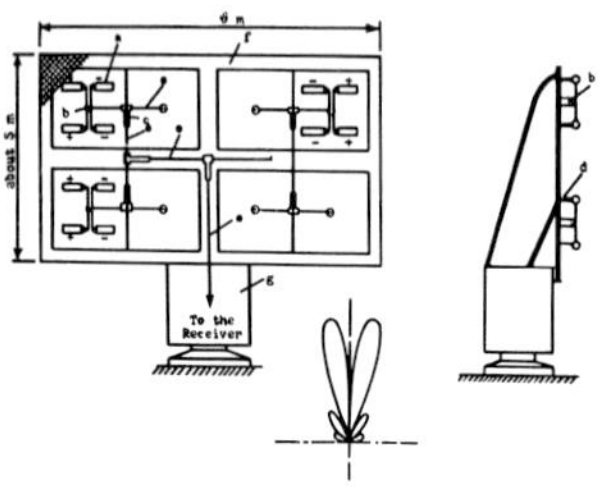

Die Versuchsanlage *„Neufundlandstand“* (ohne FuMB-Nr.) war etwa halb so groß wie die eben beschriebene Anlage und war nur mit einem Empfänger nebst Oszillograph und Schreiber bestückt. Die Antenne FuMB Ant. 10 „Neufundland“ wurde offensichtlich in 2 verschiedenen Versionen (aus Feldern Typ A bzw. Typ B) erstellt und wies bessere Anpassungsverhältnisse als die FuMB Ant. 9 auf, weshalb sie später in abgeänderter Form im Bereich 162–222 MHz für Funkmeß-Stör-(FuMS-)Anlagen verwendet wurde (s. dort) [177].

Der in großen Stückzahlen bei Lorenz gefertigte *FuMB 21-„Pellwormstand“* wurde meist an Land mit einem Peilhaus oder auch „Kurmark“-Stand verwendet, es gab jedoch auch Bordausführungen davon. Die bereits (bei den Luftwaffen-Anlagen) beschriebene FuMB Ant. 8 „Pellworm“ war vom NVK entwickelt, aber bei Lorenz gefertigt und bestand aus 2 Systemen mit je 2 horizontalen und 2 vertikalen Dipolen, die frequenzmäßig auf die beiden angeschlossenen Empfänger FuMB 4 „Samos“ und FuMB 5 „Fanö“ zugeschnitten waren. Der von beiden überstrichene Gesamtbereich ging von 136–857 MHz, die Peilgenauigkeit betrug $\pm 3°$ bei Maximum-Peilung (Suchbetrieb) bzw. $\pm 1°$ bei Minimum-Peilung, wobei wahlweise mit horizontaler oder vertikaler Polarisation gearbeitet werden konnte. Als Zusatzgeräte waren 1 FuMZ 1 oder 2 und 1 FuMZ 3 oder 4 vorgesehen, bei Landstationen auch ein Pegelschreiber. Die Antenne saß auf einem Rohrmast mit Peilantrieb, wie er für Rahmenpeilanlagen verwendet wurde.

„Pellworm“-Anlage FuMB 21 auf VP-Boot und an Land

Die Sichtpeilanlage *FuMB 22 „Kretastand“* sollte gegenüber der „Neufundland“-Anlage bei gleicher Peilgenauigkeit eine beliebig schnelle = elektrische Diagrammschwenkung ermöglichen. Es wurde daher wieder die Kreisgruppenantennen-Technik angewendet (vergl. „Wullenwever“ in [414], wobei jeweils 2 Gruppen von

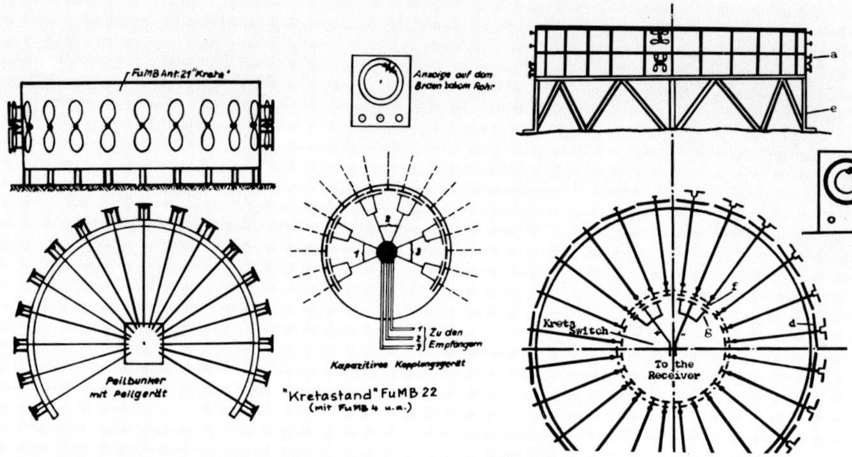

Zwei Bauformen der FuMB-Sichtpeilanlage FuMB 22 „Kreta“ (120–462 MHz)

jeweils 2 oder 3 Antennenfeldern kapazitiv abgegriffen und gegeneinander geschaltet wurden. Die Achse der drehbaren Antennenankopplung vollführte mit Hilfe eines Elektromotors ca. 1 bis 5 Umdrehungen/Sekunde, wobei synchron damit eine Ablenkspule um den Hals einer Braunschen Röhre rotierte. Dadurch wurden nacheinander alle Richtungen abgetastet, wobei sich der Lichtpunkt auf der Anzeigeröhre entsprechend unter der Azimutskala bewegte. Da die Empfängerausgangsspannung ebenfalls zur Ablenkspule geleitet wurde, ergab sich entsprechend dem Doppelkeulendiagramm eine Doppelzackenanzeige, deren Mitte jeweils die Peilrichtung angab. Von diesem Anlagentyp wurden vom NVK 2 Muster mit 2 bzw. 3 Empfängern FuMB 4 gebaut, die einen Bereich von 120–462 MHz überdecken konnten. Die vorgesehene Fertigung bei Telefunken wurde aber dann zugunsten einer Massenfertigung der Anlage FuMB 21 „Pellwormstand“ gestoppt. Im letzten Kriegsjahr wurde aber bei der Fa. Lorenz eine gleichartige Anlage für den Bereich 100–380 MHz fertiggestellt [82]. Dieses Peilverfahren wurde jedoch nach dem Kriege unter Verwendung schräg gestellter Dipole (für den gleichzeitigen Empfang horizontal und vertikal polarisierter Wellen wie bei anderen FuMB-Anlagen, s.w. unten) auf U.S.-Flugzeugträgern für Funkmeßbeobachtungs- und Störzwecke eingebaut.

Zwei bei der Fa. Kimmel in Entwicklung befindliche Empfänger *„Privatweg“* und *„Malta“* sollten im Bereich von etwa 156–230 MHz mit dem Summen-Differenz-Peilverfahren (= „Süsel“-Verfahren) arbeiten (vergl. [366]) mit Ablageanzeige auf einer Braunschen Röhre. Die Entwicklung dürfte später eingestellt worden sein.

Sichtpeilanlage FuMB 23 „Naxos ZM 1“ (2500–3750 MHz)

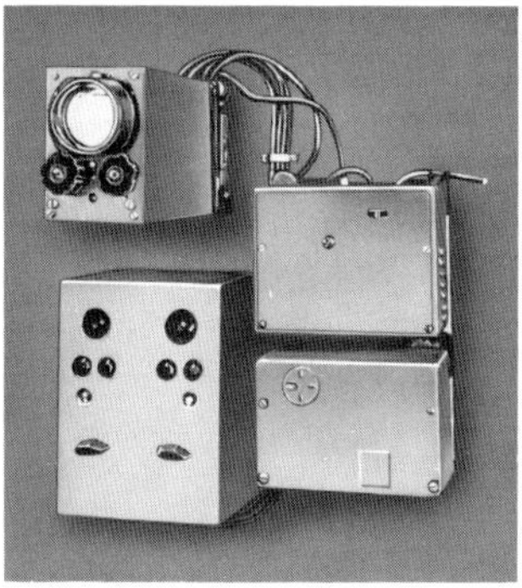

Die Funktion der Rundsuchanlage „Naxos Z“ mit rotierender Stielstrahlerantenne im 9 cm-Bereich wurde bereits bei den Bodenanlagen der Luftwaffe besprochen. Bei Flugzeugeinbauten wurden entgegen aller Voraussagen (ca. 6 km) über 100 km Reichweite erreicht. Eine ebenfalls von Telefunken gefertigte Marineversion des Gerätes hieß *FuMB 23 „Naxos ZM 1b“*. Sie war mit Netzteilen anstelle des Umformers ausgerüstet und wurde mit 100 Stück bis zum September 1944 ausgeliefert. Ein Nachteil dieser bei verschiedenen Schiffstypen eingebauten Anlage war der bereits weiter oben angesprochene „Stroboskopische Effekt“, der u. a. manchmal bei ungünstigen Kursen von Flugzeug und Schiff die Anzeige verschwinden ließ, desgl. wurden gelegentlich Kurzzeitortungen übersehen. Die Anlagen wurden nach [177] nicht an der Front verwendet(?).

Bei der bereits besprochenen U-Boot-Anlage *FuMB 24 „Cuba Ia“* (auch „Naxos U 1“ bzw. „F1“ genannt) mit dem Empfangskopf „Fliege“ wurde (gemäß verschiedener Hinweise) der Bandpaß entfernt, wodurch sich eine größere Reichweite (abhängig von der Aufstellungshöhe) und ein größerer Empfangsbereich (etwa 1,3–3,7 GHz mit Lücke um 2 GHz) ergab. (So die amtliche Angabe, theoretisch hätten auch Frequenzen um 10 GHz erfaßt werden müssen, vergl. „Naxburg“ = Luftwaffengerät).

Im Dezember 1943 war einwandfrei beobachtet worden, daß englische 9 cm-Radars auch an Bord von Schiffen und Suchflugzeugen über See eingesetzt wurden. Bevor die im Einsatz befindlichen CMW-Geräte FuMB 23 und 24 eine Stückzahl von einigen Dutzend überschritten hatten, wurden im Februar 1944 je ein englisches („Rotterdam X“ = H2X) und ein amerikanisches Radargerät („Meddo“) mit 3 cm Wellenlänge erbeutet. Das NVK (*Dr. Rindfleisch*)

Empfangskopf FuMB 24 „Cuba Ia“ (9 cm-Ber.)

Empfangskopf FuMB 25 „Mücke“ (3 cm-Ber.)

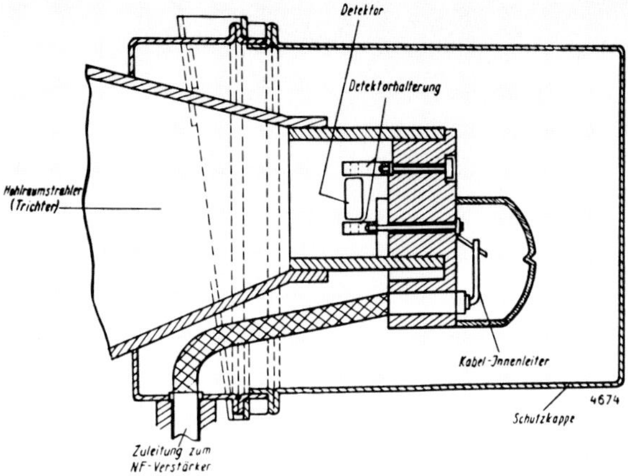

entwickelte daraufhin eine Anlage *FuMB 25 „Mücke“*, die von der Fa. Telefunken gefertigt wurde. Ihr Empfangskopf bestand aus einer Trichterantenne mit eingesetztem Detektor, womit ein Bereich von etwa 7,5–15 GHz (etwa $\lambda = 2–4$ cm) erfaßt wurde. Als NF-Verstärker wurde meist der Verstärker V 350 a = FuMZ 6 „Naxos“ verwendet. Es wurde nie einzeln, sondern nur kombiniert mit dem Gerät FuMB 24 verwendet, wodurch die Doppelanlage *FuMB 26 „Tunis“ = „Naxos T1“* entstand. Damit konnte also ein Bereich von 2–4 cm und 8–23 cm (mit einer Lücke um 15 cm) abgedeckt werden. Für die Verwendung auf U-Booten wurden aus Platzgründen Antennen nicht in die gleiche Richtung blickend wie bei Überwasserschiffen, sondern Rücken an Rücken montiert und in den Peilrahmen eingehängt. Die Peilgenauigkeit lag bei 9 cm Wellenlänge um ±10°, bei 3 cm um ±3°. Bei niedrigen Aufstellungshöhen (U-Boote) waren etwa 25–50 km Reichweite (je nach Flughöhe) zu erwarten [177].

Die Landanlage *FuMB 27 „Chinesen-Stand“* war ebenfalls vom NVK entwickelt und wurde ab Ende 1943 von der Fa. Lorenz geliefert. Er bestand aus einer für den Transport mit Rädern versehbaren Grundplatte, auf die eine von Hand drehbare kleine Peilhütte aufgesetzt war. An deren Frontseite war ein 2,5 m-Parabolspiegel (vom Flak-FuMG „Kurmark“ [366] übernommen) angebracht, in den ein „Rotterdam“-Dipol eingesetzt war. Da hier die Antennenzuleitung auf kürzestem Wege und ohne Drehkupplung

Peilanlage FuMB 27 „Chinesenstand“, kombiniert mit FuMB 21 (oben)

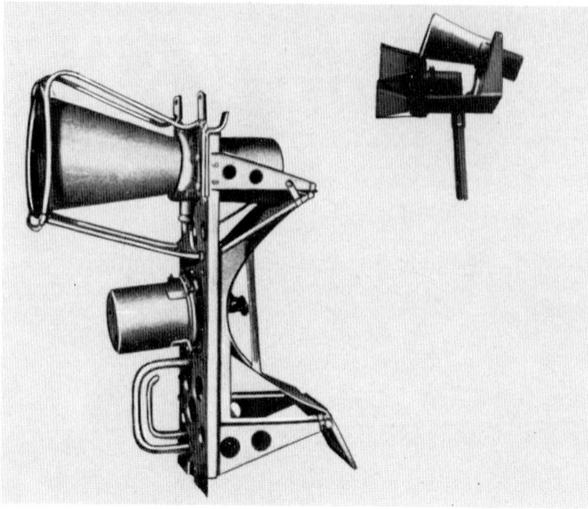

Kombinierte FuMB-Anlage FuMB 26 „Tunis“ (ex „Naxos T1“) mit 2 Verstärkern FuMZ 6. Links: Zweiseitige, oben einseitige Bauform

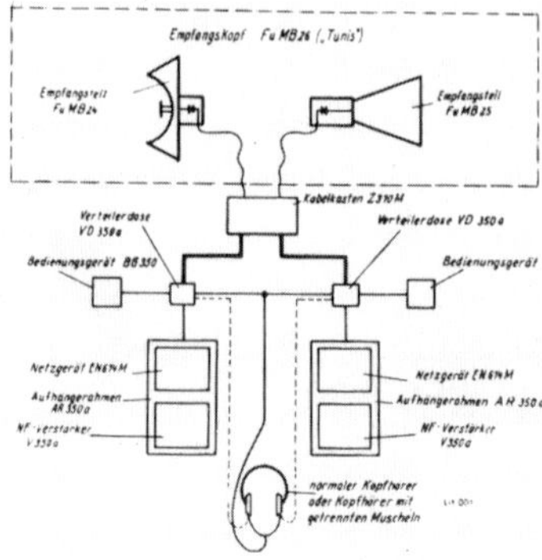

Anlage 4. Vereinfachter Plan des FuMB 26 (Anlage „Tunis“)

Empfangskopf FuMB 26 „Tunis“ eingesetzt in U-Boot-Peilrahmen

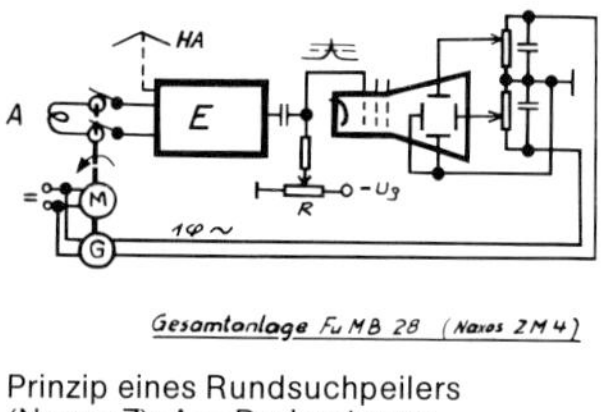

Gesamtanlage Fu MB 28 (Naxos ZM 4)

Prinzip eines Rundsuchpeilers (Naxos Z): A = Drehantenne (oder bei längeren Wellen Goniometer-Suchspule, hierzu dann auch Hilfsantenne HA)

zum Empfänger FuMB 11 „Korfu 812“ (8–12 cm Wellenlänge entspr. 2,5–3,75 GHz) lief und so nur sehr kleine Verluste auftraten, konnte die etwas langsame Drehgeschwindigkeit in Kauf genommen werden. Mit Maximumpeilung wurde eine Peilschärfe von ±1,5° erreicht, die Reichweite betrug an günstigen Aufstellungsorten gegen hochfliegende Flugzeuge 300 km und mehr. Gegen Schiffsgeräte entsprach die Reichweite der optischen Sichtweite. Diese Anlage bewährte sich sehr und wurde auch oft zusätzlich mit der Antenne und dem Gerätesatz des FuMB 21 „Pellworm-Stand“ kombiniert. Später wurde auch ein auswechselbarer Dipoleinsatz für Minimum-Peilung geschaffen, der für Sonderfälle eine Peilgenauigkeit von 1/8° erlaubte. Dieser Stand wurde auch für „Korfu“-Geräte mit anderen Frequenzbereichen verwendet (FuMB 12–15), wobei als Antenneneinsatz für höhere Frequenzen Hohlleiter mit Schlitzen (als Strahler) und mit Reflektorscheiben zur Anwendung kamen. Bei verschiedenen Marine-Landstellen kamen auch „Korfu“-Anlagen der Luftwaffe (Einfach, Doppel- und Vierlingsanlagen Fu Peil A 100) zum Einsatz.

Das *FuMB 28 „Naxos ZM 4“* war eine Weiterentwicklung des FuMB 23 und hatte ursprünglich eine druckfeste Ausführung des Antennenkopfes für U-Boote, wurde dann aber anscheinend auf Schnellbooten und anderen Einheiten montiert. Es besaß einen mit dem Anzeigegerät kombinierten Verstärker (Entwicklung RPZ) mit 4 x EF 14 und einer DG 7 mit Helltastung des Elektronenstrahls anstelle der „Zackenanzeige“, desgleichen eine vereinfachte Ablenkschaltung mit Einphasengenerator an der Antenne. 1700 Geräte waren beim RPZ bestellt, von denen die ersten 22 Geräte im August 1944 ausgeliefert wurden. Ab Anfang 1945 sollten die Geräte in der Version *FuMB 41 „Naxos ZMd"* geliefert werden, bei dem über den beiden 9 cm-Stielstrahlern noch ein dielektrischer Rohrstrahler für 3 cm Wellenlänge mit Detektor angebracht war. Er bestand aus einem Trolitulrohr von 30 mm Innendurchmesser und 170 mm Länge, an dessen Ende ein 3 cm-Dipol angeordnet war. Nach [177] wurden auch diese „Naxos Z"-Varianten nicht an der Front eingesetzt. Eine weiter verbesserte Version „Naxos ZMe" war in Vorbereitung.

Unter der Bezeichnung *FuMB 29 („Bali-Anlage")* lief eine Rundempfangsanlage mit der FuMB Ant. 3 „Bali I", wozu wahlweise der Empfänger FuMB 4 „Samos" (90–470 MHz) oder der Wellenanzeiger FuMB 9 W. Anz. g2 (146–254 MHz) oder ein Detektor FuMB 10 „Borkum" (100–400 MHz) mit Verstärker FuMZ 6 „Naxos" oder FuMZ 7 „Hela II" = A 410 (Entwicklung NVK, Fertigung bei Grandin/Paris) verwendet wurden. Dazu kam noch meist ein Oszillograph FuMZ 1 oder 2. Diese Anlage wurde in den verschiedenen Versionen praktisch auf allen Schiffen, meist kombiniert mit mindestens einer anderen FuMB-Anlage, eingesetzt.

Die ab Anfang 1943 eingeführte Anlage *FuMB 30 („Sumatra-Anlage")* war eine Sektorpeilanlage, 4 FuMB Ant. 4 „Sumatra", die im Viereck um den Mast oder einzeln in den 4 Blickrichtungen am Schanzkleid der Brücke angebracht waren. Mit einer Diagrammbreite von etwa 100° erfaßte jede Antenne den Raum voraus, an Backbord, achtern bzw. an Steuerbord. Der Gerätesatz war der gleiche wie bei FuMB 29 und konnte wahlweise an eine der 4 Antennen gestöpselt werden. Lag der Sender schräg voraus, so war seine Lage grob auf ±30° abschätzbar durch Amplitudenvergleich der vorderen mit der entsprechenden seitlichen Antenne = Maximum-Peilung in 4 Sektoren. Jedes Antennenfeld bestand aus einem Breitbanddipol mit Reflektor, durch Schrägstellung des Dipols konnten horizontal- und vertikalpolarisierte Wellen empfangen werden. Es erwies sich, daß der Detektorempfänger FuMB 10 für Peilzwecke wenig geeignet war. Die Antennen überstrichen den Bereich von 100–400 MHz. Diese Anlage war in allen Überwasserschiffen mit Ausnahme von S-Booten zusätzlich zur Rundempfangsanlage FuMB 29 installiert um wenigstens eine grobe Richtungsbestimmung des empfangenen Signales vornehmen zu können. Kurzzeitig war auch eine Einzelantenne fest an der Turmvorderseite (in einem Netzkasten mit Planenabdeckung) von U 172 installiert.

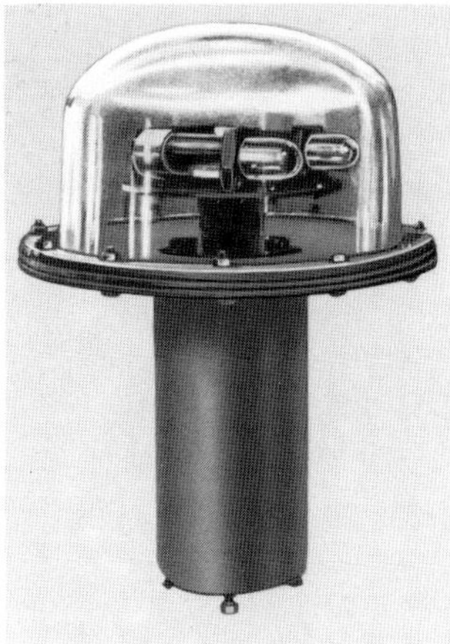

Rundsuch-Peilanlage FuMB 28
(Drehantenne und Sichtgerät)

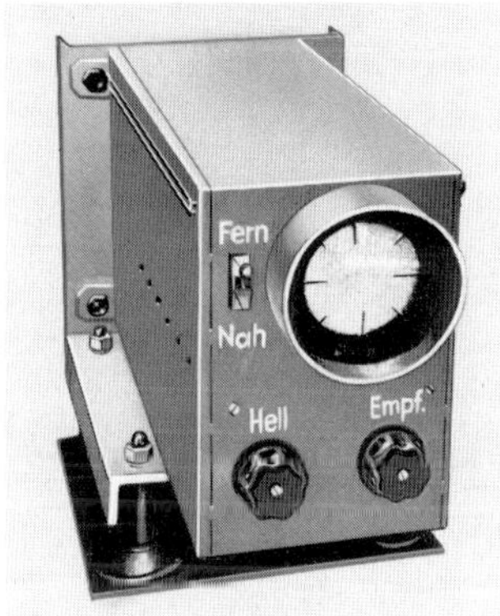

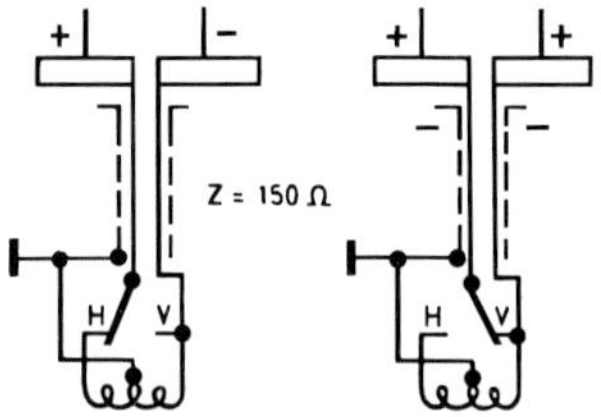

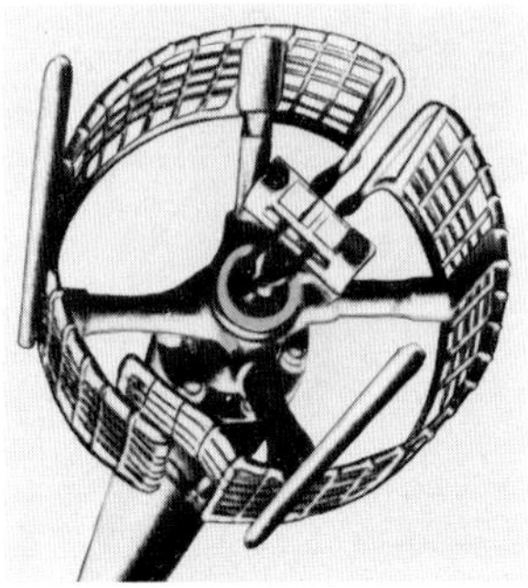

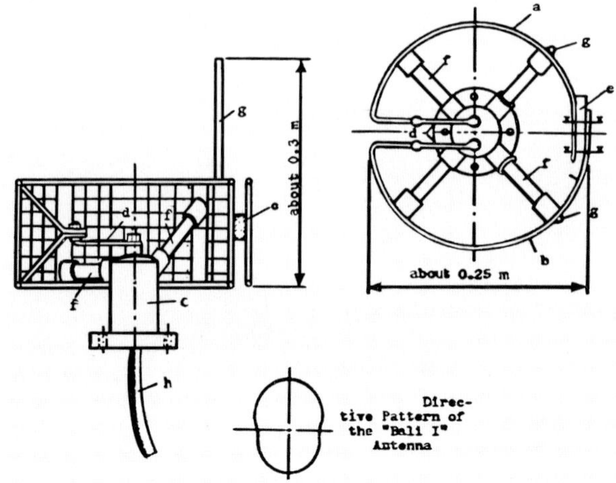

Rundempfangsanlage FuMB 29 (Bali I).
Details der FuMB-Ant. 3 „Bali I"
mit Umschaltung für horizontale (H)
und vertikale (V) Polarisation

Sektorpeilanlage FuMB 30,
kombiniert mit FuMB 28-Vormuster
(rechts und links oben)
und mit FuMB 29 (links unten)

Hier wäre entwicklungsmäßig die mit FuMB 29 kombinierte *„Samoa-Anlage"* der U-Boote mit FuMB Ant. 5 „Samoa" (montiert auf der Rückseite des FuMO-Drehspiegels, Bereich 166–230 MHz) zu nennen, die bereits weiter vorne besprochen wurde und seltsamerweise keine eigene FuMB-Nr. erhielt.

Die Schnellpeilanlage *FuMB 31 („Palau-Anlage")* verwendete die FuMB Ant. 6 „Palau" (120–333 MHz) mit den gleichen Gerätesätzen wie FuMB 29 und 30. Die über Seilzüge und einen Peilantrieb schnell drehbare Antenne

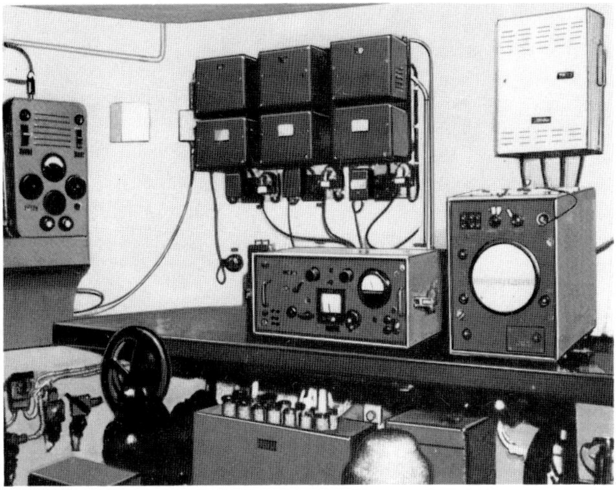

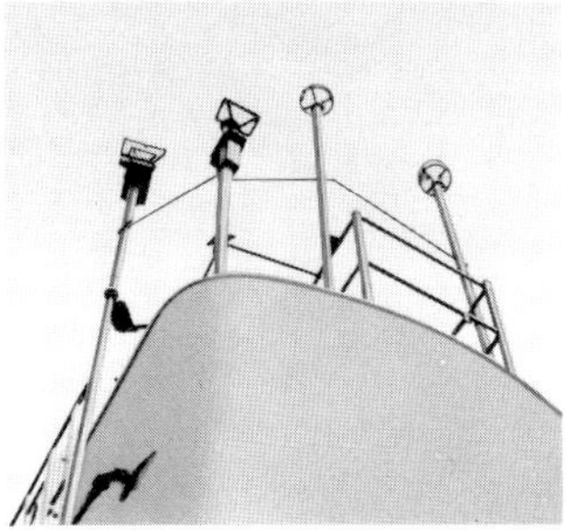

FuMB-Antennen und -Geräte auf und in der FuMO-Haube im Vormars des „Prinz Eugen". Dazu gehörte auch die Antenne „Timor" (s. weiter vorne). „Wespe g" war das Kenngerät

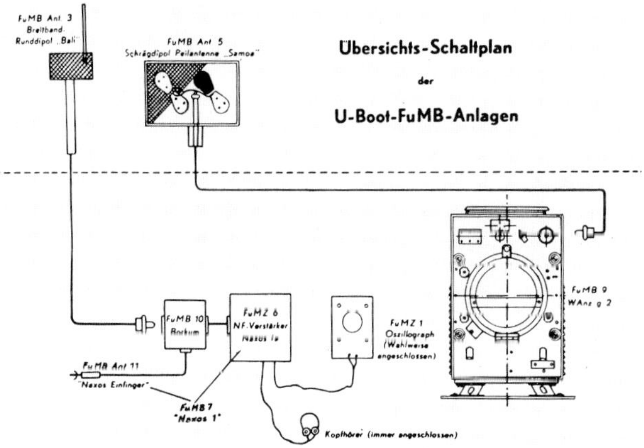

FuMB-Peilanlage für U-Boote mit Peilantenne „Samoa" (kombiniert mit FuMO-Antenne). Oben Versuch mit feser FuMB-Antenne „Sumatra" (U 172)

(Entwicklung NVK, Lieferer ELAC) bestand aus 2 gegenphasig gespeisten Breitband-Schrägdipolen wie die „Samoa"-Antenne, verwendete jedoch einen größeren Reflektor. Die Peilgenauigkeit betrug ca. $\pm 2^{\circ}$. Die Anlage wurde besonders bei kleinen Schiffen (VP-Boote, Zerstörer etc.), vereinzelt auch auf Kreuzern verwendet.

Die besonders für S-Boote und andere kleine Schiffe bestimmte Schnellpeilanlage *FuMB 32 („Flores-Anlage")* verwendete einen horizontal polarisierten Breitband-Runddipol, dessen Endpunkte durch einen Widerstand von 200 Ohm überbrückt waren. Sie wirkte daher wie eine kleine Rhombusantenne und wies über den Bereich von

FuMB-Peilanlage FuMB 31 „Palau" (120–133 bzw. 146–254 MHz) mit FuMB Ant. 6 „Palau" und FuMB 4 oder FuMB 9 oder FuMB 10 + FuMZ 6

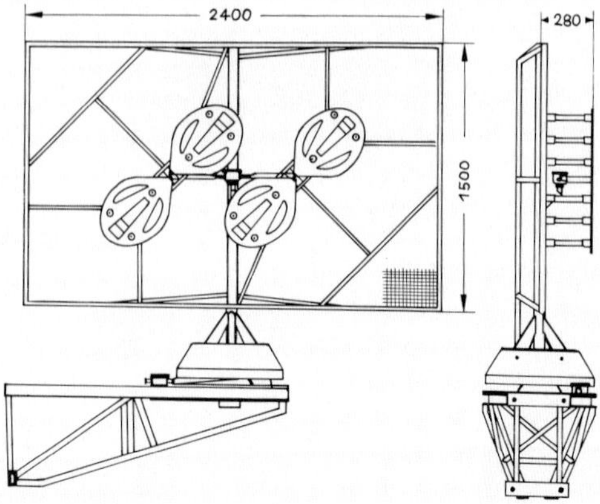

100–300 MHz ein herzförmiges Diagramm (wie ein Peilrahmen mit Hilfsantenne) auf. Das etwa ±10° breite Minimum konnte zur Peilung benutzt werden. Die Antenne war zu diesem Zweck auf einer leichten Drehsäule mit Peilantrieb befestigt. Als Empfänger diente wahlweise ein FuMB 4 „Samos" oder ein FuMB 9 W. Anz. g2. Obwohl der Gewinn der Antenne etwas kleiner als 1 war, genügte sie für den vorgesehenen Anwendungszweck vollauf [177].

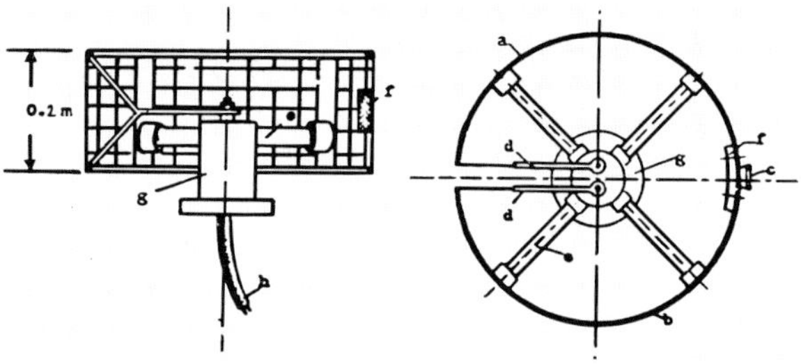

FuMB-Kleinpeilanlage FuMB 32 „Flores" mit Empfänger „Samos" + FuMZ 1
Links: Diagramm und Vormuster der „Flores", rechts Serienmuster und Gerätesatz

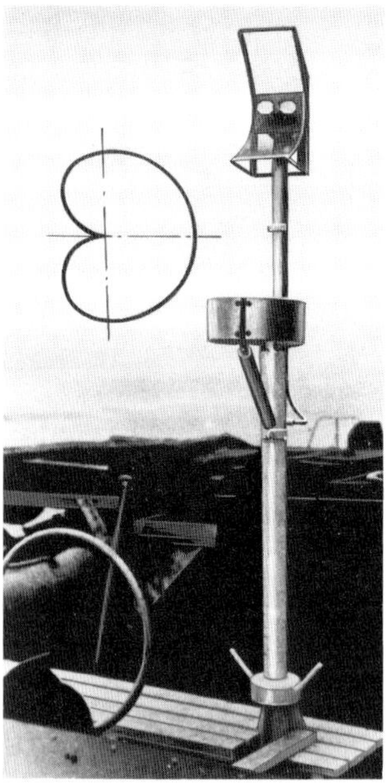

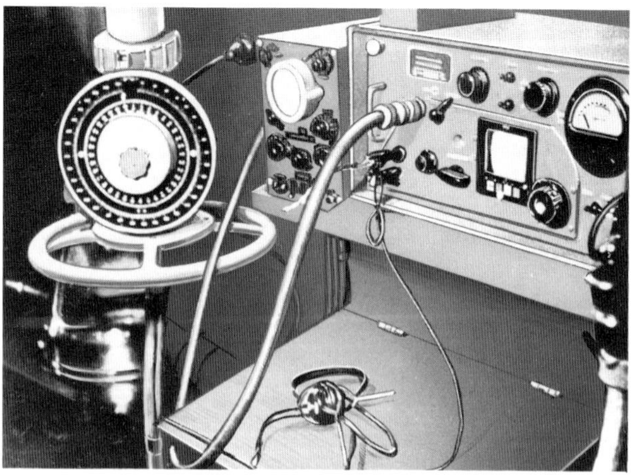

Für kleine Boote ohne Stromversorgung wurde im Jahre 1944 vom OKM (*Oblt. Wisbar*) eine tragbare FuMB-Anlage *FuMB 33, „Liliput I“* mit Batteriebetrieb geschaffen. Die Anlage bestand aus einem Antennenkopf ähnlich „Cuba Ia“ = „Fliege“ für den 9 cm-Bereich, der auf einer Fliegerkopfhaube (mit eingebauten Hörern) befestigt war und so immer in Blickrichtung des Beobachters „sah“. Der mit Stahlröhren (5x DF 11) bestückte Verstärker wurde wie die Batterien in einem Gehäuse am Koppel getragen. Der Beobachter war somit frei beweglich, mußte allerdings wegen der Richtwirkung der Antenne von ±50° laufend seine Blickrichtung ändern. Die 300 von Telefunken gefertigten Geräte wurden ab September 1944 auf U-Booten und kleineren Schiffen eingesetzt. Der Verstärker war übrigens sehr erschütterungsempfindlich und lag in seiner Verstärkung weit unter derjenigen des FuMZ 6 „Naxos“.

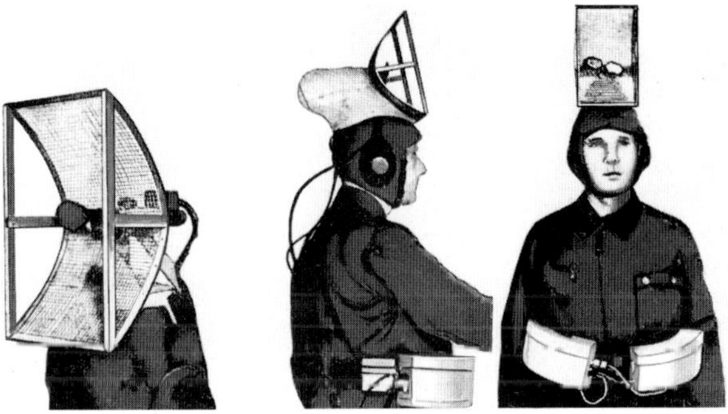

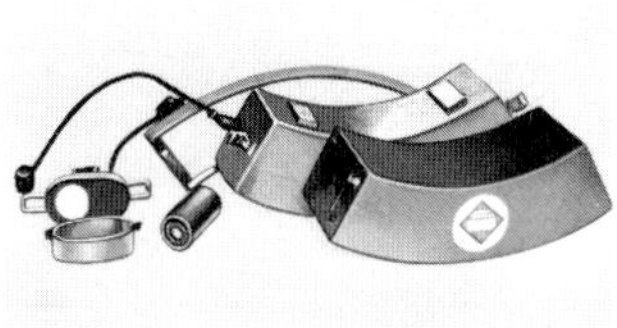

Grobpeilanlage FuMB 33 „Liliput I“ (2500–3750 MHz) mit Empfangsteil auf Kopfhaube und Verstärker mit Batterien am Koppel

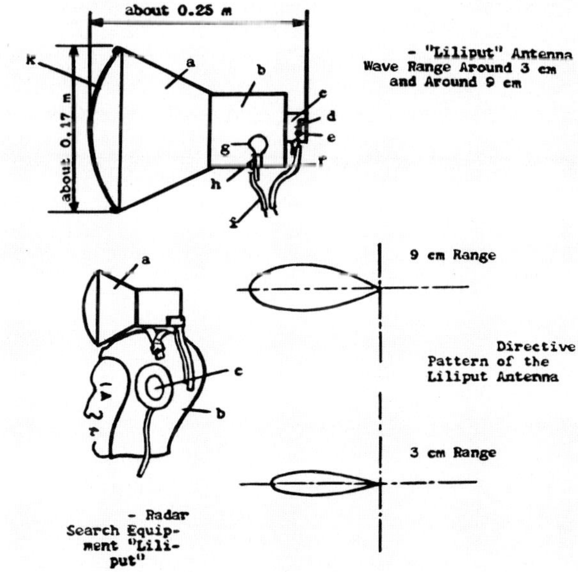

Grobpeilanlage FuMB 34 „Liliput II“ (2140–15 000 MHz)

In Zusammenarbeit von OKM-NWa (*Oblt. Wisbar*) und der Fa. Siemens & Halske (*Dr. Wolff*) entstand eine verbesserte Version *FuMB 34 „Liliput II“* mit einem Empfangskopf ähnlich der „Mücke“, jedoch mit hintereinander angeordneten Resonanzräumen und Detektoren für den 9 cm- und den 3 cm-Bereich. Der Verstärker erhielt eine zusätzliche Stufe für den 3 cm-Bereich. Es waren 900 Stück bestellt, die Lieferung sollte ab Mitte Oktober 1944 erfolgen. Weiteres ist nicht bekannt.

Bei dem bereits erwähnten Unternehmen „Feldwache“ (Juli 1943) war bereits eine behelfsmäßige Vierfach-FuMB-Anlage eingebaut. Sie bestand aus:

1 kleines Runddipol „Bali“	94- 375 MHz	mit Empfänger „Metox“
1 großes Runddipol	370- 860 MHz	mit Empfänger „Fanö“??
1 Richtantenne „Cuba“	835-2500 MHz	mit Detektor + FuMZ 6
1 kleine Richtantenne „Cuba“	2500-6000 MHz	mit Detektor + FuMZ 6.

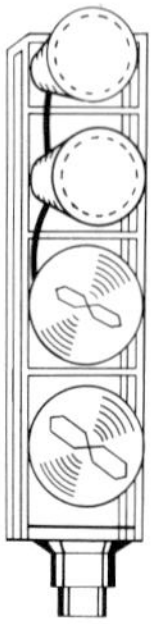
Vierfach-Empfangskopf „Libyen“ (1,5–15 GHz)

Entsprechend diesem Vorläufer entwickelte die Fa. S & H Anfang 1944 eine FuMB-Anlage *„Libyen“* (ohne FuMB Nr.), die einen Bereich von 2–20 cm (1,5–15 GHz) mit 2 Antennen nach Art der „Fliege“ und zwei weiteren nach Art der „Mücke“ lückenlos überstreichen sollte. Das Antennensystem sollte wie eine Verkehrsampel aufgebaut sein und auf einem ausfahrbaren Drehmast befestigt werden. Die NF-Kabel der 4 mit Detektoren versehenen Antennen wurden an die Eingänge von 4 Trennstufen (EF 14) geleitet, an deren parallelgeschalteten Ausgängen ein FuMZ 6 angeschlossen war. Im August 1944 wurden 2 Labormuster erprobt.

In Konkurrenz dazu wurde bei der Fa. Funkstrahl (*Dr. Kleinsteuber*) eine Großbereichsanlage *„Terschelling“* (ohne FuMB-Nr.) entwickelt. Sie besaß einen Antennenkopf „Texel“ mit 4 druckfesten Rahmenantennen für 360° Überdeckung und überstrich den Bereich von 3–200 cm (0,15–10,0 GHz) durchgehend. Nach der Erprobung von „Libyen“ und „Texel“ im August 1944 wurden beide Typen am 1. September 1944 zugunsten der Anlage FuMB 35 gestrichen.

Die Anlage *FuMB 35 „Athos I“* wurde 1944 bei der Fa. Funkstrahl speziell für die Verwendung auf U-Booten entwickelt. Sie war als Rundempfangsanlage mit Sektor-Warnanzeige gedacht und sollte den Nachteil der Sektorpeilanlagen vermeiden, daß Kurzzeitsendungen im gerade nicht angeschlossenen Sektor übersehen werden konnten. Anstelle von Dipolen wurden schräggestellte und einseitig an Masse angeschlossene „Amy-

Sektorpeilanlage FuMB 35 „Athos“ (1,5–15 GHz)

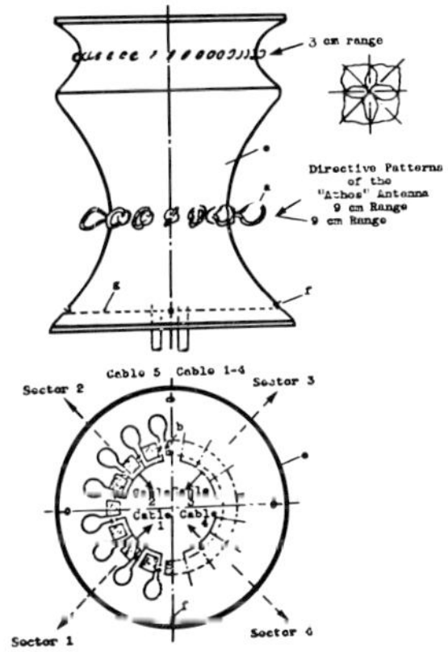

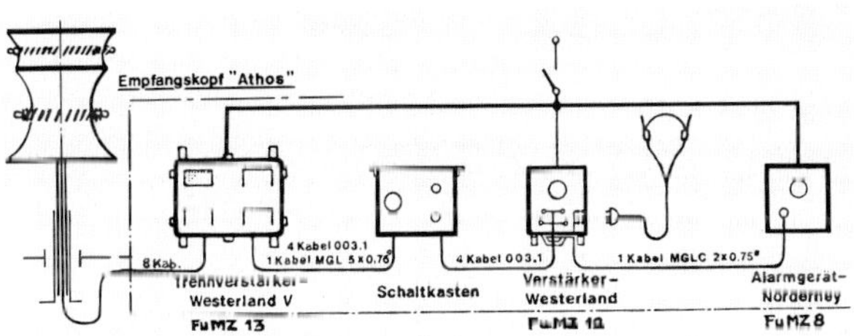

schleifen“ (Durchmesser kleiner $\lambda/2$) verwendet, an deren Ende jeweils wassergeschützt ein Detektor angeschlossen war. Für den 9 cm- und den 3 cm-Bereich waren je eine Reihe von Schleifen vorgesehen, die übereinander in 2 Rotations-Parabolspiegeln angebracht waren. Jede Reihe war in 4 Sektoren eingeteilt, deren Detektoren mit denjenigen des gleichen Sektors der anderen Reihe parallelgeschaltet waren. Zur Ableitung wurden also nur 4 NF-Kabel benötigt, die über den Ausfahrmast, der die Antenne trug, zum Vierkanal-Trennverstärker FuMZ 13 „Westerland V“ geleitet wurden. Von dort wurden die 4 NF-Spannungen nach getrennter weiterer Verstärkung im FuMZ 12 „Westerland“ an die 4 Ablenkplatten einer Braunschen Röhre geführt, die dort (im 2. Verstärker) eingebaut war. Bei Eintreffen eines Signales im Empfangsbereich 2–18 cm (1,66–15,0 GHz) wurde der Lichtpunkt zu einem entsprechend langen Strich deformiert, dessen Richtung eine Schätzung des Peilwinkels auf ±10 bis 20° zuließ. Zur Funktionsüberprüfung waren 4 kleine Stabantennen am unteren Rand des Antennensystems angebracht, an die Prüfsender „Puck“ (s. weiter unten) für den 9 cm- bzw. den 3 cm-Bereich angeschlossen werden konnten. Die Antenne sollte durch ihre Installation auf einem Ausfahrmast auch bei Schnorchelfahrt verwendbar sein. (Auf ihrer Oberseite sollte später ein UR-Rundsuchgerät „Flamingo II“ aufgesetzt werden, dessen Suchkopf ähnlich einem rotierenden Rotlicht bei Feuerwehrfahrzeugen, jedoch mit UR-empfindlicher Zelle im Drehspiegel anstelle einer Lampe, aufgebaut war. Die Anzeige sollte ähnlich wie bei „Naxos Z“ erfolgen.) Eine Serie von 1000 Stück FuMB 35 war im September 1944 geplant, nach [177] soll die Fertigung bei Kriegsende im Anlauf gewesen sein, 2 Muster kamen schon im August 1944 zur Erprobung.

Für noch höhere Frequenzen war in den letzten Kriegsmonaten bei der Fa. S & H (*Dr. Wolff*) eine Variante *FuMB 36 „Athos M“* in Entwicklung, die den Bereich 0,75–2 cm (15–40 GHz) abdecken sollte. Statt der Amyschleifen sollten ringförmig 4 x 12 rechteckige Hohlraumresonatoren mit Detektoren angeordnet werden. Wie weit die Entwicklung gelangte, ist nicht bekannt.

Die nächste Anlage war *FuMB 37 „Leros“*, die ebenfalls bei S & H entwickelt wurde. Sie sollte als Rundempfangs-Warnanlage einen Bereich von 20–300 cm (100–1500 MHz) überstreichen. Der druckfeste Antennenkopf (Kombination aus 3 Antennen mit Detektoren) besaß bei 40 cm Durchmesser eine Bauhöhe von 1,2 m! Als Verstärker war ein FuMZ 12 „Westerland“ (Fa. Funkstrahl) mit 4 Kanälen oder 2 Verstärker FuMZ 14 „Nordstrand“ (Fa. Lembeck oder DEBEG) mit je 2 Kanälen und einem Oszillographen FuMZ 1 vorgesehen.

Die Entwicklung einer Feinpeilanlage (ohne FuMB-Nr.) mit der Antenne FuMB Ant. 13 „Formosa“ (375–1500 MHz) für den Empfänger FuMB 5 „Fanö“ wurde vermutlich wegen geringer Dringlichkeit eingestellt.

Die Anlage *FuMB 38 „Bali II-Anlage“* verwendete eine vom NVK entwickelte Rundempfangsantenne FuMB Ant. 14 „Bali II“, die einen (an „Bali I“ anschließenden) Bereich von 375–750 MHz überdeckte. Sie bestand aus 2 horizontalen und geknickten Dipolen in Drehfeldspeisung, die über einer konischen Grundplatte angeordnet waren. Durch Parallelschaltung der Dipolspeiseleitungen konnte (wie bei „Bali I“) auf vertikale Polarisation umgeschaltet werden, wobei die Grundplatte die untere Dipolhälfte bildete. Die Antenne wurde zusammen mit dem

Rundempfangsantenne „Bali II“ für FuMB 38 (375–750 MHz)

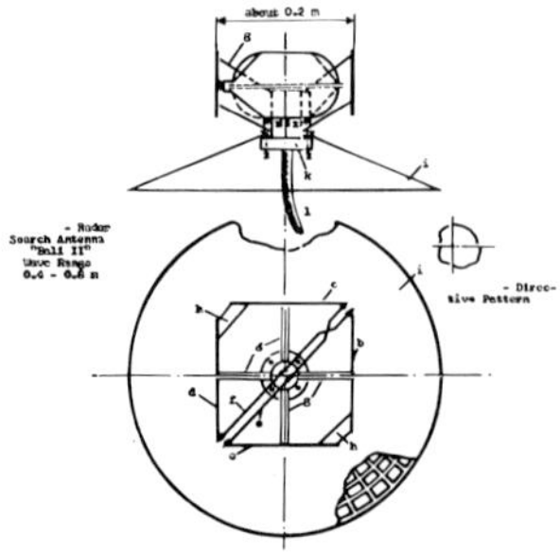

Detektorvorsatz FuMB 10 mit FuMZ 6 (evtl. auch mit dem Empfänger FuMB 5 „Fanö“?) auf Überwasserschiffen, nicht jedoch auf U-Booten installiert [177].

Von der Anlage FuMB 35 abgeleitet war die Version *FuMB 39 „Athos B (II)“* als nicht druckfeste Variante für Überwasserschiffe (mit verschäumter Antenne). Sie dürfte nicht mehr zum Einsatz gekommen sein. Die Belegung der Nummer *FuMB 40* ist nicht bekannt geworden. Die Anlage *FuMB 41 „Naxos ZMd“* wurde bereits als Ableitung beim FuMB 28 besprochen (Empfangsbereich erweitert um den 3 cm-Bereich). In Entwicklung war eine verbesserte Version *„Naxos ZMe“* mit einer einzigen breitbandigen Drehantenne, die den Bereich 2,5–12 GHz ohne Lücke erfassen sollte. Die Kriegsereignisse unterbrachen jedoch diese Entwicklung.

Hier sollte noch kurz auf einige CMW-Empfänger der Marine eingegangen werden. Im Sommer 1942 erstellte die Außenstelle des NVK am Kanal (Boulogne) einen abstimmbaren Detektorempfänger *„Alderney“* im Eigenbau, um bis zum Eintreffen des versprochenen und damals noch in Entwicklung befindlichen „Korfu“ die Frequenzen der erfaßten 9 cm-Geräte bestimmen zu können. Das Gerät leistete gute Dienste, blieb jedoch ein Einzelstück. Nur dem Namen nach bekannt sind die Überlagerungsempfänger *„Borneo“* (Rohde & Schwarz 0,8–2,0 bzw. 2–4 GHz), *„Leukos a“* (*Pintsch,* 2,7–4,3 GHz) und *„Leukos b“* (*Pintsch,* 4,3–7,5 GHz), von denen es bestenfalls Labormuster gab [112, 177].

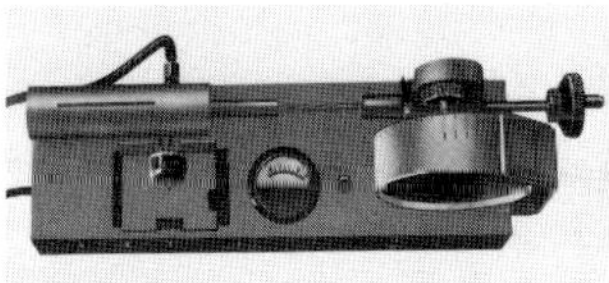

Empfangsoszillator 400–800 MHz der Fa. Rohde & Schwarz

Entwicklung von Hornantennen bei der Fa. Rohde & Schwarz 1944

In den letzten Kriegsmonaten führte das NVK zusammen mit dem NEK (*Dr. Bachem*) und der physikalisch-technischen Reichsanstalt PTR (*Prof. Esau*) Entwicklungen für

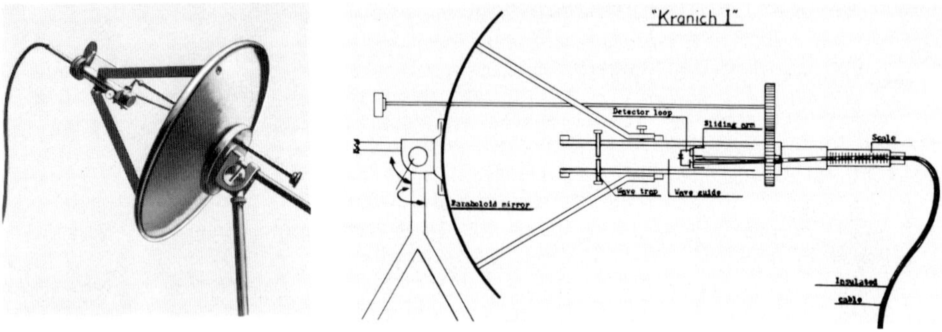

Empfangskopf „Kranich I“

Detektorempfänger im Bereich 0,6–3 cm durch. Ihr Aufbau erfolgte in Anlehnung an die „Mücke“ als Trichterantenne mit Rohrstück als Hochpaß und Detektor in $\lambda/4$ vor der Abschlußwand. Es entstanden so die Empfangsköpfe *„Kranich I“* (Bereich nicht genannt), *„Milbe“* (0,6–1,2 cm entspr. 25–50 GHz) und „Ameise“ (1,0–1,7 cm entspr. 17,5–30 GHz). Für den Gebrauch auf U-Booten sollten 2 Antennen „Milbe“ mit einer Antenne „Ameise“ zu einem Empfangskopf „Schalmei“ vereint werden, der über den gesamten Bereich einen Öffnungswinkel von ±15° aufwies. Der zugehörige NF-Verstärker ist in [177] nicht angegeben. Im März 1945 lieferte die PTR noch jeweils 5–10 Stück von Empfängern mit den Bereichen 0,5–0,9 cm/0,8–1,5 cm und 1,2–3,0 cm, weiteres ist nicht bekannt.

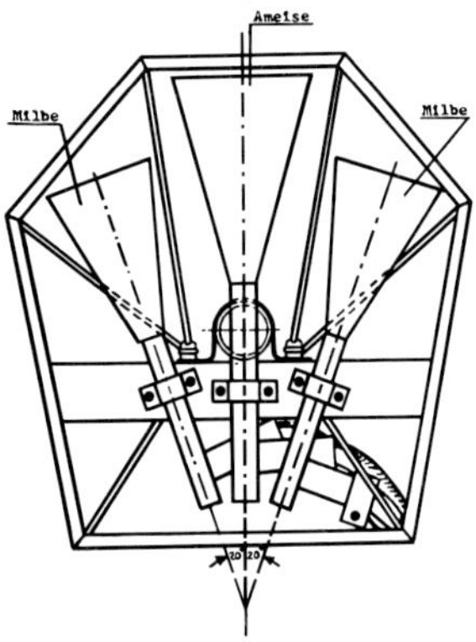

Dreifach-Empfangskopf „Schalmei“ (17,5–50 GHz)

Die kürzeste in Deutschland während des Krieges erzeugte Wellenlänge lag bei 2 mm (150 GHz). Sie wurde 1945 bei der Zentralversuchsstelle für Hochfrequenz= ZVH mit einem Zweischlitzmagnetron bei einem Magnetfeld von 30000 Gauß dargestellt. Die längste erzeugte Infrarotwelle hingegen lag bei 0,7 mm Wellenlänge.

Erwähnt werden sollte, daß vor Bewältigung der CMW-Röhren-, CMW-Antennen- und CMW-Geräte-Entwicklungsprogramme möglichst ein solches für CMW-Prüfgeräte (Meßsender, Meßempfänger, Meßleitungen usf.) durchzuziehen war, das entsprechend der meisten zugeteilten Decknamen für Einzelgeräte („Calla“, „Azalee“ etc.) den Sammelnamen „Blumengarten“ bekam. Das am weitesten bekannte und auch bei Fronteinheiten verwendete Gerät war der beim NVK entwickelte einfache Prüfsender „Puck“. Er bestand aus einem Relaissummer (Funkensender), wobei direkt am Kontakt ein kurzer Strahler für die gewünschte Wellenlänge angebracht war. Hinter dem Strahler befand sich ein kleiner Zylinderparabolspiegel, der Teil des auch die Batterie enthaltenden Gehäuses war. Das Gerät lieferte je nach Wellenlänge eine Leistung

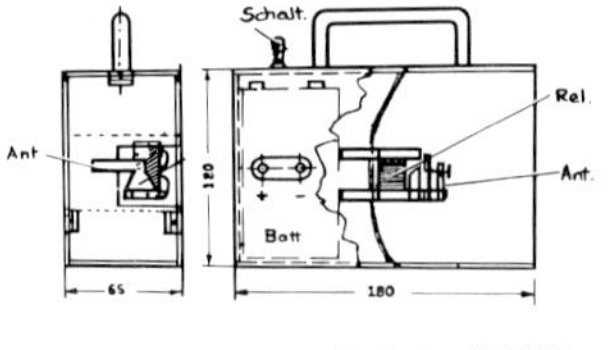

CMW-Prüfsender FuMZ 10 „Puck 901“ für 2 = 10 cm

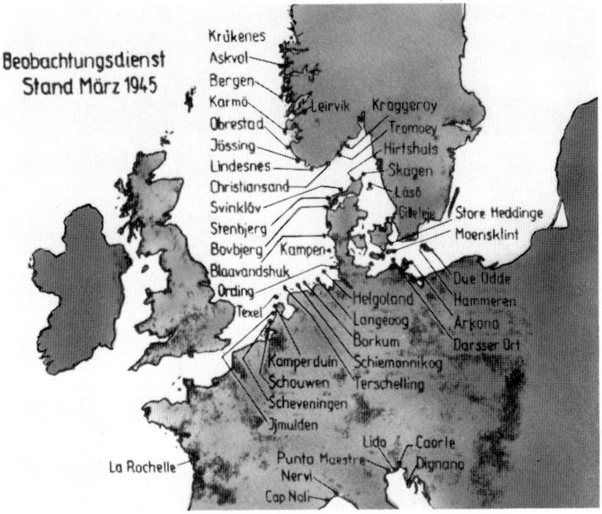

Karte der FuMB-Stellungen 1945

von etwa 0,2 W und war sehr nützlich für die Empfindlichkeitsprüfung aller eingesetzten CMW- Geräte, wobei es einfach in gewissem Abstand vor die Antenne gehalten wurde. Die Serienfertigung der verschiedenen Versionen (für 9 cm = FuMZ 10, für 3 cm = FuMZ 11 usf.) erfolgte bei Telefunken [177].

3. Gegenmaßnahmen

Die Ergebnisse der Funkaufklärung aus den beiden Zweigen Nachrichten-Aufklärung und Funkmeß-Beobachtung wurden in entsprechend aufbereiteter Form an den jeweiligen Nachrichten-Führer (NaFü) geleitet, der dann die Entscheidung traf, ob und in welcher Form Gegenmaßnahmen zu ergreifen seien.

Bei den *Gegenmaßnahmen* gab es drei Arten: Die *Funkstörung,* wobei z.B. ein Störsender starke erkennbare Störungen auf den Anzeigen der Geräte des Gegners verursachte, zweitens die *Funktäuschung,* wobei z.B. mit Ball-Störgeräten vom Gegner erzeugte Signale so verändert wurden, daß sie falsche Informationen gaben (ohne daß dies dem Gegner sofort erkennbar war), und drittens die *Schutzmaßnahmen,* z.B. in Form von Schaltungsänderungen an den eigenen Geräten, um sie unempfindlich gegen fremde Stör- oder Täuschungsmaßnahmen zu machen. Eine andere Art der Einteilung ist die in *aktive* und *passive* Gegenmaßnahmen, d.h. solche mit oder ohne Verwendung eines Senders. Die nachfolgende Tabelle versucht eine Einteilung der verschiedenen möglichen Gegenmaßnahmen, wobei sofort ersichtlich wird, daß eine strenge Zuordnung zu den Gruppen Störung/Täuschung/Schutz nur bei ganz wenigen Verfahren möglich ist, da z.B. eine Reflexionsveränderung des eigenen Geländes den Betrieb eines feindlichen Radargerätes behindern oder stören kann oder eine andere Gegend vortäuschen kann oder ein markantes Bodenziel zu dessen Schutz so gegen Radarstrahlen tarnen kann, daß es nicht mehr erkennbar ist.

Gegenmaßnahmen (veranlaßt durch den Nachrichten-Führer = NaFü)		
Störung	Täuschung	Schutz
mit Störsendern (aktiv)	mit Ball-Störsender (aktiv)	mit Schaltungsänderung (aktiv+passiv)
Störfolien (passiv)	Reflexionsveränd. (passiv)	Tarnsendern (aktiv)
Peilungserschwer. (aktiv)	Scheinzielen (aktiv+passiv)	neuen Verfahren (aktiv+passiv)
	Scheinfunkverkehr (aktiv)	

Entsprechend der Zielsetzung dieses Buches (Beschreibung der Verfahren und Geräte) kann in diesem Kapitel aus Platzmangel nur ein grober *geschichtlicher Überblick* über die Gegenmaßnahmen gebracht werden. Die dabei behandelten Beispiele ihrer operativen Anwendung können (schon mangels vollständiger deutscher Unterlagen) nur einen schwachen Eindruck von der Härte des tatsächlichen Geschehens vermitteln.

3.1 Aktive Stör- und Täuschungsverfahren

a) Zeitabschnitt 1914–1939

Die Störung feindlichen Funkverkehrs wurde bereits ab 1915 gelegentlich mit Erfolg praktiziert. Dies war jedoch sehr schwierig, da die Feindgeräte auf Frequenzen zwischen 1 und 3 MHz und mit Knarrfunken oder tiefem Marconi-Ton, die Armeestationen hingegen aber auf Frequenzen unter 750 kHz und außerdem nach dem Löschfunkenprinzip arbeiteten, so daß sich die Sendungen allein schon an der Tonhöhe und Klangfarbe unterscheiden ließen. Ein eigens konstruierter *Störsender* gegen den Verkehr von feindlichen Jagd- und Artilleriefliegern, der sog. *„Fliegerstörer 15"*, störte nur durch Zischgeräusche und war daher weitgehend unwirksam. Telefunken entwickelte daraufhin eine in 2 Automobilen untergebrachte *„Störstation"*. Der 1 kW-Löschfunkensender konnte in einem Frequenzbereich von 186–2000 kHz mit wählbarer Tonhöhe zwischen 111 und 1200 Hz senden. Als Antenne wurde eine Doppelkonusantenne (aufgehängt an einem 17 m-Kurbelmast) verwendet. Zu einer den Generalkommandos zugeteilten Störstation gehörte noch eine etwa 6 km vom Sender abgesetzte aufgestellte *„Stör-Leitstelle"*. Sie beobachtete mit Richtempfangsverfahren und in Zusammenarbeit mit anderen Horchstellen den gegnerischen Fliegerverkehr und gab dann über Fernsprecher die nötigen Anweisungen an die Störstelle [301].

Gegen Ende des 1. Weltkrieges wurde noch von der Fliegertruppe (*Niemann*) ein sog. *„Schleiersender"* vorgeschlagen. Dieser sollte aus bis zu 20 Einzelsendern bestehen, die unterschiedlich getastet werden und deren Abstimmung mit Hilfe eines Motors dauernd durchgedreht werden sollte (Frequenzwobbelung). Damit sollte ein breiter Frequenzbereich für den Gegner unbrauchbar gemacht werden, wobei der eigene Funkverkehr in sorgsam ausgesparten Lücken stattfinden und durch den Scheinfunkverkehr der gewobbelten Sender für unerwünschte Horchstationen „verschleiert" werden sollten. Ob dieses Projekt ausgeführt wurde, ist nicht bekannt [306].

Im Zuge der Weiterentwicklung der Funktechnik zwischen beiden Weltkriegen trat zu dem meist mit Morsetastung abgewickelten Nachrichtenverkehr der Rundfunk und eine Reihe weiterer Verfahren für Nachrichtenübermittlung (DMW-Richtfunk etc.), für Funkortung, Funklenkung und Funkführung. Obwohl letztere Entwicklungen meist im Geheimen betrieben wurden und daher nicht in Erscheinung traten, mußte doch mit einem plötzlichen massierten Auftreten gerechnet werden. Das Heereswaffenamt veranlaßte daher im Jahre 1938 die Entwicklung von Wellenanzeigern und Analysierempfängern. *General Martini* von der Luftwaffe ließ im Jahre 1939 seinerseits 2 Flüge des Luftschiffes LZ 130 „Graf Zeppelin II" mit spezieller Horchausrüstung in der Nähe der englischen Küste durchführen, die aber aus ungeklärten Gründen keine Ergebnisse brachten [15, 251].

b) Die gegnerischen Funkverfahren (1939–45)
Jegliche Art der Störung oder Täuschung des gegnerischen Funkverkehrs setzt eine vorausgegangene systematische Funkaufklärung, d.h. eine möglichst genaue Kenntnis der Art, der Betriebsfrequenz, der Modulation, der Antennendiagramme und erforderlichenfalls sogar der Schaltungsdetails (wie Regelspannungserzeugung im Empfänger etc.) der zu störenden Geräte voraus. Die Arten der Störsender sind also genau so vielfältig wie die zu störenden Verfahren, auf die hier zum besseren Verständnis der Störmethoden kurz eingegangen werden muß.

Zu den *Dauerstrich-Verfahren* zählten die Abstrahlungen aller Arten von Sendern, die mit Telefonie oder Telegrafie (tönend oder tonlos oder mit Frequenzumtastung etc.) und daher mit relativ kleiner Bandbreite arbeiteten. Dies betraf also Rundfunk- und Propagandasender, militärische (oder auch für den diplomatischen Dienst etc. arbeitende) Nachrichtensender, LW-Funkfeuersender, Richtfunkstrecken usf., deren Arbeitsweise hier als bekannt vorausgesetzt werden kann.

Zu den *Impuls-Verfahren*, die wegen der großen benötigten Bandbreite (mit wenigen Ausnahmen) auf Frequenzen oberhalb von 23 MHz arbeiteten, zählten einerseits die Funkmeß- oder Radar-Verfahren. Bei diesen unterschied man Primär-Radargeräte, die mit nur einer Frequenz und mit Reflexion an der Oberfläche des Zieles arbeiteten, und die Sekundär-Radargeräte, die mit unterschiedlicher Sende- und Empfangsfrequenz arbeiteten und daher an Bord des Zieles einen Transponder

(Sendeempfänger) benötigten. Andererseits zählten zu den Impulsverfahren einige Arten von Navigationsverfahren.

Die *Impulsnavigations-Verfahren* fanden beim Gegner (im Gegensatz zur deutschen Seite) eine weite Verbreitung, so daß hier auf einige Besonderheiten eingegangen werden muß. In Deutschland war zwar bereits im Jahre 1939 bei der Fa. Telefunken ein derartiges Verfahren „Ingolstadt" für den Grenzwellenbereich (1,5–3,0 MHz) und mit Synchronisierung der Sender über die Bodenwelle im Aufbau, mußte aber bei Kriegsbeginn eingestellt werden. Da die Luftwaffe zu dieser Zeit außer der leicht zu störenden Langwellen-Peilung (und außer dem nur von Spezialeinheiten benutzbaren X-Verfahren [265]) kein Navigationsverfahren für größere Entfernungen besaß, wurde von der Truppe laufend der Wunsch nach einem weitreichenden Flächennavigationsverfahren an die E-Stelle *Rechlin* herangetragen. Daher schlug der dortige Ausbreitungsspezialist *Dr. Dieminger* die Weiterarbeit an Impulsnavigationsverfahren vor, welche die Ausbreitung über die E-Schicht mit ihrer konstanten Höhe in der Atmosphäre ausnutzen, d. h. also auch im Grenzwellenbereich arbeiten sollten. Die Synchronisierung der quarzgesteuerten Sender sollte durch Empfang der Raumwelle kontrolliert und bei Bedarf nachgeregelt werden. Einige bei der Besprechung anwesende Wissenschaftler behaupteten damals, daß die E-Schicht nachts verschwinde. Der Vorschlag wurde daher abgelehnt, u. a. auch aus dem Grunde, weil das RLM neue Navigationsgeräte nur noch als Zusatzgeräte zu den bereits vorhandenen schmalbandigen Bordempfängern zulassen wollte. Als dann im Jahre 1943 ein genau dem Vorschlag entsprechendes amerikanisches Verfahren (s. weiter unten) eingesetzt wurde, kam die Einsicht zu spät. Die daraufhin wieder anlaufenden deutschen Entwicklungen kamen daher nicht mehr zum Einsatz [265, 400].

Als erstes gegnerisches Impulsnavigationsgerät kam im Jahre 1940 das in England entwickelte Verfahren *GEE* (bei uns „Hyperbel" bzw. „Truhe" genannt) in Teilbereichen zwischen 22 und 85 MHz (im wesentlichen 45–55 MHz) zum Einsatz. Es wies einen Muttersender A mit zwei seitlich davon abliegenden und mit dem Muttersender synchron getasteten Tochtersender B und C auf. Die Verbindungslinien aller Orte, auf denen die Impulse von A und B bzw. von A und C mit einer konstanten Laufzeitdifferenz eintrafen, waren Hyperbeln um die Sender A und B bzw. um A und C. Das Bordgerät (Empfänger mit Sichtgerät) wurde (wie ein Oszillograph) mit dem Muttersender synchronisiert (stehende statt durchlaufender

Anzeige). Dabei waren auf der oberen Zeitlinie die Impulse von A und B, auf der unteren die Impulse von A und C sichtbar. Die Ablesung der Abstände zwischen A- und B- und zwischen A- und C-Impuls entsprach 2 Hyperbelstandlinien auf der Karte, wobei sich das Flugzeug am Kreuzungspunkt beider Linien befand. Die erreichbare Ortungsgenauigkeit von ±100 bis ±500 m ermöglichte den Briten erst die Durchführung von Nachtangriffen in eng aufgeschlossenen Verbänden auch bei schlechtem Wetter. Infolge der Ausbreitungseigenschaften der Ultrakurzwellen war die Reichweite vom englischen Mutterland aus begrenzt, d. h. in niedriger Flughöhe reichte das System bis zur holländischen Grenze und zur Mitte der Nordsee, in großen Flughöhen jedoch bis weit über das Ruhrgebiet hinaus und im Norden bis zur norwegischen Küste. Die Reichweite vergrößerte sich erheblich, als nach der Invasion in Nordfrankreich weitere Bodensender errichtet wurden. Das Verfahren wurde gegen Kriegsende auch gelegentlich von deutschen Flugzeugen mitbenutzt, wofür auch deutsche mit den englischen synchronisierte Senderketten errichtet wurden [265].

Netz von Hyperbelstandlinien des S.S. LORAN

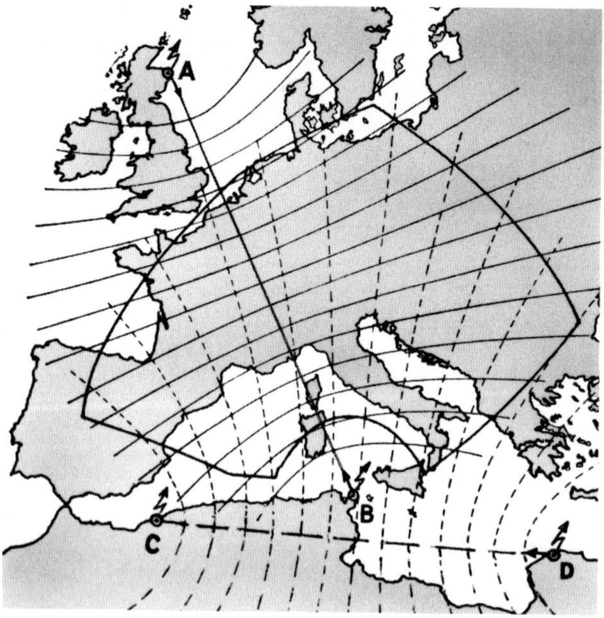

Die Amerikaner entwickelten ihrerseits im Jahre 1941 ein ähnliches Impulshyperbel-Verfahren zur Verwendung auf Schiffen und Flugzeugen über Seegebieten, das deshalb auf einer Frequenz von etwa 1,9 MHz und mit Synchronisierung der an der Küste aufgestellten Bodensender über die Bodenwelle arbeitete. Zur Beschränkung der Bandbreite mußte mit Impulsbreiten von 45 μs (gegenüber 0,5–2 μs bei Radargeräten) gearbeitet werden. Bei diesem *Standard-LORAN*-(*Long-Range-Navigation*-)Verfahren wirkten nur jeweils 2 Sender einer langen Senderkette zusammen, so daß die Standortbestimmung nur durch aufeinanderfolgende Messungen mit je 2 Senderpaaren erfolgen konnte. Die Genauigkeit dieses (dem „Ingolstadt" vergleichbaren) Verfahrens lag bei einer Entfernung von max. 1600 km über See zwischen ±0,4 und ±4 km. Die Ausbreitungsverhältnisse über Land waren jedoch wegen der schlechten Leitfähigkeit des Erdbodens und der hohen Dämpfung der Bodenwelle in der D-Schicht sehr ungünstig. Man hatte aber beobachtet, daß von der Jonosphäre (E-Schicht) reflektierte Impulse verwendbar waren. Man richtete daher zur Verwendung über Deutschland im Jahre 1943 ein System des über die Raumwelle synchronisierten (*S*ky-wave *S*ynchronized) *SS-LORAN* mit zwei großen Senderbasen (Schottland → Tunis und Oran → Derna) ein, deren Hyperbelscharen sich über ganz Mitteleuropa fast rechtwinklig schnitten. Bei etwa ±1,0 bis ±6 km Genauigkeit war das System allerdings wegen der Ausbreitungsbedingungen nur nachts zu verwenden. Da die Amerikaner Tagesangriffe bevorzugten, wurde das SS-LORAN hauptsächlich von solchen Langstrecken-Nachtaufklärern bevorzugt, die kein CMW-Radar an Bord hatten. In den letzten 6 Kriegsmonaten wurden damit immerhin über 22000 Einsätze geflogen.

Für die Präzisionsführung von Pfadfindern (meist hoch fliegenden „Mosquitos") und zur Punktzielbekämpfung wurde zuerst das *„Oboe"*-Verfahren (in Deutschland später mit „Bumerang" bezeichnet) eingeführt. An der englischen Küste waren in einem großen Abstand zwei Sekundär-Radars („Katze" und „Maus") aufgestellt; an Bord befand sich ein Transponder, der die empfangenen Impulse auf einer anderen Frequenz wieder zurückstrahlte, so daß wesentlich höhere Reichweiten wie bei einem Primär-Radarverfahren erreicht wurden. Eine Station führte das Flugzeug durch entsprechende Tastung der Lage eines Zusatzimpulses (im Kopfhörer als Punkt- oder Strichtastung für Links- oder Rechtsablage gehört) auf einem Kreisbogen durch das Ziel, die zweite gab auf die gleiche Weise bei festgelegten Entfernungen (Ablaufpunkten) entsprechende Vorwarnungen und das Bombenabwurfsignal. Das erstmalig am 20. Dezember 1942 auf Frequenzen zwischen 220 und 260 MHz eingesetzte Verfahren wurde erst im August 1943 (!) als 2-Frequenz-Verfahren erkannt und kurz darauf gestört. Ab Januar

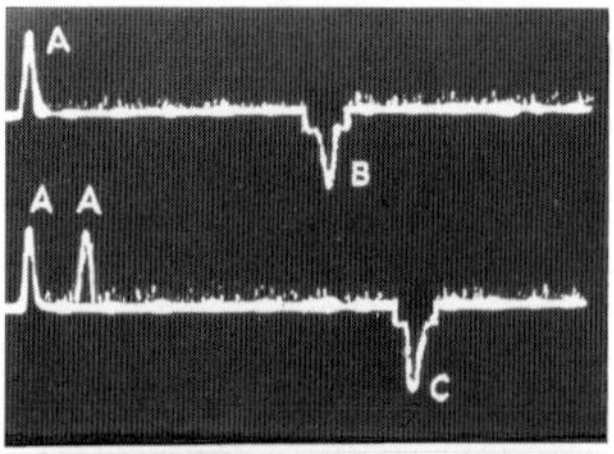

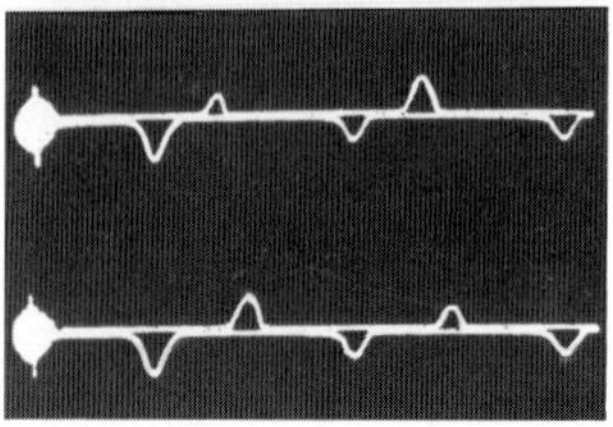

Schirmbilder von GEE:
Oben: Impuls A und Impuls B, zum Messen auf verschiebbare Treppe gestellt, darunter Impuls A mit Zusatzimpuls und Impuls C auf Treppe.
Unten: Meßvorgang mit verschiebbaren Meßmarken

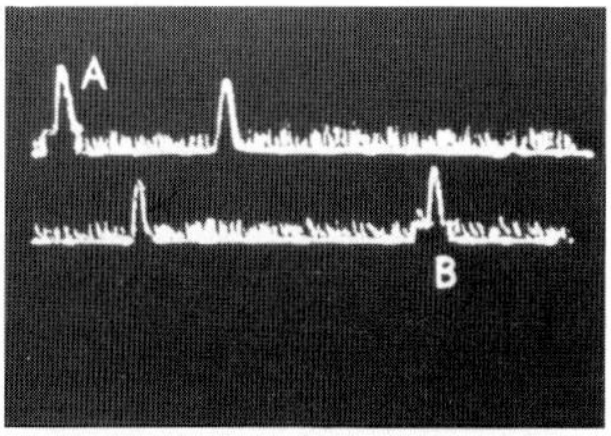

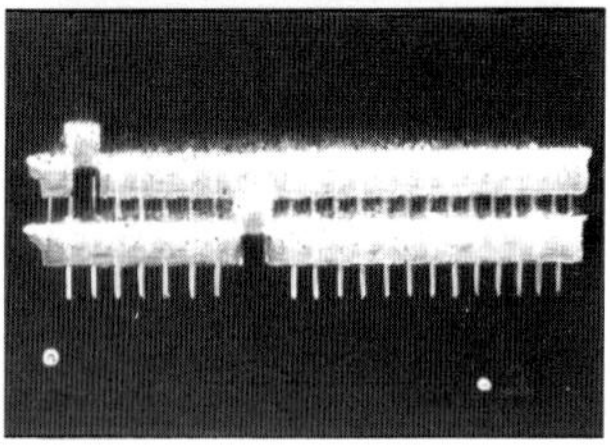

Schirmbilder von LORAN:
Oben: Impuls A auf „Treppe", darunter Impuls B auf „Treppe", dazwischen durchlaufende Impulse einer anderen Senderbasis.
Unten: Meßimpulse

1944 wurde dann das gleiche Verfahren als *„Oboe II"* auf 9 cm Wellenlänge eingesetzt. Mit diesen beiden „Oboe"-Verfahren wurden fast alle Zielmarkierungsaufgaben, vor allem aber die zahllosen (und erfolgreichen) Angriffe der „Mosquito"-Bomber auf Punktziele wie Hydrierwerke, Verschiebebahnhöfe, Raketenstellungen etc. geflogen. Gegenüber „GEE" und „LORAN" hatte es den Nachteil, daß ein Bodensystem nur jeweils ein Flugzeug führen konnte.

Zu nennen ist hier noch das *„G. H."*-Verfahren (in Deutschland „Diskus" genannt). Es war die Umkehrung des „Oboe"-Verfahrens mit einem Sekundär-Radar an Bord und 2 Transpondern am Boden, die auf unterschiedlichen Frequenzen antworteten. Es arbeitete im Bereich um 200 MHz mit einer Genauigkeit von ±100 m. Es fand bei Pfadfindern und für Präzisionsbombenwürfen Verwendung, in Nordfrankreich und Belgien wurde es auch von niedrig fliegenden Fotoaufklärern bei der Erkundung von Funkmeß-, V1- und V2-Abschußbasen benutzt.

Weitere Präzisions-Navigationsverfahren wie *Shoran* (um 300 MHz), *Rebecca* (214–234 MHz) usf. wurden teils nicht erkannt, teils zu selten angewendet, um besondere Störaktionen zu veranlassen. Ausführlichere Beschreibungen aller genannten Navigationsverfahren finden sich in [390, 391, 163].

Die bisher nicht genannten *Funklenk-Verfahren* erreichten auf der Seite des Gegners kaum eine Bedeutung. Deutscherseits lagen erst bis Januar 1945 durch Auswertungen von Beobachtungen, erbeuteter Papiere usf. genügend Beweise vor, daß auch die Gegenseite unbemannte, d. h. ferngelenkte Flugzeuge („Robot Planes") erprobte, die von einem Begleitflugzeug aus ferngelenkt wurden und wahlweise in ca. 7000 m oder in nur 100 bis 200 m Höhe Ziele mit einer Bombenlast von 30 Stück 100 kg-Bomben angreifen sollten. Ein Einsatz ist anscheinend in Europa nicht erfolgt [430]. Eine Mitteilung [401] besagt auch, daß gegen Kriegsende für den Angriff auf den U-Boot-Bunker in Helgoland ein mit Fernlenkeinrichtung versehenes und mit Sprengstoff beladenes Flugzeug in England mit Besatzung gestartet wurde. Nach dem Start übernahm ein Jagdflugzeug die weitere Lenkung, so daß die Besatzung noch über Land abspringen konnte. Dieses Sprengflugzeug verfehlte jedoch sein Ziel ohne zu explodieren, so daß die Lenkanlage geborgen werden konnte. Es handelte sich um eine Fernlenkung durch etwa 12 verschiedenen Tonfrequenzen, die nach Demodulation im Empfänger noch durch mechanische

Resonatoren getrennt wurden und dann entsprechende Befehle auslösten. Ein zweiter Versuch endete weit ab vom Ziel in Friesland, wo das Flugzeug zu Bruch ging. Ob diese Ereignisse der Grund zum weiter unten behandelten Auftrag an das NVK für die Entwicklung von Funklenk-Störsendegeräten waren, ist nicht bekannt.

c Störverfahren

Natürliche Störungen

Hier sind äußere und innere Störungen zu unterscheiden. Zu den äußeren zählen die *„atmosphärischen" Störungen,* die z. B. durch Blitze bzw. Gewitter etc. verursacht werden und besonders den Empfang auf langen Wellen und speziell in tropischen Gebieten stören. Dazu kommen *„elektrische" Störungen,* welche durch Kontakte mit Funkenbildung in elektrischen Geräten erzeugt werden. Auch wechselnde Kontaktübergänge in metallischen Leitern (Abspannseile, Gittermasten etc.) verursachen gleichartige Störungen, da sie durch elektrische Wellen wie eine Antenne erregt werden und nun mehr oder weniger gut als „Rückstrahler" wirken. Bei Radargeräten treten weitere natürlich bedingte Störungen auf, z. B. durch wetterbedingte *Überreichweiten* (Zielechos von weit außerhalb des Meßbereiches) bzw. durch „falsche" Echos an Nordlichtern, Kometenschweifen, Blitzbahnen, Regengebieten und an schnell wachsenden Kumuluswolken, welche durch Brechungsindex-Änderungen erklärbar sind. Weitere, nur teilweise durch Vogel- und Insektenschwärme erklärbare, Erscheinungen sind die von Wetter und Tageszeit abhängigen *„Angels"* (= Engel), deren maximale Häufigkeit bei und nach Sonnenuntergang auftritt und die oft schnell (und nur zum Teil mit dem Wind) wandern oder sich ringförmig ausbreiten und vielfach kein „Flattern" des Zielechos aufweisen. Schließlich sei auch hier an die passive Ortungsmöglichkeit von Sternen durch Richtempfang der Radiostrahlung erinnert. Neben diesen äußeren, bis herunter zum UKW-Bereich wirksamen, Störungen gibt es auch die hauptsächlich durch das *thermische Rauschen* von Bauteilen bedingten inneren Störungen, die bei hohen und höchsten Frequenzen überwiegen.

Arten der künstlichen Störung

Die sog. *Punktstörung* wurde gegen feste Frequenzen, d. h. gegen alle Arten von Dauerstrichsendern, aber auch gegen Radar- und Impulsnavigationssysteme (bzw. deren Benutzer) angewendet, wobei aber dann das Gegnergerät im Hinblick auf Frequenzwechsel mindestens intermittierend beobachtet werden mußte. Das vom Störsender belegte Band mußte in jedem Falle breiter sein als das vom gestörten Sender belegte Band (Trägerwelle ± höchste Modulationsfrequenz einschließlich Oberwellen), was durch geeignete Modulationsverfahren beim Störsender (s. weiter unten) und durch schnelle periodische (kleine) Frequenzänderungen = Wobbelung des (modulierten) Störsenders bewirkt werden konnte. Andernfalls hätte gegf. eine Empfängereinstellung gefunden werden können, wo die Information des gestörten Senders im Störgeräusch noch herausgehört werden konnte. Die Frequenzwobbelung konnte durch sog. Blindröhren, Drehkondensatoren mit Motorantrieb u. a. mehr erfolgen. Besondere Abarten der Punktstörung im Abfrage- bzw. Ballverfahren werden weiter unten behandelt.

Die sog. *Bandstörung* wurde dann angewendet, wenn z. B. wie beim Jägersprechverkehr mit sehr schnellen Frequenzwechseln innerhalb eines Bandes gerechnet werden mußte oder wenn die Zahl der innerhalb eines Bandes auf Streuwellen arbeitenden Radargeräte die Zahl der Störsender überstieg. Hier mußte also jeder Störsender periodisch einen relativ großen Teil des zu störenden Gesamtbereiches durch Anwendung eines großen Wobbelhubes überstreichen. Dadurch verteilte sich aber die Störleistung auf den ganzen überstrichenen Bereich. D. h. bei einer Bandbreite des gegnerischen Gerätes von z. B. 1 MHz und einer eingestellten Wobbelbreite von 20 MHz wäre die Störwirkung pro MHz nur noch etwa 1/20 gegenüber derjenigen mit einer festen Frequenz gewesen. Daher mußte man versuchen, möglichst viele Störsender gleichmäßig mit ihren Mittenfrequenzen auf das zu störende Band zu verteilen und den Hub so einzustellen, daß zwischen der höchsten überstrichenen Frequenz des einen und der tiefsten des anderen keine Lücke entstand (sofern nicht absichtlich ein Frequenzband für eigene Zwecke freigehalten werden sollte). Um die Regelung der gegnerischen Empfänger zu beeinträchtigen, mußte die Wobbelgeschwindigkeit des Störsenders möglichst hoch gewählt werden, sie durfte aber auch nicht zu hoch sein, da dann die Wirkung auf der Anzeige kleiner wurde.

Die Wirksamkeit von Punkt- und Bandstörung hing auch ab von der Bündelung der beim Störer und der beim Gegnergerät verwendeten Richtantennen, wobei die Störwirkung dann am größten war, wenn beide Richtantennen aufeinandergerichtet waren. Bei der Punktstörung versuchte man möglichst scharf bündelnde Antennen zu verwenden, die bei genauer Einrichtung (bzw. Nachführung, wenn das gegnerische Gerät z. B. an Bord eines Flugzeugs aufgestellt war) Chancen hatten, Nebenkeulen der gegnerischen Antenne zu erfassen, auch wenn die Blickrichtung der Hauptkeule nicht auf den Störsender gerichtet war. Wenn z. B. bei einem Rundsuchgerät die Störfeldstärke sehr groß war, so wurde die Rundanzeige unabhängig von der jeweiligen Blickrichtung der rotierenden Antenne gestört. Bei abnehmender Störfeldstärke beschränkte sich die Störung der Anzeige immer mehr auf die Richtungen von Haupt- und Nebenkeulen der Antenne, um bei sehr kleinen Störfeldstärken nur noch auf einen schmalen Sektor zusammenzuschrumpfen, in dem der Störsender (vom Rundsuchgerät aus gesehen) lag. Da bei Bandstörung jeder Störsender möglichst viele (nicht allzuweit auseinanderliegende) Gegnergeräte erfassen sollte (und nicht nachgeführt wurde), durften hier nur mäßig bündelnde Antennen angewendet werden, was natürlich wieder auf Kosten der Störreichweite ging.

Arten der Störmodulation

Hier waren der Phantasie keine Grenzen gesetzt. Bei der Störung von Telegrafie-(A1-)Sendern reichte die Skala von der schnellen Handtastung des eigenen Senders bis zur Tastung durch früher auf Lochstreifen aufgenommene (und inzwischen veraltete) gegnerische Funksprüche. Hierbei war zu berücksichtigen, daß Telegrafiesendungen oft über Tonsiebe (oder aufwendigere Hilfsmittel) aufgenommen wurden, so daß Nutz- und Störtastung gut getrennt werden konnten, wenn die Trägerfrequenz des Störsenders nicht durch „Einpfeifen" (= Einstellung eines Schwebungston nahe 0 Hz) sorgfältig der zu störenden Frequenz angeglichen war. Bei tonmodulierter Telegrafie (A2) mußten Stör-Träger- und -Modulationsfrequenz sehr genau gewählt werden, wenn nicht mehrere unterschiedlich getastete Modulationstöne gleichzeitig zur Störung verwendet wurden. In analoger Weise mußte bei Zweitontelegrafie bzw. bei Frequenzumtastung (F1) verfahren werden.

Bei normalen Telefoniesendern (A3-Modulation) hatte die Anwendung einer sog. *Geräuschmodulation,* z. B. erzeugt durch Auflegen eines Mikrofons auf ein Umformer- oder Motorengehäuse, nur dann Erfolg, wenn die erzeugten Störtöne das ganze Spektrum der Sprache abdeckten (also auch genügend hohe Töne enthielten). An die manchmal verwendeten Heultöne mit periodischer Änderung gewöhnte man sich schnell, besser waren unregelmäßige Tonfolgen und Tongemische mit hohem Oberwellengehalt, wie sie im nächsten Absatz beschrieben werden. Wichtig war auf jeden Fall, daß die Störfeldstärke im zu störenden Gebiet möglichst ein Mehrfaches der Nutzfeldstärke war. Nachahmungen gegnerischer Durchsagen und Magnetbandwiedergaben eines veralteten gegnerischen Original-Sprechverkehrs fallen schon in das Gebiet der Funk-Täuschung.

Bei der Störung gegnerischer Rundfunk- bzw. Propagandasendungen mußte die örtliche Lage der Sender zu ihrem Versorgungsgebiet, die Betriebsart (z.B. Gleichwellensendung), die Ausbreitungsverhältnisse (besonders wichtig im Kurzwellenbereich) und anderes mehr berücksichtigt werden. Dies führte dann z.B. zur Aufstellung von Störsenderketten hoher Leistung an der Grenze oder von schachbrettartig verteilten Störsendern (mit je 1 bis 5 kW Leistung) in besetzten Gebieten (Belgien, Nordfrankreich etc.). Da die zu störenden Sendungen in diesem Falle meist zu regelmäßigen Zeiten und über lange Zeiträume hinweg erfolgten, konnte hier auch ein größerer Aufwand betrieben werden. Relativ klein blieb er bei der *Wobbelung* der Störsenderfrequenz durch einen kleinen Drehkondensator mit Motorantrieb am Oszillator mit einem Hub von $\pm 2{,}5$ bis ± 3 kHz und einer Wobbelgeschwindigkeit entsprechend 2 bis 10 Hz. Hierbei bildeten sich zwischen der (mit Oberstrich-Leistung abgestrahlten) Störsenderfrequenz und dem Frequenzspektrum des gestörten Senders Interferenzen, welche die Verständlichkeit der Sprache sehr beeinträchtigten. Eine andere Methode war die Modulation des Störsenders durch durcheinanderlaufende *Heultöne,* die zwar ebenfalls sehr „lästig" waren, aber oft weniger Wirkung zeigten, besonders wenn nur 1 Heulton verwendet wurde. Versuche zur Überdeckung des Sprachspektrums durch eine Sprachmodulation ergaben, daß bei zwei Gesprächen gleicher Lautstärke sich das menschliche Ohr gut wahlweise auf das eine oder das andere Gespräch konzentrieren kann, wobei Sprechpausen, besonders bei dem nicht gewünschten Gespräch, eine wertvolle Hilfe bilden. Die Reichsrundfunkgesellschaft entwickelte daraufhin sog. „Rhabarber"- bzw. „Volksgemurmel"-Schallplatten, welche mehrere pausenlose Gespräche gleichzeitig mit Heultönen gemischt wiedergaben und sich als sehr wirkungsvoll erwiesen, besonders wenn eine Zusatzwobbelung angewendet wurde, die hier allerdings (zur Vermeidung der Störung der benachbarten Rundfunkfrequenzen) nur einen Hub von etwa $\pm 1{,}2$ kHz aufweisen durfte [441, 444, 455].

Noch besser war die Anwendung der sog. *„Post-Modulation"* (nach *Dr. Meinel*/RPZ). Bei dieser wurden mit Hilfe von Schaltungen, wie sie zur Zeitablenkung bei Kathodenstrahloszillographen verwendet werden, gleichzeitig mehrere Sägezahnspannungen verschiedener Frequenzen erzeugt und dem Sender aufmoduliert, wobei der hohe Oberwellengehalt der Sägezahnspannungen einen sehr guten Störeffekt erzielte. Es wurden 60 Störgeneratoren der besprochenen Art gebaut und erfolgreich bei den Störsendern der Reichspost eingesetzt. Auch das Oberkommando der Wehrmacht ließ in Belgien ca. 80 Stück nachbauen für den Einsatz bei ihren Störsendern. Die Luftwaffe verwendete sie auch für die Störung des gegnerischen Boden-Bordverkehrs [101, 441].

Als sehr wirkungsvoll erwies sich auch bei Störsendern die Anwendung einer Zweiseitenbandmodulation mit unterdrücktem Träger, da hier die gesamte Sendeleistung auf die Seitenbänder verteilt ist. Die nicht erwünschte Trägerfrequenz wird hier in einer Gegentaktmodulationsschaltung (z. B. Ringmodulator oder Gegentaktröhrenmodulator) unterdrückt. Bei großen Sendern bedeutete das einen erheblichen Aufwand, so daß diese Methode nur in besonderen Fällen zum Einsatz kam [441, 444, 455].

Eine besondere Art der Rundfunkstörung bildete das sog. *„Einsprechverfahren“* im Einseitenbandverfahren mit unterdrückter Trägerfrequenz, bei welcher die gesamte Senderleistung auf ein Seitenband konzentriert ist (A 3b). Es wurde von den Russen erstmalig im Herbst 1941 beim Deutschlandsender (191 kHz), später auch bei der deutschen Gleichwelle (950 kHz) und bei mehreren Kurzwellenrundfunksendern angewendet, indem bei kurzen Sprechpausen schlagfertige kurze Bemerkungen (wie „alles Lüge“ usf.) eingestreut wurden. Diese Worte blieben auch dann voll verständlich, wenn sich die Trägerfrequenzen von störendem und gestörtem Sender um weniger als 100 Hz unterschieden, wie Versuche bei der Fa. Siemens & Halske ergaben. Als sofortige Behelfsmaßnahme mußten die Nachrichten ohne jegliche Pausen durchgesagt werden [441, 444, 455].

Um das Eingesprochene unverständlich zu machen, wurde dann bald die Trägerfrequenz des Rundfunksenders (191 kHz) gewobbelt, wobei sich im Hinblick auf die Wirkung auf die Störsendung und entstehende Verzerrungen bei Überschreitung der Bandbreite der Rundfunkempfänger ein Hub von ± 500 bis ± 800 Hz im Takt von etwa 2 bis 10 Hz als optimal erwies. Die Anwendung dieses Verfahrens verbot sich bei den Gleichwellensendern, da zur Vermeidung einer Vergrößerung der vorhandenen Verwirrungsgebiete eine sehr aufwendige synchrone Wobbelung aller Gleichwellensender hätte angewendet werden müssen. Hier behalf man sich durch gleichzeitiges Umschalten aller Sender auf um 500 Hz höhere bzw. niedrigere Quarzfrequenzen = „Umspringverfahren", welches von einer Zentrale aus veranlaßt wurde. [441, 444, 455].

Das Senderlabor des Reichspostzentralamtes RPZ (*Dr. Meinel*) entwickelte nun u. a. zur Verwendung gegen England ein von der Trägerfrequenz des zu störenden Senders *gesteuertes Einsprechverfahren,* das auch bei Frequenzwobbelung oder -Umtastung voll wirksam war. Die sehr schwierige Gewinnung der gegnerischen Trägerfrequenz ohne deren Amplitudenmodulation wurde durch einen eleganten Trick erreicht: Der Rundfunksender wurde von einem sehr trennscharfen Peilempfänger aufgenommen, der mit automatischer Scharfabstimmung kleiner Zeitkonstante ausgerüstet war. Bei einer Frequenzwobbelung befanden sich also Rundfunkträger und Oszillatorfrequenz (bis auf einen kleinen Restbetrag) im Gleichlauf, d. h. Trägerfrequenz und Oszillatorfrequenz waren mit dem gleichen Hub (z. B. ±500 Hz) moduliert.

Durch Mischung dieser Oszillatorfrequenz mit einer Quarzfrequenz in Höhe der Zwischenfrequenz ergab sich so eine neue gewobbelte Trägerfrequenz (ohne störende Amplitudenmodulation), welche direkt zur Ansteuerung des Störsenders verwendbar war. Das Verfahren wurde am 100 kW-Mittelwellen-Rundfunksender Osterloog erfolgreich erprobt, wobei die nach England strahlende Richtantenne und das auf den Sender gerichtete Minimum der Peilantenne des abgesetzt aufgestellten Empfängers eine gute Ausblendung der eigenen Sendung erlaubte. Es ist nicht bekannt, ob das Verfahren z. B. bei Reden britischer Politiker und evtl. auch auf weiteren Frequenzen zum Einsatz kam [441, 444].

Gänzlich anders lagen meist die Verhältnisse bei der Störung von impulsmodulierten Sendern, da dort der Nachrichteninhalt auf einem Sichtgerät über einer Zeitskala sichtbar gemacht und mit dem Auge ausgewertet wurde. Hier mußte z. B. eine Impulsfolge von 500 Hz mit einer möglichst hohen Impulsfolge gestört werden, da dann die Nutzimpulse hinter einem „Zaun" von Störimpulsen verschwanden, wobei der „Lattenabstand des Zaunes" um so enger wurde, je höher die Störfrequenz war. Die Verwendung eines 500 Hz-Störfilters wäre hier fast nutzlos gewesen, u. a. wegen völliger Verformung der Nutzimpulse, so daß sie für Meßzwecke unbrauchbar geworden wären. Andererseits ging für den Störsender der Vorteil des Impulsbetriebes weitgehend verloren, daß

z. B. die Spitzenleistung auf etwa das Zehnfache erhöht werden kann, wenn die Tastzeit nur 1/10 der Sperrzeit beträgt, da ja die Tastfrequenz möglichst hoch und die Impulsbreite nicht zu klein sein sollte. Damit ging die Verbesserung des „Verdeckungsgrades" der Nutzimpulse auf Kosten der Störsenderleistung bzw. -Reichweite.

Aus dieser Erkenntnis heraus hat der Gegner zur Störung von Funkmeßgeräten schon sehr früh die sog. *Rauschmodulation* mit eng aneinandersitzenden und in ihrer Folge statistisch verteilten Nadelimpulsen (= „weißes Rauschen") eingeführt. Erzeugt wurden diese Impulse durch Verstärkung des Elektronenrauschens von Glimmstrecken, Elektronenvervielfachern usf., wobei aber ein erheblicher Aufwand an Verstärkerröhren getrieben werden mußte, um die benötigten Modulationspegel zu erreichen. Auf deutscher Seite bevorzugte man daher meist die sog. *HF-Modulation,* d. h. man verwendete sinusförmige Frequenzen zwischen 50 und 200 kHz (in Extremfällen bis zu 2 MHz), wobei durch Übersteuerung der Sender zusätzliche Oberwellen entstanden. Die mögliche Senderleistung entsprach in beiden Fällen etwa der Dauerstrichleistung des Senders. Auch Weiterentwicklungen der alten Funkensender waren in Erprobung.

Bei Funkmeß- und Impulsnavigationsanlagen wurde meist nicht der gesamte Zeitraum zwischen 2 Impulsen, sondern oft nur 1/4 dieser Zeit, für die Messung verwendet. Hier bot sich bei der Punktstörung die Möglichkeit der Vervielfachung der Störsenderleistung durch eine mit dem Gegnergerät *synchronisierte intermittierende Abstrahlung,* wobei der Störsender durch die empfangenen Feindimpulse kurzzeitig aufgetastet wurde. Eine weitere Steigerung der Störsenderleistung war möglich, wenn anstelle einer Rausch- oder HF-Modulation *Impulsgemische* verwendet wurden, die z. B. aus gleichzeitig getasteten Impulsfolgen 7 kHz + 8 kHz + 15 kHz bestanden, wobei mindestens eine dieser Impulsfolgen in ihrer Phasenlage sprunghaft oder periodisch geändert wurde. Durch diese „zeitliche Wobbelung" entstand ein sehr unruhiges Störbild mit durcheinanderlaufenden oder springenden Impulsen, so daß mit kleineren effektiven Tastzeiten erhöhte Störwirkungen zu erreichen waren. Die Erzeugung solcher Modulationsarten wird bei den Störgeräten mitbesprochen.

Bei Impulsnavigationsverfahren, wie z. B. „GEE", wo am Boden keine Signale mehr zu empfangen waren, konnte man z. B. versuchen *nachgemachte Navigationsimpulse* (250 Hz und 500 Hz mit Zusatzimpulsen) zu verwenden.

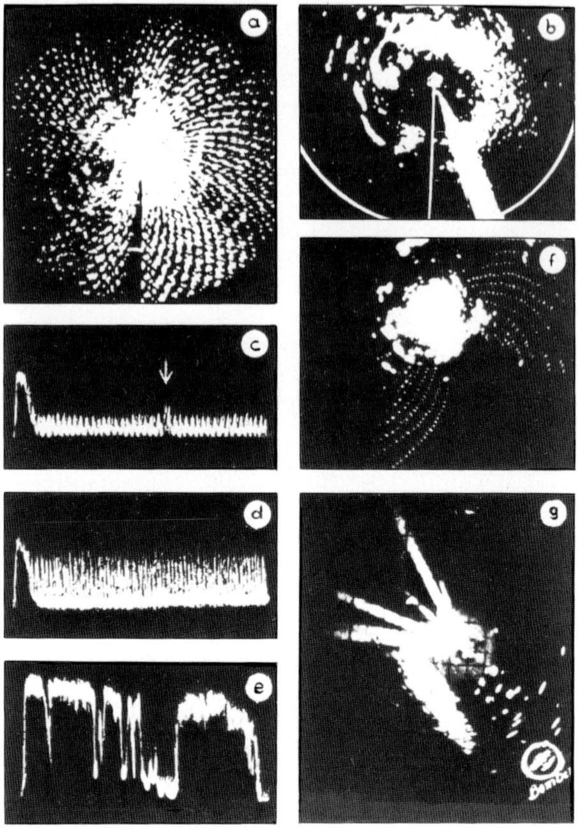

Gestörte Funkmeßanzeigen:
a) „Roderich“ in 2 km
b) dto., in 10 km Entfernung
c) 30 kHz-Störimpulse, Echo fast verdeckend
d) starke Rauschstörung
e) starke Düppelstörung
f) unbeabsichtigte Störung durch Nachbargeräte
g) 7 Störsender, große Düppelwolke und Flugzeuge

Da sie nicht mit den Navigationsimpulsen synchronisiert waren, wanderten sie auf der Navigationsanzeige wie die Nutzsignale anderer GEE-Ketten durch und konnten so mit englischen Stationen verwechselt, synchronisiert und zu Navigationszwecken (mit falschem Ergebnis) verwendet werden. Ganz wesentlich war bei solchen Täuschungsverfahren, die genaue Simulation der gegnerischen Impulsfolge, -form und möglichen Impulslage auf der Anzeige, desgl. eine genau dosierte Amplitude des Täuschungssignals. Es wurden auf beiden Seiten eine Unzahl von Tricks entworfen. Sie kamen aber kaum zur Anwendung, da sie schnell erkannt werden und somit meist nur einmalig angewendet werden konnten und beim Störsenderbedienungspersonal eine wissenschaftliche Vorbildung voraussetzten, die kaum gegeben war.

Etwas einfacher war die Vortäuschung von Zielen bei Radargeräten. Hier konnten z. B. die gegnerischen Radarimpulse mit einem Empfänger aufgenommen, an einer angeschlossenen Laufzeitkette als eine Folge von 5 aufeinanderfolgenden Impulsen entnommen und zur Tastung eines Störsenders verwendet werden. Auf dem gegnerischen Sichtgerät erschienen so statt eines Zieles deren 6 (ein echtes + 5 künstliche). Mit solchen *Ball-Verfahren* konnte gegf. auch der interessante Teil des Meßbereiches mit künstlichen Echos gefüllt werden. Hier half auch keine Kennzeichnung der Radarimpulse durch Amplitudentastung oder kurzzeitiges Springen (durch kurzzeitige Einschaltung einer Laufzeitkette), da die wieder „zurückgeworfenen Ballimpulse" dies alles automatisch mitmachten. Es war allerdings bei Vorhandensein mehrer Radargeräte im gleichen Gebiet nötig, für jedes die gleiche Methode anzuwenden, da sonst durch widersprüchliche Meldungen der Geräte die Täuschung sofort offenbar wurde. Daher wurden später zu Täuschungszwecken fast nur noch abgeworfene „Düppel" (Silberpapierstreifen von halber Wellenlänge des zu störenden Gerätes) verwendet.

War ein gegnerisches Flugzeug (oder auch Schiff) mit einem Freund-Feind-Kenngerät (IFF-Transponder) ausgerüstet, so konnte dieser z. B. von einem im 200 MHz-Bereich arbeitenden Flugmelde-Funkmeßgerät „Freya" ausgelöst werden, wenn dieses durch Veränderung seiner Sender- und Empfängerabstimmung die Abfragefrequenz des Transponders gefunden hatte. Letzterer sendete dann auf der gleichen Frequenz die „Freya"-Impulse wieder zurück, wodurch sich die Ortungsreichweite des „Freya" auf 150–200 km erhöhte. Weil die Frequenz des IFF-Gerätes gewobbelt war, ergab sich eine Echoanzeige, die an eine Flamme erinnerte. Daher trug diese spezielle Art des *Abfrage-Verfahrens* auch die Bezeichnung „Flamme-Verfahren". Eine weitere Art war die Abfrage des „Oboe"-Transponders durch Störimpulse. Dieser antwortete dann auf einer anderen Frequenz, die am Boden abgehört werden konnte. Wurde der Empfängerausgang mit dem Modulationseingang des Störsenders durchverbunden, so ergab sich das *Abfrage-Ball-Verfahren*, bei welchem sich die Tastfrequenz durch die ständige Hin- und Rücksendung zwischen Bordtransponder und Ballstöranlage (hier auch als Transponder arbeitend) auf einige kHz aufschaukelte.

Aktive Täuschungsverfahren

Zu den aktiven Täuschungsverfahren zählen auch die Maßnahmen, die getroffen wurden um den Gegner an der Benutzung deutscher LW-Funkfeuer oder Rundfunksender als Navigationshilfen zu hindern. LW-Funkfeuer, von denen für die Luftwaffe und die Marine jeweils 1/8 der vorhandenen Sender abwechselnd im Einsatz war, d. h. einen

Dauerstrich mit periodisch eingestreuter Morsekennung abstrahlte, führten bis zu 6x innerhalb von 24 Stunden genau festgelegte (stets wechselnde) *Frequenz- und Rufzeichenwechsel* durch. Da außerdem in England mit den deutschen Funkfeuern synchronisierte Täuschungssender („Meacons" = Peilerschwerungsanlagen, s. Kap. 3.2) eingesetzt wurden, verminderte man die Leistung der eingesetzten 100 W- und 1,5 kW-Sender soweit wie möglich bzw. ging auf UKW-Flugsicherung über [265].

Rundfunksender wurden weitgehend in den sog. *Gleichwellenbetrieb* eingegliedert, bei dem ein Hauptsender 3–5 Tochtersender über Kabel synchronisierte. Die Benutzung eines Peilers ergab hier entweder unbrauchbare (pendelnde) oder falsche Anzeigen. Nur in nächster Nähe eines Senders ergab sich eine annähernd brauchbare Peilung, wobei man aber nicht wußte, um welchen der vielen Sender es sich handelte. Das Gleichwellen-Verfahren war ursprünglich von der Fa. Lorenz zur Einsparung von MW-Frequenzen im Jahre 1926 patentiert und ab 1936 in Deutschland (und auch in anderen Ländern) eingeführt worden. Die ursprünglich benutzte Methode der Verwendung einer innerhalb der Kabel-Bandbreite liegenden Pilotfrequenz mit Stimmgabelsynchronisierung der Sender wurde bald ersetzt durch Teilung der Frequenz des Muttersenders mit Wiedervervielfachung bei den Tochtersendern, wobei die mitübertragende Modulation über Filter direkt an die Modulationseingänge der Sender gelangte. Bei Feindeinflügen wurden die Sendefrequenzen verschiedener Großsender auf Kommando einer Rundfunkbefehlsstelle in Berlin gewechselt. Bei Annäherung eines Flugzeugs an einen der Sender wurde dieser dann abgeschaltet [456].

Gesichtspunkte für den Störsendereinsatz

Da bei jeglicher Art von Störung oder Täuschung zu erwarten war, daß der Gegner Frequenzwechsel vornimmt oder weitere Geräte einschaltet, mußte der in Frage kommende Frequenzbereich durch einen vom Störsender abgesetzten Wellenanzeiger überwacht werden. *Am Boden befindliche Störsender* waren (solange die Antennensammlung nicht zu auffällig war) relativ wenig gefährdet, mußten aber praktisch in optischer Sicht zum zu störenden Sender liegen, wenn dieser auf Frequenzen über 30 MHz arbeitete. Impulsnavigationsverfahren, die über Deutschland nur in Flughöhen von 5 oder gar 10 km zu empfangen waren, konnten nur sehr schwer oder mit Hilfe von Tricks gestört werden. Die Anwendung von *Störsendern an Bord von Schiffen* versah diese sozusagen mit einer „roten Lampe", d.h. sie verrieten ihren Standort augenfällig. Hier beschränkte sich die Anwendung auf die

Störung von Standort- oder Notmeldungen angreifender oder angegriffener gegnerischer Schiffe oder die Störung von Radargeräten, von denen man erfaßt war, zur Verhinderung der Radarleitung von Artilleriebeschuß oder Bombenwurf. Der Einsatz von *Bordsendern in Flugzeugen* beschränkte sich meist auf Einsätze über gegnerischem Gebiet und war erschwert durch die bestehenden Raum-, Gewichts- und Speiseleistungsbeschränkungen. Die Gefährdung der Störflugzeuge selbst war infolge ihrer schnellen Ortsveränderung nur unerheblich höher als diejenige der übrigen Flugzeuge des Verbandes.

d) Deutsche Stör- und Täuschungsanlagen

Da die hier besprochenen aktiven Anlagen u. a. auch mit unterschiedlichen Modulationsarten eingesetzt wurden, werden sie zweckmäßigerweise in alphabetischer Reihenfolge behandelt. Über ihren Einsatz werden dann im nächsten Kapitel zusammenhängende Angaben gemacht.

Boden- und Schiffsbord-Anlagen:

Die ursprünglich als *„Abfrage-Ballgerät"*, dann als *„Anti-Bumerang-Gerät (A. B. G.)"*, bezeichnete Anlage war beim RPZ (*Dr. Scholz*) entwickelt und bei der Fa. Lorenz gefertigt worden. Sie diente zur Störung des „Oboe I" = „Bumerang I"-Verfahrens im Bereich 200–250 MHz, bei dem ein mit einem Transponder ausgerüstetes Flugzeug vom Boden aus durch 2 weit auseinanderliegende Sekundär-Radar-Geräte auf einer Kreislinie über das Ziel geführt wurde. Da in Deutschland am Boden die Signale der englischen Bodenstellen (auf der Frequenz f1) nicht gehört werden konnten, wurden bei der Ausführung *„Anti-Bumerang A"* ein FuMB-Empfänger nach Gehör und oszillographischer Anzeige auf die Antwortfrequenz f2 des Bord-Transponders eingestellt, der die englischen Bodensignale für die E-Messung und für Kontrollzwecke wieder zurückstrahlte. Danach wurde der mit einer Impulsfolge von 200 Hz modulierte Störsender (Deckname nicht bekannt) mit 25 kW Impulsleistung eingeschaltet und so abgestimmt, bis seine Signale vom Transponder ebenfalls aufgenommen und zurückgestrahlt wurden. Um den Störeffekt zu erhöhen wurde nun der Empfängerausgang direkt mit dem Modulationseingang des Senders verbunden, d. h. das A. B. G. wurde ebenfalls als Transponder betrieben. Die Folge dieses „Ballspiels" (Sendung – Rücksendung usf.) war, daß die vom Bordtransponder abgestrahlten Signale vervielfacht wurden und sich auf eine Frequenz von einigen kHz aufschaukelten. Durch den dabei auftretenden Leistungsrückgang der Transponder wiederholte sich der Vorgang

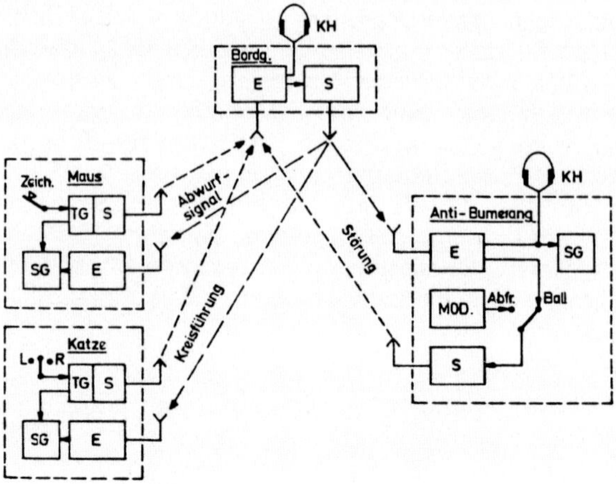

Prinzip einer „Anti-Bumerang"-Anlage, umschaltbar auf Abfrage- oder Abfrage-Ball-Verfahren

periodisch mit kurzen Unterbrechungen. Der erste Einsatz eines Vormusters dieser Anlage erfolgte im Spätherbst 1943 bei Duisburg, die Seriengeräte folgten ab Juni 1944 [82, 101, 456].

Erste „Anti-Bumerang-A"-Anlage in „Freya-LZ"-Stand (Stellung „Komet" bei Huckingen)

Die ebenfalls beim RPZ entwickelte und bei Lorenz gebaute Anlage *„Anti-Bumerang B"* wurde ab Oktober 1944 gegen „Oboe II" im 9 cm-Bereich eingesetzt. Zum Empfänger „Korfu 812" (Blaupunkt) kam ein 5 kW-Impulssender „Feuermolch" (Fa. Lorenz/*Dr. Christ*), der einen Bereich von 3,1–3,3 GHz mit einer Scheibentriode LD 70 (= LD 7 ohne Kühlkopf) überstrich. Die Empfangs- und die fest damit verbundene Sendeantenne, beides Hornstrahler 40 cm x 40 cm, wurden jeweils einem Flugzeug mit „Rotterdam"-Gerät in Maximumpeilung nachgeführt. Nach Angaben von *Dr. Scholz* [101] soll es auch eine derartige Anlage mit der Bezeichnung *„Feuerburg"* gegeben haben, bei der als Empfangsantenne ein Parabolspiegel mit rotierendem Dipol (wie beim „Würzburg"- bzw. „Mannheim"-Gerät) verwendet wurde (mit Ablageanzeige?). Normalerweise war je eine Anlage der Ausführungen A und B in einem „Kurmark"-Stand vereint als *„Anti-Bumerang A/B"*. Es sollen davon 25 Stück geliefert worden sein [82]. Im Sommer 1944 war beim FFO ein Muster des Störsenders *„Feuerberg"* (9 cm Wellenlänge, ohne Tastteil) fertig für den Einsatz beim „Anti-Bumerang"-Gerät. Es könnte gegf. identisch sein mit dem Gerät „Feuerburg" (Schreibfehler?).

„Anti-Bumerang A2" war die Bezeichnung einer späteren Bauform der A-Anlage. Hier wurde der Ballbetrieb aufgegeben, da für die höchste Störwirksamkeit eine Impulsfolge von ca. 20 kHz erreicht werden mußte. Daher wurde

dann zuerst ein umgebautes Tastgerät des FuMG „Mannheim“, dann des Störsenders „Roland“ (s. weiter unten) mit einstellbarer Impulsfolgefrequenz (0,1–50 kHz) verwendet. Die Anlage bestand aus dem Empfänger und dem Sichtgerät des FuMG „Freya“ (leicht abgeändert), dem FuMG-Sender „Eibsee“ (80 kW), dem Tastgerät „Roland“ und Sende- und Empfangsdipol [82].

Eine analoge Version *„Anti-Bumerang B2“* (?) für den 9 cm-Bereich sollte aus dem Empfänger „Korfu 812“ mit „Freya“-Sichtgerät, dem Sender „Feuermolch“ mit geändertem „Roland“-Tastgerät und 2 Hornstrahlern bestehen. Nach *Dr. Scholz* hat wohl *Obltn. Bähre* von Ln-Vers. Rgt. Koethen den Wechsel vom Abfrage-Ball-Verfahren zum reinen Abfrage-Verfahren mit 20 kHz-Impulsmodulation angegeben. Eine Anlage *„Anti-Bumerang A/B2“* soll bis Kriegsende noch ausgeliefert worden sein [82, 101].

„Anti-Bumerang D“ war die Bezeichnung für eine evtl. notwendig werdende Ausführung im 3 cm-Bereich.

Unter der Bezeichnung *„Anti-Peenemünde“* lief eine vorsorgliche Planung von Störsendern für gegnerische Funklenkanlagen, die aber vorerst nicht benötigt wurden (vergl. weiter unten).

Die im Jahre 1940 bei der DVG/FFO (*Kotthoff, Dr. Sailer, Dr. Arneth*) entwickelte Störanlage *„Breslau I“ S 604/1* gegen Radar- und GFF-Anlagen deckte mit 5 gleichzeitig strahlenden 1 kW-Einzelsendern (mit je 2 Röhren LS 180 im Gegentakt) den Bereich 22–28 MHz, die Ausführung *„Breslau II“ S 604/2* den Bereich 40–50 MHz ab, wobei jede der 5 Sendefrequenzen durch einen rotierenden Drehkondensator um ±0,7 bzw. ±1,5 MHz gewobbelt wurde, so daß jeweils das ganze Frequenzband lückenlos erfaßt wurde (Bandstörung). Die mit dem Gegnersystem synchronisierte Störmodulation wurde auf folgende Weise gewonnen: Die mit einem speziellen Empfänger aufgenommenen Radarimpulse synchronisierten einen Multivibrator, der für 29/30 der Zeit zwischen 2 Impulsen die Störsender freigab und für die Zeit ±1/60 vor und nach dem Radarimpuls den Empfang durch Sendersperrung sicherstellte. Der Multivibrator synchronisierte auch 3 Impulsgeneratoren (7 kHz, 8 kHz und 15 kHz), mit denen die 5 am Eingang parallel geschalteten Sendeeinheiten getastet wurden. Falls der Gegner dann seine Impulse durch Amplitudenänderung kennzeichnete, erlaubte ein weiterer Tongenerator die zusätzliche Amplitudenmodulation der Impulse mit 20 kHz. Bei Ausbleiben der Empfangsimpulse schaltete die Anlage automatisch ab (außer dem Empfänger). Zur Stromversorgung diente ein

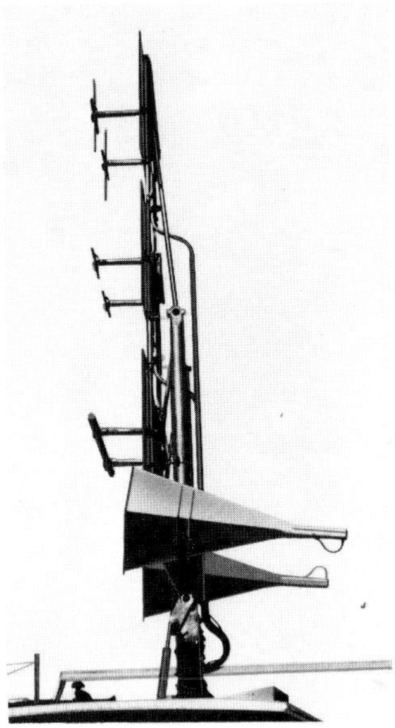

Kombinierte Anlage „Anti-Bumerang A/B“ in Kurmark-Stand

großer Umformer (U1500 des 1,5 kW-S.a bzw. des 1 kW-S.b). Die Anlage wurde u.a. mit Erfolg beim Durchbruch unserer Schlachtschiffe durch den Kanal (s. nächstes Kapitel) eingesetzt [258].

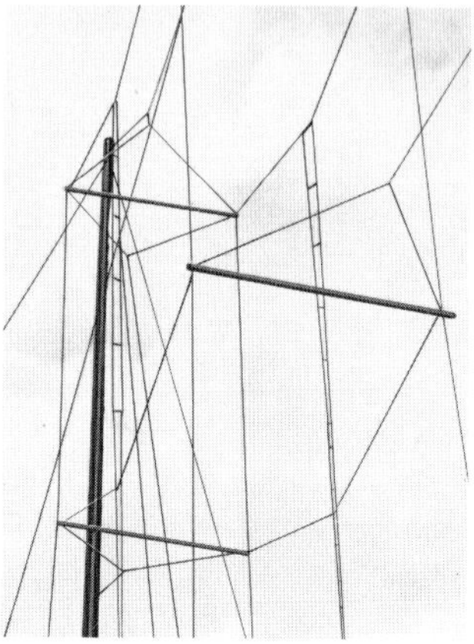

Störsendeanlage „Breslau II" (Antennen, Gerätesatz und Einzelsender, geöffnet)

Die mangels eines bekannt gewordenen Decknamens hier als *„DVL-Störsender"* bezeichneten Versuchsgeräte, die als erste im Frühherbst 1940 beim Funktechnischen Untersuchungskommando FTU am Kanal eingesetzt wurden, waren ursprünglich Endstufen von 1 kW-Kurzwellensendern, die vom Heereswaffenamt HWA/Wa Prüf beigestellt und bei der DVL auf selbstschwingenden Betrieb im Bereich von 20–30 MHz umgebaut worden

Umbau-Sender (DVL) mit Funkhorchempfänger im Einsatz beim FTU.

waren. Sie arbeiteten im Dauerstrich-Betrieb mit Wobbelung der Sendefrequenz. Sie wurden später auf Impulsbetrieb umgestellt [458].

Eine weitere Art von Störsendern, die neben den „Breslau“-Sendern vom FTU betrieben wurden und deren Deckname ebenfalls nicht bekannt wurde, waren vom FFO (*Dr. Sailer*) entwickelt worden. Es dürfte sich hier vermutlich um Einzelsender des Typs „Breslau“ mit vereinfachtem Impulstastgerät gehandelt haben [458].

Ein *„Eigenbau-Störsender“* (ohne Decknamen) für den 9 cm-Bereich wurde im Januar 1944 von der Ln-Dienststelle, die das „Bumerang“-Verfahren entdeckt und auch die „Naxburg“-Geräte gebaut hatte (*Hptm. Dahl/Fw. Kaufmann*), innerhalb weniger Tage behelfsmäßig durch Einbau eines Original-„Rotterdam“-Magnetrons in einen 60 cm-Parabolspiegel erstellt, wobei die Frequenz in einem bestimmten Bereich abstimmbar war. Ob damit auch die etwas abseits liegenden „Oboe 2“-Frequenzen erfaßt wurden, ist nicht überliefert [162, 163].

Eigenbau-Störsender mit erbeutetem „Rotterdam“-Magnetron

Störsender „Feuerball“

Der Sender *„Feuerball = RPF-Sender“* war (gemäß Datenblatt der Sonderkommission für Funkmeßtechnik SKFM [136]) bei der RPF (Pfaffe) entwickelt und verwendete ein wassergekühltes und von Hand im Bereich 3,2–3,5 GHz abstimmbares Klystron LZG 10, wobei der Sender nebst Kühlaggregat in einem kleinen DKW-Fahrzeug untergebracht war. Als Antennen wurden Trichterantennen mit 70° Diagrammbreite und auch Parabolspiegel verwendet. Bei der Erprobung in Werneuchen und bei der Marine in Pelzerhaken wurden gute Ergebnisse (Störreichweiten zwischen 20 und 40 km) mit der hier angewendeten Rauschmodulation (3 bzw. 10 MHz) bei etwa 60–100 W Dauerstrichleistung erzielt. Die gleichen technischen Angaben finden sich in den Angaben von *Dr. Scholz* [101], wobei der Deckname *„Postklystron“* genannt wird, der

Entwickler der Klystronröhre sei *Dr. Groos* gewesen. Das „Postklystron" wurde nach seinen Angaben im März 1945 bei den Leuna-Werken eingesetzt, wobei für Bandstörung mehrere frequenzmäßig versetzte Sender mit Antennen geringer Bündelung Störreichweiten bis zu 30 km erzielten. Für Punktstörung wurde die Hornantenne eines „Korfu"-Empfängers mit der Hornantenne (mit 6° Diagrammbreite) des „Postklystrons" zusammengebaut. Der Bedienungsmann des „Korfu"-Empfängers führte dabei die Antennenkombination mit Maximumpeilung dem zu störenden Flugzeug in Seiten- und Höhenwinkel nach, wobei natürlich Sender und Empfänger genau auf die Frequenz des „Rotterdam"-Gerätes abgestimmt sein mußten. In diesem Falle sei die Anzeige des „Rotterdam"-Geräts bis zu 40 km Entfernung total, bei größeren Entfernungen wenigstens in dem Sektor, in dem der Störsender stand, unbrauchbar gewesen.
Die Störsender *„Feuerberg"* und *„Feuerburg"* wurden bereits bei der Anlage „Anti-Bumerang B" weiter oben erwähnt.

Der Störsender *„Feuerechse"* der Fa. Lorenz sollte mit 2 kW Leistung im 3 cm-Bereich (um 10 GHz) arbeiten und war bei Kriegsende noch im Anfang der Entwicklung. Als Senderöhre war ein Magnetron LMS 32 vorgesehen [82].

Der *„Feuerhilfe"* benannte Störsender gegen „GEE" war eine kleinere Form des weiter unten beschriebenen Senders „Feuerstein", vom Ln.-Vers. Rgt. in Koethen entwikkelt und auch in einer Serie von ca. 30 Stück gebaut worden. Er lieferte eine Impulsleistung von ca. 30 kW im Bereich 50–90 MHz und wurde u. a. auch auf dem Großen Feldberg (Taunus) eingesetzt [101].

Die Geräte *„Feuerhund A, B"* (158–188/188–222 MHz) erscheinen nur in einer Liste über abgeschlossene Entwicklungen vom März 1944 [112 b]. Mehr ist nicht bekannt. Die Fa. Blaupunkt (*Dr. Schmidt*) entwickelte zur Verwendung gegen Boden-Radarstationen die Typenreihe *„Feuerland 0, 1 ... 3" = S 602/0,/1 ... /3* mit den Bereichen 300–600/166–300/85–176/20–85 MHz, die durch Austausch der Spulen im zweistufigen Sender (Endstufe 1 x LS 1000) erstellt wurden. Je nach Verwendungszweck wurde er entweder mit 4 wechselnden Tönen oder aber mit weißem Rauschen moduliert. Die Senderleistung lag bei 350–500 W (Dauerstrich). Die ersten Seriengeräte Feuerland 1 und 3 wurden im März 1945 noch nach Holstein geschickt, kamen aber vermutlich nicht mehr zum Einsatz [101, 112 a]. Für *„Feuermolch"* siehe „Anti-Bumerang B" (weiter oben).

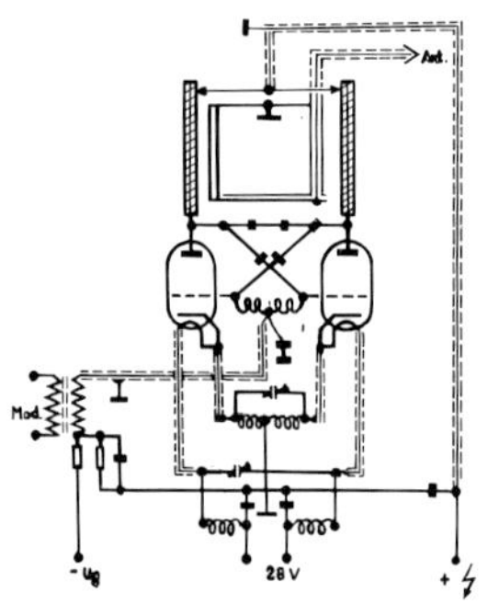

Typische Schaltung eines Störsenders mit Lecherleitungskreisen (Frequenz um 100 MHz)

Bei der Fa. Telefunken (*Zeletzki*) war die Typenreihe *„Feuerstein 1...4" = S 601/1...4* (mit 2 Röhren RS 720 im Gegentakt) in Entwicklung, welche die Bereiche 20–55/ 55–90/90–200 bzw. 50–200 MHz (?) abdecken sollten. Bei einer Tastung mit Impulsgemischen (5 Gruppen von je 500 Hz + Doppelimpulse 250 Hz usf., entsprechend einer Impulsfolgefrequenz von 5 kHz) lag die Spitzenleistung bei 100–140 kW. Die Typen S 601/1 und /2 kamen noch auf dem Feldberg gegen das „GEE"-Verfahren zum Einsatz. Der S 601/1 fand auch Verwendung beim „deutschen GEE"- = „Truhe"-System als Bodensender mit 300 kW Leistung bei Tastung mit 250 Hz- und 500 Hz-Impulsen [101].

Der Störsender *„Feuerwurm"* war eine Weiterentwicklung des „Feuermolch" mit vergrößertem Bereich (2,15–3,2 GHz) und Scheibentriode LD 71. Er war bei Kriegsende noch bei der Fa. Lorenz in Entwicklung [82].

Der 1000 kW-Impulsstörsender *„Feuerzange 1/2" = S 600/ 1, /2* von Siemens (*Dr. Freudenhammer, Dr. Schultes*) überstrich einen Bereich von 43–52 MHz (bzw. einen Teil des Bereiches zwischen 25 und 75 MHz?). Er besaß Wasserkühlung und wurde von 4 parallelgeschalteten Modulationsteilen (mit unterschiedlichen Modulationsfrequenzen) getastet. Als Antenne waren 2 übereinander angeordnete Vertikal-Dipole mit Reflektoren vorgesehen. 6–10 Geräte wurden ab Ende 1944 gegen GEE eingesetzt. Er soll auch im Januar 1945 auf dem Großen Feldberg/Taunus verwendet worden sein [101, 456].

Von den Störsendern *„Feuerzauber A, B"*, die gegen GEE eingesetzt werden sollten, sind nur die Bereiche 75–136 MHz bzw. 25–43 MHz bekannt, desgl. daß ihre Entwicklung im März 1944 abgeschlossen war [112 b].

Der bei der Fa. Funkstrahl entwickelte Störsender *„Fips"* war ein Funkensender von 1 W Leistung auf 3,3 GHz. Ein weiterer mit Funkenstrecke arbeitender Störsender *„Gewitterziege"* war bei der Fa. Phywe in Entwicklung und konnte mit 50 W Leistung einen Bereich von 100–150 MHz (Jägersprechverkehr) überstreichen. 1 Muster wurde gebaut. Nach [101] soll er zur Störung von Bordradargeräten (also im Bereich 150–200 MHz) bestimmt gewesen und mit 1 Sendedipol mit Reflektor versehen gewesen sein. Die Störwirkung sei nur in der Nähe gut gewesen.

Der insgesamt in ca. 350 Exemplaren gebaute Störsender „Heinrich 1" (RPZ/*Dr. Scholz*) war mit 2 x 2 Röhren LS 180 (in Parallel-Gegentaktschaltung) aufgebaut und lieferte je nach den eingesetzten Spulen für die Bereiche

21–30/28–37/36–52/50–80 MHz etwa 500–400 W Leistung. Zur (Gitter-)Modulation mit einem 150 kHz-Sinuston diente eine mit einer AD 1 bestückte Schwingstufe. Jeweils 2 solcher Sender waren mit einem gemeinsamen Netzteil in einem Gestell untergebracht. Da Hochspannungssiebkondensatoren knapp waren, wurden sie meist fortgelassen, so daß eine zusätzliche Modulation mit 100 Hz stattfand. Der Sender wurde über den gesamten Bereich mit einer einzigen Breitband-Reusendipolantenne mit Reflektor betrieben [464]. Er war praktisch an allen Küsten Europas gegen Radargeräte und „GEE" eingesetzt. Die Ausführung „Heinrich 2" soll bei gleichem Frequenzbereich eine Leistung von 1,5 kW aufgewiesen haben [101, 163] (nach *Dr. Scholz* war *„Heinrich 1"* nur mit 2x LS 180, *„Heinrich 2"* mit 2x LS 1500 bestückt [101]), über die Version *„Heinrich 3"* wird in [262]*) berichtet.

Ein direkter Abkömmling davon für höhere Frequenzen war der Störsender *„Karl I"*, der mit 4 Spulensätzen einen Gesamtbereich von 90–250 MHz abdecken konnte und als Einzelsender mit 2 x 2 LS 180 und 150 kHz-Modulation eine Leistung zwischen 300 und 500 W aufwies. Die Ausführung *„Karl II"* verwendete nach [101] eine LS 1500 (in Eintaktschaltung, welche eine Ausgangsleistung von 2 kW lieferte. Zwei „Karl II"-Sender wurden von einem gemeinsamen Netzteil gespeist, die Modulationsteile (HF-Modulation) waren im Gegensatz zu „Karl I" und „Heinrich 1/2" für die Störung des Sprechverkehrs austauschbar gegen solche mit Kippschwingungsgeneratoren (Post-Modulation). Es sollen 150 Geräte im Einsatz gewesen sein, davon der „Karl I" bei der Marine als *„FuMS 3"* mit HF-Modulation gegen Radargeräte im Bereich 170–220 MHz, wobei als Antenne eine horizontal polarisierte Breitbandausführung der FuMB-Ant. 10 „Neufundland" benutzt wurde. Eine vermutliche Variante der „Karl"-Sender mit 2 x LS 1500 und Lecherkreis wird in 2 Bildern gezeigt.

Unter der Bezeichnung *„Korona"* lief bei Siemens in Zusammenarbeit mit Blaupunkt das Projekt einer CMW-Störanlage, bestehend aus einer Zwillings-FuMB-Anlage FuPeil A 100 a „Kornax" (s. Kap. 2.1), ergänzt durch 2 (oder mehr) Störsender „Roderich" (s. weiter unten) mit 100 kHz-Modulation und zugehörigen (auf die Empfangsantennen mit aufmontierten) Sendeantennen. Da der „Roderich" zu schwach war, wurden andere Störsender in Betracht gezogen. Vermutlich wurde nur 1 Muster erprobt.

*) Dieser Bericht war dem Verfasser nicht zugänglich.

Die sog. *„LHMT-Sender 1–3“* mit den Bereichen 23–30/40–46/50–85 MHz arbeiteten mit Impulsmodulation und waren im März 1944 in ihrer Entwicklung abgeschlossen, weiteres ist nicht bekannt [112 b].

Der Störsender *„Ludwig 2“* (23–50 MHz) war impulsgetastet und sollte angeblich gegen Radargeräte eingesetzt werden [112 a]. Er war 1943/44 noch beim RPZ in Arbeit (zum Einsatz gegen „GEE“?). Sein Vorläufer *„Ludwig 1“* wird nirgends erwähnt.

Aus Gerätewagen und Antennen (je 2 Parabolspiegel mit 2,5 m Durchmesser, übereinander angeordnet) des Funkmeßgerätes „Kurmark“ [366] fertigte die Fa. Lorenz Störsender *„Merkur 1–3“* mit den Bereichen 22–28/45–50/158–230 MHz. Es wurden jeweils 3 umgebaute „Hohentwiel“-Sender mit je 20 kW Impulsleistung parallel geschaltet und jeweils einzeln um 120° phasenverschoben mit 5 kHz getastet, so daß die Anordnung wie ein größerer Sender mit 15 kHz-Modulation wirkte. Diese Anlagen wurden gegen „GEE“ und gegen Radargeräte eingesetzt, desgl. auch als Bodensender des „deutschen GEE“- = „Truhe“-System, außerdem auch gelegentlich mit niedriger Impulsfolge als „Tarnsender“ zur Vortäuschung eines deutschen Funkmeßgerätes [82, 112 a].

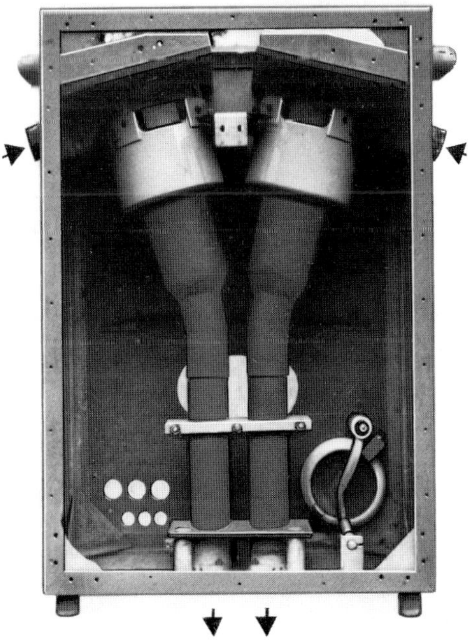

Gegentakt-Störsender mit 2 x LS 1500 (Pfeile = Luftkühlung/Gitterkreis und Auskopplungsschleife fehlen)

Unter der Bezeichnung *„Meschede I–IV“* liefen bei der DVG (*Kotthoff*) entwickelte Modulationsteile, die u. a. bei dem Störsender „S-Kurier“ (s. weiter unten) benutzt wurden.

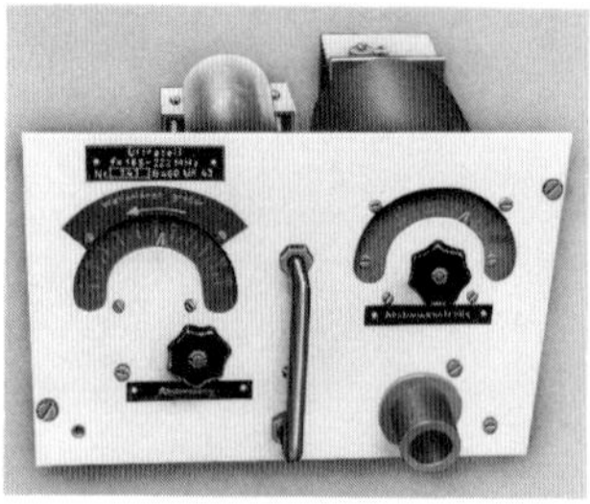

Störsender „Olga L“ FuMS 1 mit Antenne

Die GEMA hatte im Jahre 1940 mit der Bezeichnung *„Olga (1)“* für die Kriegsmarine einen mit einer LS 180 bestückten Störsender gegen englische Küsten- und Schiffs-Radargeräte entwickelt. Er lieferte im Bereich 170–200 MHz mit Impulstastung (500, 700 oder 900 Hz) am Gitter eine Impulsleistung von ca. 300 W. Mindestens eine Vorserie davon kam vermutlich zum Einsatz. Die Fa. Blaupunkt übernahm dann die Serienfertigung des nun *„Olga 2“ B 400 UK 43* genannten Gerätes, das nun bei 450 W Impulsleistung einen Bereich von 167–220 MHz überstreichen konnte. Er war zusammen mit der bereits genannten Antenne „Neufundland“ als *„FuMS 1“* laufend im Einsatz. Es soll auch eine Variante *„Olga 3“* gegeben haben im Bereich 60–100 MHz [101].

„Postklystron“ war eine andere Bezeichnung für „Feuerball“, (s. weiter oben).

Ein besonderes Sorgenkind war der bei Siemens (*Dr. Schultes*) in Entwicklung befindliche Störsender *„Roderich“*. Er war in einer Schnellaktion nach Erbeutung des „Rotterdam“-Gerätes mit einem deutschen Magnetron (RD 2 Me) entwickelt worden, das direkt im Brennpunkt eines 3 m-Parabolspiegels angebracht und im Bereich 2,86–3,16 GHz abstimmbar war. Der Sender war aber mit 4 W Impulsleistung wesentlich zu schwach und kam deshalb vermutlich nie zum Einsatz. Bei der Marine wurde er jedoch in den Listen als *„FuMS 11“* geführt, d. h. es müssen mindestens Muster geliefert worden sein. Es soll später auch eine Variante für den 3 cm-Bereich (8,6–11,0 GHz) gegeben haben [101, 112 a].

Der ebenfalls bei Siemens (*Dr. Wehrmann*) entwickelte Störsender *„Roland I“* (3,06–3,41 GHz) verwendete zuerst ein Magnetron LMS 10, später eine Scheibentriode LD 72 (oder LD 75?) und eine Hornantenne mit 30° Diagrammbreite. Seine Leistung lag im Dauerstrichbetrieb (mit 100 kHz-Modulation) bei 25–40 W, bei Impulsmodulation (2–10 kHz) bei 300 W. Seine Reichweite (für volle Panoramabildstörung) betrug ca. 30 km. Er soll im Februar 1945 bei den Leuna-Werken eingesetzt, im März jedoch gegen „Postklystron“-Sender ausgetauscht worden sein [101]. Fertig entwickelt war bei Kriegsende eine Version *„Roland 2“* im 3 cm-Bereich (9,4–10,0 GHz) mit ca. 30 W Leistung (?) und Hornantenne mit 20° Diagrammbreite.

Die hier verwendete LD 77 (?) habe nur eine kleine Lebensdauer besessen, so daß wahrscheinlich kein Einsatz mehr stattfand [101].

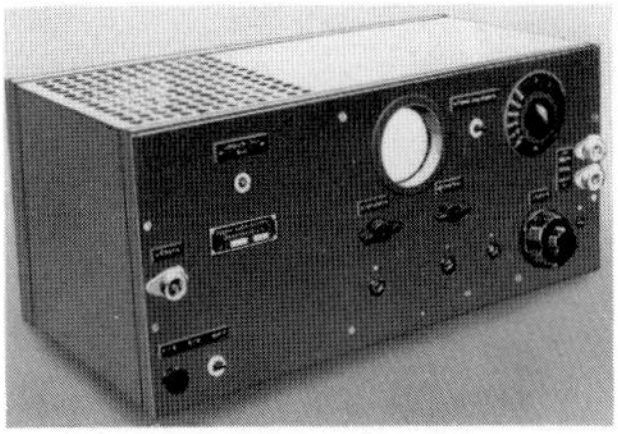

Der Störsender *„Roland J“* soll bei Kriegsende noch als Nachfolger der Anlage „Anti-Bumerang B 2“ in Entwicklung gewesen sein [101]. Er ist vermutlich identisch mit einem integriert aufgebauten Störsender-Empfänger (Simultanbetrieb, Scheibentriode LD 120), der im März 1945 im Institut Travemünde (*Peters*) der Reichsstelle für Hochfrequenzforschung als Labormuster erstellt war.

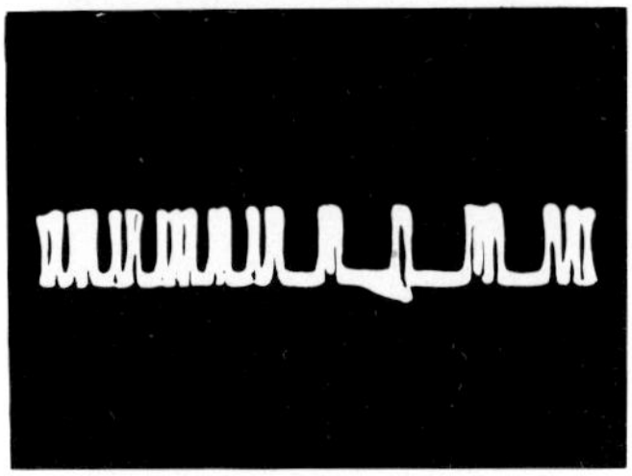

Impulstastgerät „Meschede“
oben: das Impulsgemisch
unten: Störbild auf einer „GEE“-Anzeige

Im Jahre 1944 war bei Telefunken (*Dr. Schirp*) der Störsender *„S-Kurier“* (43–50 MHz, mit 2 x RS 720 im Gegentakt) gegen „GEE“ in Entwicklung, der bei Dauerstrich-Modulation 25 kW, bei Impulsmodulation 150 kW Leistung aufwies. Als Tastgerät sollte u. a. das bei der DVG (*Kotthoff*) entwickelte Tastgerät „Meschede“ verwendet werden. Die im Sommer 1943 entwickelte Ausführung „Meschede II“ erzeugte aus einer 100 kHz-Quarzfrequenz durch Frequenzteiler die Frequenzen 25 kHz, 20 kHz, 2,5 kHz und 500 Hz. Mit 2,5 kHz wurde eine Gastriode (EC 50) angesteuert, welche einen Schwingkreis zu gedämpften Schwingungen anregte, die ihrerseits eine

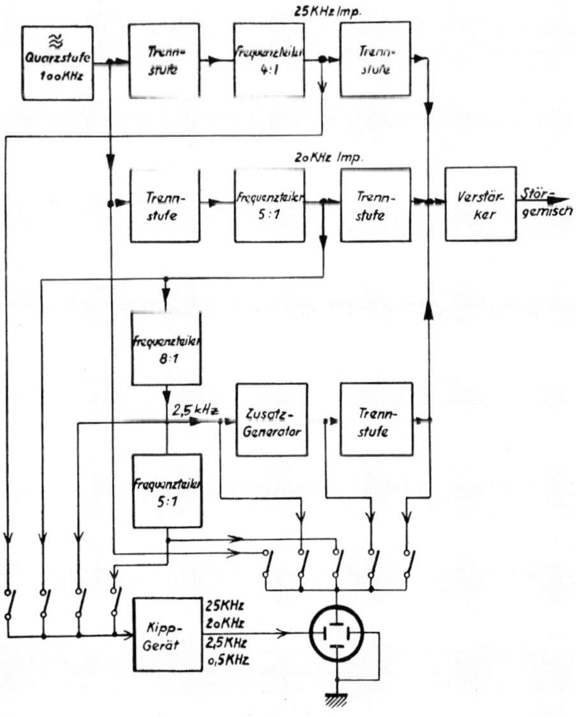

Blockschaltbild des Impulstastgerätes „Meschede I“ mit eingebautem Prüfoszillografen

2. Gastriode (EC 50) zündeten. Da der Schwingkreisdrehkondensator mit Motorantrieb versehen war, änderte sich die Phasenlage der 2,5 kHz-Impulse laufend. Die 25 kHz-, 20 kHz- und die zeitlich gewobbelten 2,5 kHz-Impulse wurden gemeinsam über Verstärkerstufen zum Sender geleitet. Mit Hilfe einer im Modulationsteil eingebauten Oszillographenröhre, die auch an einen Empfänger gelegt werden konnte, wurde zuerst bei abgeschaltetem Senderteil der 500 Hz-Impuls des „GEE" auf der Zeitbasis (500 Hz aus dem Frequenzteiler) durch „Ziehen" des 100 kHz Quarzes zum Stehen gebracht. Damit war der Modulator mit dem „GEE"-System synchronisiert und es konnte auf Störbetrieb umgeschaltet werden. Der Synchronismus mußte natürlich von Zeit zu Zeit bei abgeschaltetem Sender geprüft werden [112a, 260].

Das Tastgerät „Meschede IV" wies für die Frequenzen 25 kHz, 20 kHz und 2,5 kHz (letztere in der Phasenlage gewobbelt) getrennte Ausgänge für 3 auf der gleichen Frequenz arbeitende Störsender auf. Die übrige Betriebsweise war wie bei der Version II. Dazu kam noch ein 4. Ausgang, der vollkommen unabhängig vom übrigen Modulationsteil eine unregelmäßige Impulsfolge zwischen 50 und 100 Hz erzeugte zur Tastung eines 4. Senders auf der gleichen Frequenz. Dieser diente zur Verschleierung der Störmodulation und sollte dem „GEE"-Benutzer eine starke Störung durch ein deutsches Funkmeßgerät vortäuschen. (Hier liegt der bisher unbestätigte Verdacht nahe, daß das „Meschede IV"-Gerät bei einer erweiterten „Merkur"-Anlage (s. weiter oben) verwendet werden sollte). Wieweit die zur Ablösung der „Breslau"-Anlagen gedachten „S-Kurier"-Anlagen zum Einsatz kamen ist nicht bekannt [261].

Hier ist noch anzumerken, daß der Großteil der UKW-Störsender eine vom Ln-Ausbaustab 8 / Berlin-Gatow entwickelte Breitband-Reusendipolantenne benutzte, die angeblich mit einer Welligkeit kleiner 1,2/1 den Bereich 20–60 MHz überstrich und unsymmetrisch gespeist werden konnte (Zuführung des Koaxkabels über die Mittelachse der mit dem Kabelschirm verbundenen Dipolhälfte, die andere Dipolhälfte mit dem Innenleiter des Kabels verbunden) [101].

Für den Decknamen *„Stacheldraht"* finden sich keine weiteren Hinweise als „Sondermaßnahmen gegen „Rotterdam".

Anscheinend schon sehr frühzeitig wurde der Deckname *„Anti-Peenemünde“* für Störmaßnahmen gegen feindliche Fernlenkraketen etc. festgelegt, aber nicht bearbeitet. Erst gegen Ende des Krieges (gegf. aufgrund zweier erfolgloser Einsätze von ferngelenkten Sprengflugzeugen durch den Gegner Anfang 1945, s. weiter oben) wurde noch beim NVK die Entwicklung von Störsendern gegen Fernlenkwaffen veranlaßt. Der zugrundeliegende Gedanke war, mit einem Durchdrehempfänger bzw. Wellenanzeiger (s. a. [414]) laufend den infragekommenden Frequenzbereich zu überwachen. Bei Auftreten eines Signales wurde automatisch der Abstimmantrieb angehalten und die Sendermodulation auf einem Magnetofon mit Endlosschleife aufgenommen. Nach einigen Sekunden wurde dann auch der in seiner Abstimmung synchron mitlaufende Störsender eingeschaltet und mit den aufgenommenen Lenksignalen moduliert. Da letztere ja nicht während des gesamten Lenkvorganges gleich bleiben konnten, sollten so weitere Lenkkorrekturen unwirksam gemacht werden, wobei obendrein die Feldstärke des Störsenders am Flugkörper bei Annäherung an das Ziel immer größer wurde, diejenige des Lenksenders aber gleichzeitig abnahm.

Zur Erprobung kam nur noch eine *kombinierte „Störanlage A“* für den Bereich 46–51 MHz. Sie verwendete einen magnetisch mit 50 Hz über den gesamten Bereich gewobbelten Durchdrehempfänger, dessen Oszillator nach Anhalten der Abstimmung (mittels eines von der Regelspannung gesteuerten Relais) durch eine automatische Scharfabstimmung auf ±10 kHz zum Lenksender nachgezogen wurde. Auch der 10 W-Störsender wurde magnetisch auf ±10 kHz genau abgestimmt. Er wurde labormäßig noch ohne Magnetofon unmoduliert (A0) und tonmoduliert (A2) erprobt. In Zusammenstellung befand sich eine *„Störanlage B“* für den Bereich 38–54 MHz mit magnetisch gewobbeltem Empfänger, Magnetofon (entwickelt von der Reichsrundfunkgesellschaft) und einem 50 W-Sender, gebaut bei der Fa. Hagenuk. Bei dieser Firma war auch eine *„Störanlage C“* für den Bereich 500–750 MHz in Auftrag, bei welcher Empfänger- und Senderabstimmung kapazitiv über eine gemeinsame Antriebsachse betätigt werden sollten. Diese Anlage wurde nicht mehr fertig. Die gewonnenen Erfahrungen zeigten, daß der exakte Gleichlauf zwischen Empfänger und Sender nur durch kapazitive Abstimmung zu lösen war und aus Gründen der Frequenzkonstanz nur mehrstufige Sender verwendet werden sollten. Das Konzept war noch nicht sicher gegen gleichzeitig mit dem Lenksender oder schon vorher eingeschaltete Tarnsender, deren Störung sogar vom Gegner erwünscht war, um so den Lenksender frei zu halten. Die T.H. Darmstadt führte daher noch Vorversuche zur Störung mehrerer Sender im gewobbelten Bereich aus, die befriedigende Ergebnisse zeitigten [442].

Zum Thema *Tarnsender* für die Darstellung von Schein-Funkanlagen, welche von der Tätigkeit anderer (auf benachbarter Frequenz arbeitender) Anlagen ablenken sollten, ist recht wenig bekannt geworden. Der Scheinbetrieb der X-Baken für die tatsächlich betriebenen Leitstrahlen der Y-Baken wurde bereits in [265] behandelt. Dies betrifft auch die Einschaltung eines 2. Leitstrahls, der zwar im schmalbandigen deutschen Bordgerät getrennt, im englischen breitbandigen FuMB-Empfänger aber nicht getrennt werden konnte, desgl. die Tarnung des eigenen Leitstrahls durch einen 2. auf der gleichen Frequenz, der erst im letzten Moment abgeschaltet wurde. Weiterhin sind dort geschildert die Verwendung von Kurzsignalen (mit nachträglicher Zeichenverlängerung für die Auswertung) und der Einsatz von Tarnmodulatoren, in deren Tonfolge bei Bedarf E-Meß-Kurzsignale eingestreut werden, desgleichen die Maßnahmen, die beim EGON-Führungsverfahren zur Umgehung der englischen Störungen des Sprechverkehrs getroffen wurden (Kommando-Übertragungszusätze usf.).

Auf dem Funklenkgebiet war kurzzeitig die Absicht vorhanden, jeder V2-Abteilung einen Zug mit 12 *Tarnsendern* zuzuordnen. Für die Tarnung des Leitstrahlsignales sollte ein 1 kW-Sender (um 50 MHz, moduliert durch ein Magnetofonband mit „Leitstrahlmusik"), für die Brennschlußsignale ein 100 W-UKW-Sender (um 50 MHz, moduliert mit den üblichen Steuersignalen), und endlich für die Doppler-Geschwindigkeitsmessung ein quarzgesteuerter Dauerstrichsender (um 30 MHz) eingesetzt werden. Von den Decknamen ist nur derjenige für einen Scheinleitstrahlsender „Köln" bekannt geworden [216].

Flugzeugbord-Störsender:
Diese Geräte wurden vorwiegend über dem Feindgebiet eingesetzt, um eine Radarortung eigener Verbände zu erschweren bzw. um den Jägerleitverkehr des Gegners lahmzulegen. Die Geräte mußten daher meist in schnelle Kampfflugzeuge eingebaut werden, bei denen nur im Bombenraum Platz vorhanden war. Dies bedingte fast immer einen Verzicht auf eine Punktstörung gegnerischer Geräte (mit der Anwendung von FuMB-Empfängern und ebenfalls von Hand abstimmbaren Störsendern). Wegen dieser Platzbeschränkung und des entwicklungsmäßigen Aufwandes für eine elektrische Fernabstimmung

mußte man daher meist zur Bandstörung greifen, für die aber eine Vielzahl von Störsendern erforderlich war, was wieder den Forderungen nach geringem Platz-, Gewichts- und Speiseleistungsbedarf entgegenstand. Dazu kam noch das Problem der Anbringung einer Vielzahl von Antennen, die einen guten Wirkungsgrad bei geringstmöglichem Luftwiderstand und ohne Einengung des Schußfeldes der Abwehrwaffen aufweisen mußten. Die Flugzeug-Bordstöranlagen unterschieden sich daher konstruktiv ganz wesentlich von den Bodenanlagen. Auch die Bordanlagen werden hier in alphabetischer Reihenfolge gebracht.

Zwei Ju 52 mit Störsendereinbauten, vermutlich zum Sonderkommando Koch gehörend

Im Juli 1942 wurden 8 Störsender *„Heinrich-Bord"* (?) als Abwandlungen des vom RPZ entwickelten Boden-Störsenders „Heinrich" in eine Ju 52 eingebaut und jeweils auf 8 MHz breite Bänder des Bereiches 50–80 MHz abgestimmt. Das Flugzeug starte in Catania jeweils vor deutschen Bomberangriffen auf Malta und flogen dann halbwegs zwischen Sizilien und Malta Schleifen um die britischen Funkmeßgerate zu stören, die in Malta den Einsatz ihrer Nachtjäger leiteten [101]. Über diese Sender liegen keine sonstigen Angaben vor; sie waren gegf. identisch mit „Kobold 1" (s. weiter unten).

Im Jahre 1941, während der deutschen Bombenangriffe auf England, hatte man festgestellt, daß die streng geführten und mit einem Funkmeßgerät (Mark IV A. I.) versehenen englischen Nachtjäger unseren Kampfflugzeugen sehr hohe Verluste zufügten. Als Gegenmaßnahme wählte man nach längeren Diskussionen nicht einen Störsender gegen das Funkmeßgerät, (der zwar die Entfernungsmessung verhindern, das Auffinden auf größere Entfernungen aber erleichtern würde) sondern einen Störsender gegen die Boden-Bord-Sprechverbindung des Gegners, um so die Endphase der Heranführung (in den Auffaßbereich des Funkmeßgerätes) zu stören. Das RPZ entwickelte innerhalb von 8 Wochen eine *Störanlage „Caruso (1)"*, die ursprünglich aus einem Sender mit dem Bereich 100–120 MHz bestand. Zur Verbesserung des

Störeffektes verwendete man aber dann Sender von jeweils 30 W Leistung mit den Bereichen 100–110 und 110–120 MHz. Die Reichweite betrug ca. 5 km, als Modulation wurden vermutlich die dreiecksförmigen Impulse eines Sperrschwingers verwendet. Die Gerätefertigung von 100 Stück kam jedoch zu spät, so daß diese Geräte am Kanal nur noch bei den wenigen Einzeleinsätzen (z.B. gegen die Hafenstadt Plymouth) zur Verwendung gelangten [101]. Sie wurden aber auch im Mittelmeerraum gegen den englischen Jägersprechverkehr eingesetzt [456].

Do 215A (oder Do 17Z) einer Erprobungsstelle mit Störsendereinbau

Eine Weiterentwicklung *„Caruso 2"* existierte nur als Laborgerät. Die endgültige Ausführung *„Caruso 3"* überstrich jeweils ein am Boden eingestelltes Frequenzband von 3 MHz Breite im Gesamtbereich 100–150 MHz. Sie wurde in Kleinserie gefertigt, über ihren Einsatz ist jedoch nichts bekannt [101].

Über die *Störanlage „Kettenhund"* widersprechen sich die amtlichen Unterlagen sehr. Die nach dem Bearbeiter *Kettel* genannte Anlage ist bei Telefunken und/oder ZVH/Wien entwickelt bzw. gebaut worden und sollte als Störgerät gegen englische Funkmeßgeräte mit einer Reichweite von 50 km in gegen England eingesetzte Kampfflugzeuge eingebaut werden. Der Frequenzbereich zwischen 140 und 220 MHz sollte mit 4 bis 5 Einzelsendern von je 18 MHz Störbreite abgedeckt werden, denen als Stromversorgung jeweils ein Umformer U 3 zugeteilt war. In den verschiedenen Quellen werden Sendeleistungen zwischen 30 W und 500 W angegeben, die Modulation soll nach dem Tröpfelsystem (Sperrschwinger mit RV 12 P 2000 und LV 1) mit Impulsfrequenzen zwischen 50 und 300 Hz (nach *Dr. Scholz:* einigen 100 kHz) in Gittertastung des Senders erfolgt sein. Letzterer war in ein kleines Gehäuse (des U 10 E) eingebaut und mit einer selbstschwingenden RD 12 Tf bestückt, deren Frequenz durch eine vom Luftstrom des Ventilators bewegte Kondensatorplatte mit etwa 20 Hz um ca. ±9 MHz gewobbelt wurde. Eine an den Schwingkreis lose angekoppelte Gleichrichterröhre (RD 12 G 60) erzeugte den Strom für einen beim Piloten angebrachten „Schwingungsanzeiger“ (Drehspulinstrument). Als Antenne hatte jeder Sen-

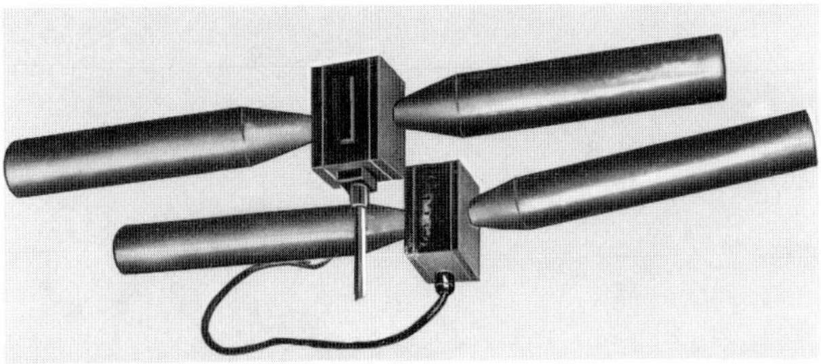

der einen horizontal polarisierten Breitbanddipol. Die Anlage war angeblich im hinteren Teil des Bombenraumes montiert, wobei die (4 bis) 5 Dipole quer zur Flugrichtung in paralleler Anordnung in einem Kasten mit Blechdeckel (= Reflektor) und mit Plexiglasboden als Radom untergebracht waren. Die Bombenklappen wurden an dieser Stelle ausgebaut. Im April 1944 waren 24 Anlagen fertig, 250 waren bestellt. Eine (unbekannte) Anzahl dieser Anlage wurde noch eingesetzt, soll jedoch keine große Wirkung gezeigt haben. Eine geplante Störaktion mit Flugzeugen über der Biskaya gegen englische Suchflugzeuge mit ASV unterblieb, da eine Störung nur solange wirksam war, so lange man sich im Suchwinkel des ASV befand. Außerdem waren ja inzwischen die ASV-Anlagen um 177 MHz durch solche auf 3300 MHz ersetzt worden. Musteranlagen des „Kettenhund“ wurden als *FuMS 5* an die Kriegsmarine geliefert, aber aus dem genannten Grund nicht eingesetzt. Noch im Laufe des Jahres 1944 waren Gerätesätze in Entwicklung für die Bereiche 20–100 MHz/100–600 MHz und 600–1200 MHz. In Planung waren auch Bereiche 3000–3300 MHz und 5500–600 MHz [101].

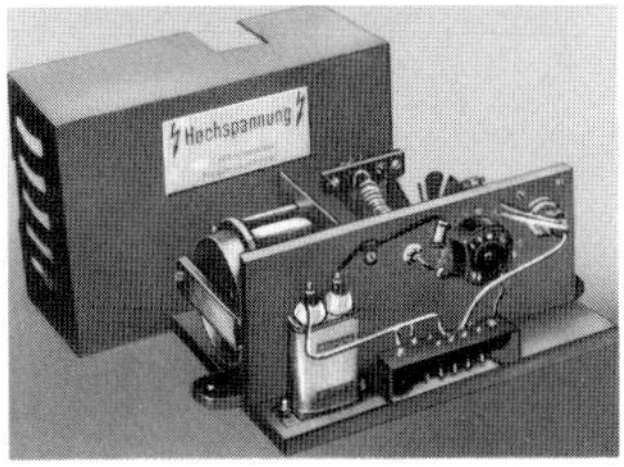

Bordstörsender „Kettenhund“

Die *Störsender „Kobold 2/3“* waren vom RPZ entwickelt zur Störung gegnerischer Schiffssuchanlagen und wurden erst im Mittelmeerraum bei dem Sonderkommando *Koch* in Zusammenarbeit mit dem Bodenstörsender „Karl“ eingesetzt, von dem sie abgeleitet waren (mit je einer anstelle von je 2 parallelgeschalteten LS 180 im Gegentakt). Als 500 Hz-Modulation wurde die vom Bordumformer gelieferte Wechselspannung benutzt. Im Einsatz waren 2 Ausführungen, der *„Kobold 2“* (60 W, 170–250 MHz) und der *„Kobold 3“* (120 W, 170–250 MHz). Infolge seiner Größe konnte dieser Störsender jedoch nur in geräumigen Flugzeugen eingebaut werden. Für *„Kobold 1“* liegen keine Angaben vor*).

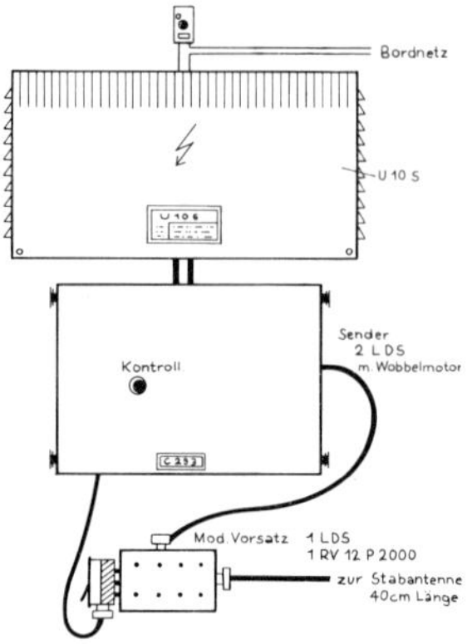

Bordstörsender „Starnberg I“

Der (gemäß dem Typenschild) im Jahre 1940 vom FFO (nach [101] von der DVL/Adlershof??) entwickelte *Störsender „Starnberg (I)“ C 293* gegen Funkmeßgeräte wurde u. a. im Herbst 1942 kurzzeitig in einer FW 200 des K. G. 40 in Bordeaux erprobt. Er hatte eine Leistung von ca. 20 W und überstrich einen wählbaren Teil des Gesamtbereiches von 180–220 MHz mit Frequenzwobbelung. Seine Modulation bestand aus Impulsen (Tröpfelsender) oder war aus der 500 Hz-Spannung des Umformers (U 10 S) abgeleitet. Die Wirksamkeit gegen Bodenradargeräte soll nicht sehr groß gewesen sein. Die Fertigung einer Version *„Starnberg II“* für die Störung von Jäger-Sprechgeräten erfolgte bei FTU zusammen mit Saram/Paris. Im April 1944 waren 24 Sender zum Einbau bereit, weitere 10 Sätze à 24 Sender waren bestellt. Jeder Einzelsender überdeckte einen Bereich von ±2 MHz aus dem Gesamtbereich 98–156 MHz, so daß eine Störanlage aus 24 Sendern bestand und deshalb nur in Sonderflugzeugen (Do 217) zum Einsatz kommen konnte. Ihr Zweck war nur die Störung des englischen und amerikanischen UKW-Sprechverkehrs. Angeblich haben noch Versuchseinsätze über England stattgefunden [101, 120, 459].

Die *Störsender „Störnebler“* (Phys. Laboratorium, 25 W, 180–220 MHz) und „Wolke 1“ der AEG (20 W, Bereich vermutlich ebenfalls 180–220 MHz) waren die ersten deutschen Störsender gegen Funkmeß- und Impulsnavigationsgeräte, welche die beim Gegner sehr beliebte Rauschmodulation anwendeten. Die Breite des gestörten Frequenzbandes betrug ca. 2 MHz (ohne Wobbelung). Die Endstufe der „Wolke 1“ war mit LD 5 im Gegentakt ausgelegt. Da die vom Elektronenrauschen einer Rauschdiode oder einer Elektronenvervielfacherröhre abgeleitete Rauschspannung in sehr vielen Zwischenstufen auf die benötigte Amplitude gebracht werden mußte, war man deutscherseits der Ansicht, daß man mit der gleichen Anzahl Röhren mit besserem Effekt mehrere Störsender mit der herkömmlichen Modulation (Sinus, ca. 150 kHz) bauen könne. Das Gerät wurde daher umgerüstet zum *Störsender „Wolke 2“* (25 W, 88–94 MHz) und für Übungszwecke von deutschen Nachtjägerbesatzungen zur Störung der „Lichtenstein SN-2“-Geräte (FuG 220) eingesetzt [101].

*) vergl. auch „Heinrich-Bord“ (s. weiter oben).

Es wurde übrigens auch ein *Abwurf-Störsender „Frosch IV“* (Wega?, um 200 MHz) entwickelt, der zusammen mit einem Fallschirm in einem bombenförmigen Behälter untergebracht war und vom Flugzeug abgeworfen wurde. Bei großen Flughöhen wurden Fallzeiten von ca. 30 Minuten erreicht. Während dieser Zeit arbeitete der Sender zur Störung der gegnerischen Funkmeßgeräte. Die in einigen Unterlagen genannte Bezeichnung *FuG 305* wird in anderen Unterlagen bei der „Einheits-Radiosonde Frosch II“ angeführt (Doppelbelegung?) [112 a]. Der Abmessungszeichnung nach war das FuG 305 in einem Leuchtbombengehäuse mit einem seitlich, aus einer Klappe austretenden Fallschirm untergebracht.

Das FFO (*Dr. Sailer*) entwickelte um die Wende 1942/43 als Sonderversion ihrer abwerfbaren Fallschirm-Funkboje „Schwan/Luft“ FuG 307 (s. [265]) einen einfacher aufgebauten *Fallschirm-Störsender* (Deckname nicht bekannt) gegen Flugabwehr-Radargeräte um 200 MHz. Er bestand (übereinander angeordnet wie bei den „Schwan“-Versionen) aus Akkumulator, Zerhacker, Sender und Fallschirm. Alles war in einem zylindrischen Gehäuse untergebracht, wobei der nach vorne herausziehbare Fallschirm beim Abwurf durch eine Reißleine aus dem Gehäuse gezogen wurde. Es wurden 50 Stück bei der Fa. *Dr. Ristow* gebaut. Davon sollen 30 bei einem Einsatz von Jagdbombern FW 190 zu deren Schutz von Pfadfindern aus großer Höhe abgeworfen worden sein (s. weiter unten). Der Rest von 20 Stück wurde verschrottet [458].

Fallschirmprüfung eines Abwurf-Störsenders

Eine weitere Sonderform von Bordstörsendern waren die sog. *Tarnsender,* die gegnerischen Flugzeugen die Erfassung durch ein deutsches Bodenfunkmeßgerät „Würzburg-Riese“ vortäuschen sollten. Der Tarnsender *„Hummel“* (PTR, 560 MHz) wurde demgemäß mit Impulsen (3750 Hz) getastet. Über einen weiteren Tarnsender *„Drohne“* ist nur seine Frequenz (600 MHz?) bekannt geworden [112 b].

Während die Mehrzahl der obengenannten Störsender nicht dafür geeignet war, an Bord auf eine neu im FuMB-Empfänger ausfindig gemachte gegnerische Frequenz abgestimmt zu werden, bestanden die nachfolgend beschriebenen Geräte von vornherein aus Empfängern und Sendern.

Hier sollte die erste im Jahre 1940 versuchte Täuschungsmaßnahme gegen die englische Bodenradarkette (Chain Home) genannt werden: Die Impulse einer Radarstation wurden am Boden empfangen und auf einer anderen Frequenz zu einem über dem Kanal fliegenden Flugzeug gesendet, das sie wieder mit einstellbarer Verzögerung auf der Radarfrequenz abstrahlte. Dadurch konnte in beliebiger Entfernung zum Bodenradar ein Ziel vorgetäuscht werden. Dieses von *Dr. Scholz*/RPZ angegebene und einige Male durchexerzierte Verfahren war natürlich nur gegen eine einzelne Station wirksam und konnte durch eine zweite Radarstation leicht entlarvt werden [101].

Danach entstand dann, ebenfalls unter Verwendung des „Ball“-Verfahrens (vergl. weiter oben) eine Ball-Störanlage *„Garmisch-Partenkirchen“* (Fa. Hagenuk/*Dr. Kroebel*) mit dem Frequenzbereich 15–70 MHz. Bei dieser wurden die gegnerischen Impulse an Bord empfangen, auf eine Laufzeitkette gegeben und an 5 wählbaren Stellen abgegriffen. Mit diesen Impulsgruppen wurde ein Bordsender auf der gleichen Frequenz getastet. Auf dem gegnerischen Sichtgerät erschien dann neben dem Rückstrahlecho eine Gruppe von 5 (falschen) Echos, die so einen Verband, beliebig auseinandergezogen, vortäuschten. Auch hier war eine Entlarvung der Täuschung möglich. Daher mußte die Methode jeweils auf mehreren Frequenzen gleichzeitig durchgeführt werden, damit sich die Meldungen verschiedener englischer Geräte nicht widersprachen. Zu diesem Zweck waren an Bord von zwei He 111 je 5 solcher Gerätesätze montiert, die angeblich 750 kg schwer waren und 400 Röhren enthielten. Wie weiter unten geschildert, traten beide Flugzeuge vom Flugplatz Evreux aus u. a. beim Durchbruch der Schlachtschiffe „Scharnhorst“, „Gneisenau“ und des schweren Kreuzers „Prinz Eugen“ durch den Kanal in Aktion [101, 112 b, 206].

Die beiden Störflugzeuge mit je 5 Anlagen „Garmisch-Partenkirchen"

Projektiert waren auch Flugzeugversionen der wie Impulswiederholer arbeitenden *„Ball-Störanlagen"* gegen Impulsnavigationsgeräte, wurden aber nicht ausgeführt. Gegen den Kurzwellen-Sprechverkehr der russischen Jäger war nach [101] ein KW-Gerätesatz (Empfänger und Sender) des *FuG 10 als Störanlage* umgebaut worden. Zur Modulation wurden wahrscheinlich die Impulse von (auf verschiedenen Frequenzen schwingenden) Sperrschwingern verwendet. Das Gerät soll jedoch nicht zum Einsatz gekommen sein.

Gegen UKW-Sprechfunkverbindungen waren auch mit Störsendern gekoppelte Wellenanzeiger in Entwicklung, bei denen die Abstimmung des Empfängers (bei abgeschaltetem Sender) elektrisch gedreht wurde. Wenn während des Suchvorganges ein gegnerisches Gerät entdeckt wurde, so stoppte automatisch der Abstimmungsantrieb zur Handabstimmung und Einschaltung des Störsenders. Das erste, nach diesem Verfahren arbeitende Gerät war das *kombinierte Störgerät „Nervtöter (I)" FuG 40* (Graetz/*Boom*, 90–140 MHz), dessen Sender sich jedoch nicht mit genügender Schnelligkeit abstimmen ließ. Eine daraufhin veranlaßte Nachentwicklung *FuG 40/II „Nervtöter II"*, soll bei der Fa. Lorenz erfolgt sein. Sie verwendete eine LS 4 in der Steuerstufe und zwei LS 50 in der Endstufe des Senders, der bei Modulation (durch 2 feste und 1 periodisch wechselnden Heulton) eine Leistung von ca. 25–30 W aufwies und mit Breitbandantennen einen Bereich von 98–156 MHz überstreichen konnte. Auf dem mit Suchlauf ausgerüsteten Wellenanzeiger (mit einer Beobachtungsbreite von ±500 kHz) erschien die gegnerische Frequenz auf der Zeitlinie als vertikale Auslenkung nach oben. Zusätzlich erzeugte der mit dem Suchlauf grob abgestimmte Störsender eine Auslenkung nach unten. Diese mußte nun mit Hilfe der Feinabstimmung des Senders so verschoben werden, daß sie genau unter dem Empfangszeichen stand. Damit war die richtige Frequenz gefunden und die Störsenderendstufe konnte eingeschaltet werden. Ein eventuell später auf der Anzeigeröhre seitlich auftauchendes neues Empfangszeichen konnte von einem Frequenzwechsel herrühren und entsprechend durch Neuabstimmung des Senders gestört werden. Obwohl bereits im Mai 1944 Mustergeräte dieses Gerätes vorgestellt wurden, soll es jedoch bis Kriegsende keine Serienreife erreicht haben. Eine ähnliche Arbeitsweise wie der „Nervtöter" hatten übrigens auch die bereits beschriebenen Wellenanzeiger und das englische Gerät „Dudelsack" [101, 120, 136, 443].

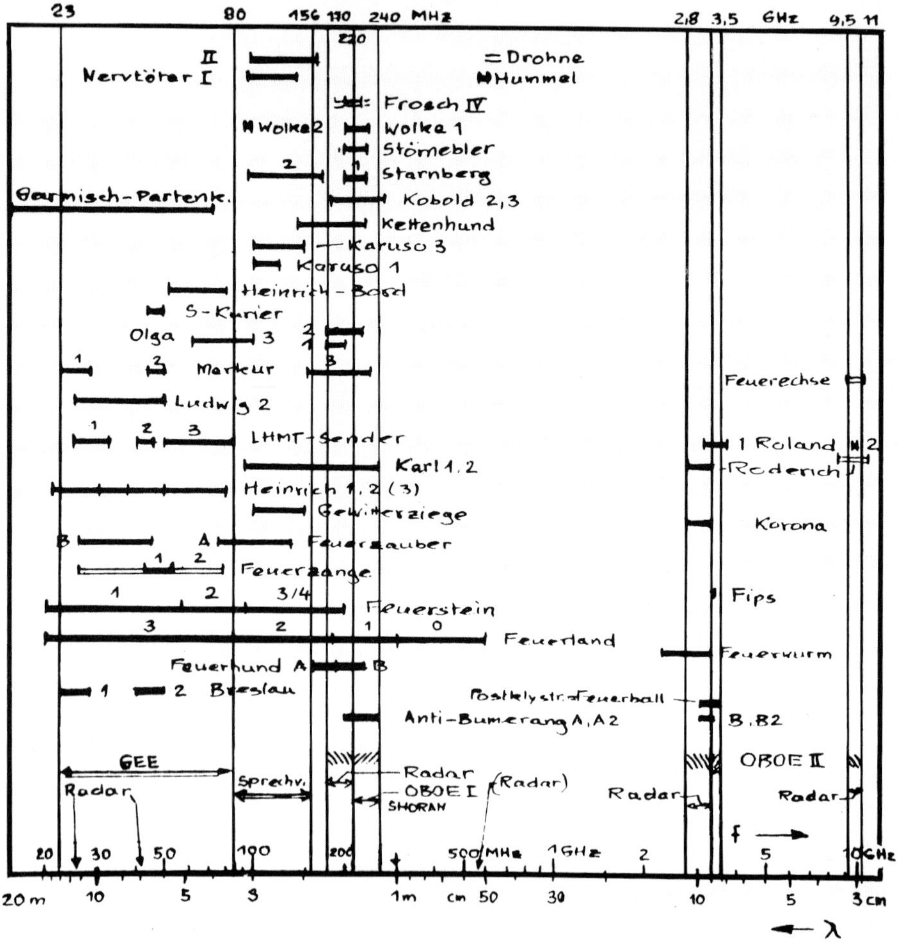

Frequenzübersicht für englische Impulsverfahren und die zugeordneten deutschen Störsender

e) Beispiele durchgeführter Störaktionen

Aus Platzmangel und auch aus Gründen des Fehlens umfassender (und zugänglicher) deutscher Unterlagen können hier für die einzelnen Anwendungsgebiete jeweils nur die wichtigsten deutschen Störaktionen angedeutet und einige als typische Fälle etwas ausführlicher gebracht werden, wobei aber das Hauptgewicht auf die Störung von Radar- und Impulsnavigationsverfahren gelegt wurde. (Benutzte Literatur: [101, 162, 163, 206, 395, 456–459, 461]).

e1) *Störung von Nachrichten- und Rundfunksendern*
Die Störung von *gegnerischen Rundfunk- und Propagandasendern,* die auch verschlüsselte Meldungen für eigene Verbände oder Agenten verbreiteten, wurde fast ausschließlich von zivilen Stellen (RPZ u. a.) mit für „Postmodulation" (s. weiter oben) umgebauten mobilen und stationären Rundfunksendern durchgeführt.

Bei erkannten *Nachrichtenverbindungen* wurde meist von den Horchstellen (Heer, Marine, Luftwaffe, Abwehr etc.) auf eine Störung verzichtet, um diese so wertvollen Informationsquellen nicht unbrauchbar zu machen. Im Gegensatz zu dieser strategischen Funkaufklärung kamen taktische Situationen vor, bei denen eine sofortige Störung geboten war, wie z. B. bei gegnerischen Befehlsdurchgaben für Sofortaktionen, bei Meldungen über den Standort erkannter deutscher Einheiten, bei Notrufen angegriffener Schiffe usf. Diese Störaktionen wurden meist mit den jeweils greifbaren Nachrichtensendern bzw. „mit Bordmitteln" durchgeführt (mit schneller, unregelmäßiger Tastung bzw. mit Geräuschmodulation – Mikrofon am Umformer). Einige Schiffe der Marine waren zu diesem Zweck mit alten 1,5 kW-Löschfunkensendern ausgerüstet, die ein breites Frequenzband störten.

Funkverbindungen Boden–Bord bzw. Bord–Bord, d. h. der *gegnerische Jägersprechverkehr,* wurden anfänglich nur über England mit Bordstörsender „Caruso" durchgeführt. Erst als Vorbereitung für die erwartete Invasion wurden in einem „Stördorf" an der Kanalküste nahe Dieppe 50–60 Störsender „Karl II" konzentriert, die den gesamten Jägersprechbereich (90–150 MHz) abdeckten. Obwohl die Sender etwas auseinandergezogen aufgestellt waren, wurden 90% von ihnen durch einen wenige Tage vor der Invasion gelegten Bombenteppich vernichtet oder beschädigt, wobei die Anlage mit umfangreichen Verteidigungsgräben und Stacheldrahtzäunen leicht erkennbar war. Sofort in Marsch gesetzte motorisierte Störeinheiten erreichten Dieppe nicht mehr, so daß während der gesamten Invasion keine nennenswerte Störaktionen gegen den Jägersprechverkehr stattfinden konnten [101].

Ab November 1944 fanden noch an der Westfront begrenzte Störaktionen von motorisierten und auch von wenigen festen Stationen mit „Karl I“ und „Karl II“-Sendern gegen den Sprechverkehr statt. Über dem Reichsgebiet beschränkte man sich meist auf das Abhören und die Peilung des Sprechverkehrs, besonders dann, wenn die eigenen Funkmeßgeräte infolge von gegnerischen Störmaßnahmen keine Informationen mehr liefern konnten. Im Frühjahr 1945 plante man jedoch noch die Errichtung von 4 Stördörfern mit je 10 „Karl I/II“-Sendern. Es ist jedoch nicht bekannt, ob sie noch in Aktion getreten sind. Das gilt auch für einige vor Kriegsende noch fertig gewordene Störsender „Feuerland“ mit Rauschmodulation, die wenige Wochen vor der Kapitulation noch nach Schleswig-Holstein in Marsch gesetzt wurden [101].

Störung von Radaranlagen.
Die im Sommer 1940 angeordnete Zerstörung der *Radaranlagen der englischen Küstenkette* (s. Kap. 2.1) durch Fernartillerie und Bombenwürfe erwies sich als sehr schwierig, da die Stationsbunker und die Masten als Punktziele kaum direkt getroffen werden konnten. Wenn dies der Fall war, nahmen sie scheinbar bereits nach wenigen Stunden wieder den Betrieb auf, so daß man das Unterfangen bald aufgab. Auf deutscher Seite wurde nicht erkannt, daß es sich dabei meist um einen Scheinbetrieb (an einem schnell aufgezogenen Stück Draht) ohne Meß- und Peilmöglichkeit handelte. Dies war nicht das einzige Beispiel einer erfolgreichen Täuschung durch den Gegner (vergl. weiter unten).

Als erste Notmaßnahme installierte das FTU bei Calais mehrere 1 kW-Störsender, deren Deckname nicht mehr bekannt ist. Dies waren vom Heereswaffenamt gelieferte Endstufen (ohne Gehäuse) von KW-Sendern. Sie waren dann bei der DVL auf selbstschwingenden Betrieb im Bereich 20–30 MHz umgebaut worden und arbeiteten noch im Dauerstrich-Betrieb, wobei die jeweils eingestellte Sendefrequenz mit einem Hub von einigen MHz gewobbelt wurde. Die Dipolantenne war zwischen 3 Holzmasten ausgespannt. Die Stromversorgung erfolgte durch einen schweren fahrbaren Maschinensatz. Mit Horchempfängern Fu. H. E. c/d wurde die jeweils zu störende Frequenz überwacht und die richtige Abstimmung des Störsenders überprüft. Für größere Entfernungen von der englischen Küste, z. B. bei Dieppe, wurden Richtantennen verwendet, desgl. wurden die Sender bald auf Impulsbetrieb umgestellt. Die Wirkung war zunächst recht gut, d. h. es wurden keine englischen Jäger mehr an anfliegende deutsche Verbände herangeführt. Bald jedoch gewannen die Radarbesatzungen genügend Erfahrungen und lernten u. a. durch Anwendung wechselnder Impulsfolgen Flugziele von Störungen zu unterscheiden [458].

Daraufhin wurden bei Telefunken, GEMA und der DVL Untersuchungen über die Störwirksamkeit verschiedener Modulationsverfahren durchgeführt. Als deren Ergebnis kam es dann auf Vorschlag des FFO (*Dr. Sailer, Dr. Arneth*) zur Entwicklung der Geräte „Breslau I/II" bei der DVG (*Kotthoff*) mit einem Gemisch aus mit dem Gegnergerät synchronisierten und weiteren „durchlaufenden" (nicht synchronisierten) Impulsen. Die Fa. Dr. Ristow fertigte 5 dieser Anlagen, die dann bei Cherbourg, Dieppe, Calais (2 Anlagen) und bei Ostende aufgestellt wurden. Außerdem wurden weitere 7 Störsendestellen mit Impulssendern von 800–1000 W Leistung errichtet; sie waren beim FFO (*Dr. Sailer*) entwickelt. Auch ihr Deckname ist nicht mehr bekannt. Außerdem wurden auf Vorschlag des HWA (*Dr. Straimer*) bei der Fa. Hagenuk (*Dr. Kröbel*) die Bord-Störgeräte „Garmisch-Partenkirchen" entwickelt, die jeweils bis zu 5 Flugzielen in beliebig einstellbaren Entfernungen vortäuschen konnten. Das erste der etwa 12 gebauten Geräte wurde bereits im Winter 1940/41 in einer He 111 mit entsprechend synchronisierten (= nachgebildeten CH-) Empfangsstellen am Boden auf ihre Wirksamkeit untersucht. Im Frühjahr 1941 erfolgten weitere Erprobungen an der Kanalküste und über London. Im April 1941 wurden 2 He 111 H-5 mit je 5 Geräten ausgerüstet, so daß jedes Flugzeug bis zu 25 Flugzeuge vortäuschen konnte. Diese Flugzeuge und die „Breslau"-Anlagen wurden dann, um die Verfahren nicht vorzeitig zu verraten, für einen „Sonderfall" bereitgehalten (wohl für die geplante deutsche Invasion Englands). Ihr erster Einsatz erfolgte dann im Rahmen des Unternehmens „Donnerkeil" am 11./12. 2. 1942 (s. weiter unten). Hervorzuheben ist bei der Tätigkeit des FTU die (sonst nur in Ausnahmefällen gegebene) gegenseitige vorbehaltlose Zusammenarbeit und Unterstützung von RLM, HWA, DVL, FFO, E-Stellen der Luftwaffe und den Firmen Telefunken, Lorenz, Dr. Ristow usf. Auf der „unteren Ebene" gab es auch Querverbindungen zum RPZ und zur Kriegsmarine, die eigentlich jeweils erst von „oben" genehmigt werden sollten [458].

Das Sonderkommando des RPZ (*Dr. Scholz, H. Widdra* u. a.) baute parallel zur Tätigkeit des FTU ab August 1940 in der Nähe von Wissant am Mont Couple (östlich von Cap Griz Nez) eine Störsendestelle auf, die unter dem Namen Störsendezentrale „Nachtfalter" ab September 1940 in Betrieb ging und dem Funksonderkommando im

Ln Rgt. III unterstand. Sie war mit Störsendern „Heinrich“ und auch „Ludwig“ ausgerüstet. Dazu gehörte ab 1941 eine verbunkerte Beobachtungszentrale bei Calais, die mit der Senderzentrale über ein vieradriges Kabel verbunden war. So konnte der jeweilige Senderbedienungsmann seinen Sender auf die Frequenz genau einstellen, deren Empfang ihm über das Kabel zugeleitet wurde. Jedem Frequenzwechsel des gestörten Radargerätes konnte daher der Störsender in Minutenschnelle folgen. In der Beobachtungszentrale wurden die fraglichen Frequenzbänder lückenlos überwacht, so daß auch jedes neu auftretende Radargerät erfaßt wurde. Direkte Sprechverbindung bestand auch zu der FuMB-Stelle der Kriegsmarine auf dem Mont Lambert bei Boulogne (*Oblt. Ebelt*), die ebenfalls jedes neu erfaßte Gerät zur Ln-Störzentrale meldete. Vom RPZ wurden außerdem zwei weitere Störsendestellen bei Fécamp und Cherbourg ortsfest aufgebaut, die ebenfalls ab 1941 durch Störsender „Karl“ auf die inzwischen im Bereich um 200 MHz erkannten Radarfrequenzen erweitert wurden. Das RPZ lieferte auch die Störsender für die 2 in St. Omer stationierten Ju 52-Flugzeuge des Sonderkommandos Rastedter. Ebenso wurden zwei in Sizilien stationierte Ju 52 (*Oblt. Zadra*) mit Störsendern des RPZ ausgerüstet. Ihre Radar- Beobachtung und -Störung wurde ebenfalls vom Ln-Funksonderkommando gesteuert [456].

Selbstverständlich errichtete auch die Kriegsmarine eine Kette von Störsendestellen am Kanal, die meist mit Störsendern „Karl“ und „Olga“ ausgerüstet waren und in analoger Weise wie die Luftwaffen-Störstellen mit Beobachtungsstellen zusammenarbeiteten. Nähere Angaben fehlen hier leider.

Die erste große und gemeinsam von Luftwaffe und Kriegsmarine durchgeführte Störaktion = „Unternehmen Donnerkeil“ fand statt am 11. und 12. Februar 1942 beim Durchbruch der seit fast einem Jahr in Brest festliegenden Schlachtschiffe „Scharnhorst“ und „Gneisenau“ und des schweren Kreuzers „Prinz Eugen“ durch den Kanal. Als Ende des Jahres 1941 eine Atlantikunternehmung kaum mehr Erfolg versprach und gleichzeitig die englischen Luftangriffe auf die Schiffe immer gefährlicher wurden, sollten sie nun durch den Kanal nach Norwegen überführt werden, um von dort aus die für Rußland bestimmten Geleitzüge im Nordmeer anzugreifen. Zur Durchführung dieser Operation wurde strikteste Geheimhaltung angeordnet. Zur Wiederherstellung der Gefechtsbereitschaft nach so langer Liege- und Reparaturzeit wurden inzwischen abgestellte Besatzungsteile zurückbeordert und eine Minimalzahl von Übungsfahrten nahe Brest angeordnet, bei denen auch Jagdverbände der Luftwaffe teilnahmen, um den Jagdschutz von Schiffsverbänden zu üben. Der von Minensuchern geräumte Weg führte weitgehend durch tiefes Wasser, um dem Verband eine hohe Marschgeschwindigkeit (ca. 28 Knoten) zu erlauben. Für den Durchbruchstermin sollten die dunklen Neumondnächte um den 15. Februar gewählt werden. Für diese Zeit berechnete man spezielle Gezeitentabellen und bereitete entsprechend die Seekarten vor. Da die Wettermeldungen hauptsächlich nur auf Einzelmeldungen von Seefernaufklärern über dem Atlantik beruhten, stellte man 3 U-Boote aus dem Geleitzuggebiet zur „Wetterecke" bei Island ab, die laufend Wettermeldungen absetzten.

Das dann für den 11. Februar 20.30 Uhr festgelegte Auslaufen verzögerte sich durch einen überraschenden Luftalarm, bei dem der Hafen von Brest total vernebelt wurde, um mehr als 2 Stunden. Da die zugeordneten Zerstörer und T-Boote schneller als erwartet aufgeschlossen hatten und die Strömung günstig war, konnte die Verzögerung mit erhöhter Fahrt auf eine Stunde reduziert werden. Am 12. Februar 5.05 Uhr* befand sich der Verband bereits nördlich von Cherbourg auf Ostkurs. Da LW- Funkfeuer infolge der Tätigkeit englischer „Meacons" für Eigenpeilungen kaum brauchbar waren, eine Funkmeß-Eigenortung aber den Standort verraten hätte, hatte man eine Funkmeßortung von Landstellen aus vorgesehen. Diese klappte jedoch kaum, da Geheimhaltungsgründe die Betonung der Wichtigkeit und spezielle Übungen verhindert hatten und weil auch die auf einigen Schiffen installierten Kenngeräte ausgefallen waren. So mußte die Navigation fast ohne jegliche Funkhilfe nach dem Koppelnavigationsverfahren erfolgen. Außerdem hatte man an den Wendepunkten Minensucher als Markierung postiert. Da bei dem Schiffsverband aus dem deutschen Funkverkehr eine Zeitverzögerung der angenommenen Schiffspositionen um 90 Minuten festgestellt worden war, wurde vom Verband ein Zerstörer abgestellt, der ein vereinbartes Kurzsignal für Zeit und Standort unmittelbar vor Cherbourg auf der Frequenz der dortigen Bodenfunkstelle abgab, so daß eventuelle gegnerische Peilungen nichts Verdächtiges erkennen konnten. Auf dem Flaggschiff „Scharnhorst" war übrigens eine Jägerleitstelle der Luftwaffe, auf „Gneisenau" und „Prinz Eugen" Jägerleitoffiziere mit entsprechendem Gerät eingeschifft, so daß die Luftlagemeldungen laufend zur Verfügung standen und nach einer Entdeckung durch den Gegner (wo keine Funkstille mehr eingehalten werden mußte) die Jäger

*) englische Zeit (auch die folgenden Angaben).

direkt durch Sprechfunk angesetzt werden konnten. Die seit der Nacht in niedriger Höhe (wegen der Gefahr der Entdeckung durch Radar) um die Schiffe kreisenden Nachtjäger wurden bei Morgengrauen durch Me 109-Verbände abgelöst.

Aus dem englischen Funkverkehr ergab sich noch kein Hinweis auf Entdeckung, obwohl von englischer Seite die Übungsfahrten und die Schiffskonzentration beobachtet waren und ein Durchbruchsversuch ab dem 10. Februar vorhergesagt war, wobei man allerdings annahm, daß die schmalste Stelle bei Dover bei Nacht passiert werden sollte. Obendrein waren ab 3. Februar zusätzliche Überwachungsstrecken für Seeaufklärer mit ASV Mark II-Geräten eingerichtet worden. Beim Patrouillenflugzeug der 1. Linie funktionierte am Einsatzort das ASV-Gerät nicht. Es kehrte ohne Überprüfung der durchgebrannten Gerätesicherung (!) und ohne Funkmeldung zu machen zurück, so daß der Ersatz erst 3 Stunden später eintraf (als die Schiffe bereits die Linie passiert hatten). Auch beim Flugzeug der 2. Linie trat ein „ungewöhnlicher Defekt" auf, der sich in langwierigen Versuchen nicht beseitigen ließ. Auf die dann erfolgende Schadensmeldung hin wurde jedoch kein Ersatzflugzeug geschickt. Das Flugzeug der 3. Linie fand „nichts Verdächtiges". Die Schiffe konnten so die 3 Linien unentdeckt passieren.

Sie wußten nicht, daß unterdessen ein großes Täuschungsmanöver stattgefunden hatte: Bereits vor Morgengrauen waren von Evreux aus 2 He 111 des FTU (mit *Dr. Owczarek* und *Dr. Netzer*) mit je 5 Ballstöranlagen „Garmisch-Partenkirchen" gestartet, welche zuerst in Richtung englische Küste und dann parallel dazu flogen und durch Echovervielfachung insgesamt 2 x 25 Flugzeuge vortäuschten. Hierbei wurde genau auf Frequenzwechsel der englichen Geräte geachtet und durch Veränderung der Echoamplituden und -Laufzeit ein möglichst echtes „Radar-Bild" eines sich sammelnden Verbandes erzeugt. Kurz nach beiden He 111 war in Evreux auch eine Bombergruppe (Ju 88) gestartet, die im Tiefflug über dem Wasser die englischen Radarkeulen unterflog und im Morgengrauen völlig überraschend und ohne Verluste den Hafen von Plymouth und nahegelegene Flugplätze angriffen, während die Radargeräte noch mit dem vorgetäuschten Verband über dem Kanal beschäftigt waren.

Um 8.24 Uhr erfaßte ein Küstenradargerät auf 9 cm Wellenlänge in Beachy Head (dessen Frequenz bislang noch nicht entdeckt war und für welches daher auch kein Störsender vorhanden war) deutsche Flugzeuge nördlich

Le Havre und verfolgte sie weiter. Ortungen um 10.14 bzw. 10.16 Uhr wurden als Schiffsverband erkannt. Das Gerät konnte jedoch wegen defekter Telefonleitung seine Meldung nicht absetzen. Erst ab 10.45 Uhr trafen die ersten Meldungen vom 9 cm-Gerät in Fairlight in der englischen Zentrale in Dover ein, daß mehr als 20 deutsche Schiffe und viele Flugzeuge unterwegs seien, was in diesem Seegebiet allerdings nicht ungewöhnlich war (wie z.B. bei Seenot-Rettungsaktionen etc.). Zu dieser Zeit waren an der Kanalküste „Breslau I, II“ und andere Störgeräte bereits jeweils auf bestimmte Radargeräte in den Bereichen um 25, 45 und 200 MHz abgestimmt und hatten nun auf Befehl ab 10.00 Uhr damit begonnen synchron mit den Radarimpulsen einen „Wald“ von künstlichen Echos zu erzeugen, in denen echte Echos nicht mehr auszumachen waren. Reserve-Störsender deckten sofort neu eingeschaltete Radargeräte ab und folgten wie die übrigen etwaigen Frequenzwechseln der zu störenden Geräte im 200 MHz-Bereich, allerdings ohne zu ahnen, daß bereits auch Geräte um 3300 MHz in Betrieb waren.

Seltsamerweise erregte erst eine Häufung von Meldungen über die rege deutsche Störtätigkeit den Verdacht, daß Ungewöhnliches im Gange war. Als einzige Stelle reagierte die Jägerbasis von Kenley, welche die Erlaubnis erhielt 2 „Spitfires“ in die verdächtige Gegend zu schikken. Diese wurden dort gegen 10.30 Uhr von Me 109 empfangen. Der sich entwickelnde Luftkampf führte sie über einen Verband mit „dicken“ Schiffen, der sie mit mehr als 100 Flak-Rohren empfing. Obwohl die Lage nun erkannt war, hielten die beiden „Spitfires“ die befohlene Funkstille ein, so daß erst nach deren Landung um 11.25 Uhr Großalarm gegeben wurde. Der Verband befand sich zu dieser Zeit schon an der engsten Stelle des Kanals. Die Fernkampf-Batterien von Dover konnten nur noch kurze Zeit schießen, weil die Schiffe bereits aus ihrem Zielgebiet herausliefen. Bis zum Einbruch der Dunkelheit durchgeführte Angriffe mit Zerstörern, S-Booten, Torpedoflugzeugen und Bombern blieben trotz heldenhaften Einsatzes ohne Erfolg. Lediglich Minentreffer vor der hollän-

Störsendeanlage „Breslau I“ bei Boulogne

dischen Küste auf „Scharnhorst“ und „Gneisenau“, wobei erstere für 20 bange Minuten bewegungsunfähig war, verursachten noch Schäden. Neben der guten Vorbereitung und auch einer guten Portion Glück war der Erfolg der Tatsache zuzuschreiben, daß man es gewagt hatte, den Überraschungseffekt auszunutzen, d.h. entgegen der Erwartung die engste Stelle bei hellem Tageslicht zu durchlaufen [206, 394].

Störsendeanlage „Breslau II“ bei Diepe

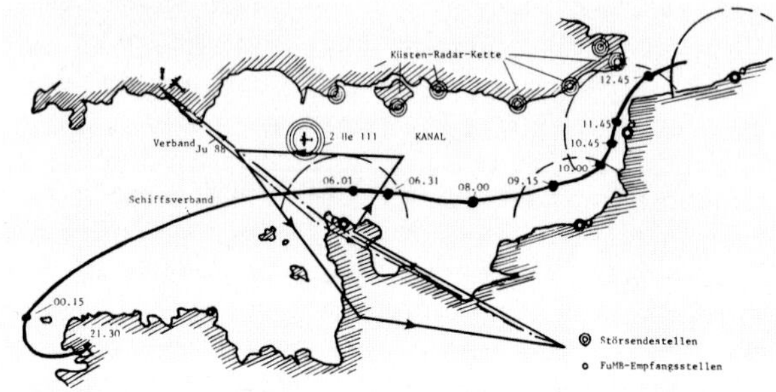

Durchbruch der Schlachtschiffe am 11./12. Februar 1942 durch den Kanal (Kurs der Schiffe zwischen 00.15 und 06.01 Uhr nicht ganz exakt)

Im Juli 1942 wurde *Dr. Scholz* (RPZ), wie schon bei obiger Unternehmung, nun nach Sizilien entsandt, um eine umfangreiche Störaktion gegen Malta (wohl als Vorbereitung für einen Angriff auf die Insel) vorzubereiten. In der Nähe von Noto wurden 4 Störsender „Karl“ für den Frequenzbereich 177–230 MHz installiert, die bald durch weitere 4 ergänzt wurden. Dazu wurden FuMB-Stellen mit Wellenanzeigern eingerichtet, auf deren Bildschirm fremde und eigene Sendungen angezeigt wurden, so daß vom Gegner durchgeführte Frequenzwechsel sofort erkannt und der zugeordnete Störsender innerhalb weniger Sekunden auf die neue Frequenz eingewiesen werden konnte. Da während deutscher Luftangriffe auf Malta auch Bodenstationen im Bereich 60–85 MHz ausgemacht wurden, beorderte man zur Störung dieser vermutlichen Flak-Radargeräte eine mit 8 Störsendern „Heinrich-Bord“ ausgerüstete Ju 52 nach Catania. Sie startete jeweils 1 Stunde vor Luftangriffen, flog halbwegs zwischen Sizilien und Malta hin und her und störte die britischen Geräte. Später wurde auch vom Boden aus das Band um 43 MHz mit einem entsprechend umgerüsteten Störsender „Karl“ zugedeckt. Die meisten der deutschen Störsender waren aus Mangel an Siebkondensatoren zusätzlich in der Amplitude mit einem starken Netzbrummen (50 bzw. 100 Hz) moduliert. Einige englische Radargeräte zogen einen Vorteil daraus und arbeiteten synchronisiert mit den deutschen Störsendern, d.h. sie nutzten jeweils den Moment der geringsten Störleistung (=die negative Modulationshalbwelle) für die Ortung aus. Da durch die insgesamt sehr erfolgreiche Störaktion die englischen Geräte scheinbar nicht außer Gefecht gesetzt werden konnten, erachtete man deutscherseits den Angriff auf Malta für zu gefährlich und gab die Absicht auf. *General Martini* erfuhr erst nach dem Kriege, daß die gegnerischen Geräte größtenteils „geblendet" waren und praktisch nur „blind" strahlten, dadurch aber eine deutsche Invasion der Insel abwehrten [256, 465].

Am Kanal war inzwischen die Luftüberlegenheit des Gegners soweit gestiegen, daß auch die von der II. S. K. G. 10 mit Jagdbombern des Typs FW 190 tagsüber gegen englische Küstenstädte durchgeführten Bombenangriffe auf die Nacht verlegt werden mußten. Die Flugzeuge mußten nun im sog. „Peilruf"-Verfahren (einer Variante des englischen „Pip-Squeak"-Verfahrens) auf UKW gepeilt und über UKW-Sprechfunk geführt werden [265]. In der Nacht vom 16./17. April 1943 flogen 12 FW 190 zusammen mit rückkehrenden englischen Bombern nach London und warfen Bomben auf das Stadtgebiet, wobei 4 Flugzeuge verloren gingen. Vermutlich bei diesem Einsatz wurden von Pfadfindern einer anderen Einheit (I. K. G. 66?) zum Schutze der FW 190 über London aus großer Höhe 30 Abwurf-Störsender abgeworfen, die an Fallschirmen hängend während der Sinkzeit die Flugabwehr-Radargeräte (um 200 MHz) lahmlegen sollten. Diese Geräte waren als Sonderversion des „Schwan/ Luft" [265] im FFO (*Dr. Sailer*) entwickelt und mit 50 Stück bei der Fa. *Dr. Ristow* gebaut worden. Der Rückweg der Flugzeuge wurde nach einem Vorschlag von *Dr. Plendl* (E-Stelle *Rechlin*) durch mit Fallschirmen abgeworfene Leuchtbojen gekennzeichnet, die aus schwimmfähig gemachten Autobatterien mit nach oben gerichtetem Scheinwerfer bestanden. Weitere Angriffe konnten nur bis zum Juni 1943 durchgeführt werden, da dann der UKW-Peil- und -Sprechverkehr vom Gegner vollständig durch Störung lahmgelegt wurde [458].

Die Störsendestellen am Kanal waren inzwischen stark ausgebaut worden. So waren z. B. allein in der Störsendezentrale am Mont Couple 35–40 Störsender installiert. Sie durften nicht verstreut im Gelände aufgebaut werden, wodurch Bombenangriffe nur wenig wirkungsvoll gewesen wären. Nach einem englischen Kommandounternehmen in der Nacht zum 28. Februar 1942 bei Bruneval, wo die wichtigsten Teile eines „Würzburg"-Gerätes entführt wurden, war der festungsartige Ausbau aller FuMG-, FuMB- und FuMS-Stellungen angeordnet worden. Damit waren sie zur Freude des Gegners aus der Luft leicht erkennbar und die auf engem Raum konzentrierten Anlagen konnten jeweils in den Wochen vor der Invasion (Juni 1944) durch wenige Bomben zerstört werden. Bei der

Invasion selbst konnte daher kaum noch eine Störtätigkeit durchgeführt werden, an den Kanal in Marsch gesetzte mobile Störsendeanlagen erreichten ihr Ziel nicht mehr. Die Reste des FTU wurden damals einem Ln-Horchregiment zugeteilt [458, 395].

Die Störung gegnerischer *Schiffssuchgeräte* (A.S.V.) im 200 MHz-Bereich an Bord von Flugzeugen und Schiffen begann bereits im Sommer 1942 im Kanal mit Störsendern „Karl" und „Olga". Auch im Mittelmeer wurden sie u.a. an den Küsten von Sizilien, Griechenland und Kreta eingesetzt, wo sie infolge von Aufstellungshöhen bis zu 1000 m extrem große Reichweiten erzielten. Das zeitweise dem K.G. 100 unterstellte „Sonderkommando *Koch*" in Athen-Kalamaki verwendete Störsender „Kobold", die jedoch nur in große Flugzeuge eingebaut werden konnten. Störaktionen zum Schutze von Geleitzügen für die Front in Afrika zeitigten nicht die gewünschte Wirkung. Man mußte feststellen, daß die Störsender in Ägypten abgehört wurden und so nicht nur die Geleitzüge ankündigten, sondern auch jeweils deren ungefähre Position markierten. Diese Art von Störaktionen wurde daher eingestellt [401]. Das Mitte 1943 über der Biskaya eingesetzte „Sonderkommando Rastädter" war hingegen zu dieser Zeit nur mit FuMB-Anlagen (s. dort) ausgerüstet und stellte fest, daß dort für die Schiffsuche praktisch nur noch das „Rotterdam"-Gerät eingesetzt wurde, für die noch keine Störsender greifbar waren. Diese hätten, sofern in Flugzeugen eingesetzt, vermutlich nur zu höheren Schiffs- und Suchflugzeug-Konzentrationen geführt, so daß anstelle des Schutzes für die aus- und einlaufenden U-Boote eher eine verstärkte Bedrohung zu erwarten gewesen wäre. Bodensender „Karl" wurden jedoch bis Kriegsende an der italienischen und an der norwegischen Küste eingesetzt, um eigene Geleitzüge vor angreifenden gegnerischen Einheiten zu verschleiern [101].

Gegnerische *Nachtjagdgeräte* (A.I.) wurden von deutscher Seite weder vom Boden, noch von Bord aus, wo man eine Zielflugmöglichkeit auf den Störsender fürchtete, gestört, wohl aber die Sprechfunkverbindung der Nachtjäger mit dem Störsender „Caruso" bei deutschen Angriffen auf England.

Störung von Impulsnavigationsverfahren

Erste Versuchssendungen des Impulsnavigationsverfahrens *„GEE"* (später in Deutschland mit „Hyperbel" bzw. „Truhe" bezeichnet), waren bereits von „Wim"-Stellen des RPZ im Herbst 1940 entdeckt worden, ihr Zweck war jedoch unbekannt. Der erste Angriff mit 12 Vormustern von „GEE"-Geräten auf Deutschland erfolgte am 13. 8. 1941, wobei 1 Flugzeug verloren ging. Um den Zweck des Gerätes bei eventuellen Gefangenen-Verhören zu verschleiern, wurden in aller Eile auf Vorschlag von *Prof. R. V. Jones* das gleichartig ausgesprochene „J"-System, d. h. Leitstrahlsender nach Art der deutschen „Knickebein"-Anlagen (mit gleichen Frequenzen und gleichartiger Tastung [265]), errichtet, worüber Nachrichten der deutschen Seite zugespielt wurden. Gleichzeitig wurde die Typenbezeichnung der Seriengeräte in R 1335 (aus der Reihe der Nachrichtengeräte) geändert. Am 8. März 1942 führten 80 „GEE"-Pfadfinder nach deutschem Vorbild 350 Bomber nach Essen, wobei die ersten „GEE"-Geräte erbeutet und ihre Funktionsweise richtig erkannt wurde. Am 30. Mai führten mit „GEE" ausgerüstete Pfadfinder den „1000-Bomber-Angriff" auf Köln an, der so in erstaunlich kurzer Zeit abgewickelt werden konnte, was die Abwehr außerordentlich erschwerte bzw. zersplitterte. Entsprechend den Ausbreitungseigenschaften waren die Signale nur am Kanal am Boden zu empfangen, über Westdeutschland aber nur in großen Höhen (optische Sicht). Kontrollstationen wurden daher an der Kanalküste auf Bodenerhebungen installiert. Erste Störversuche machte der Ausbreitungsfachmann *Dr. Mögel*/RLM im August 1942, weitere das RPZ mit im Frequenzbereich veränderten UKW-Ansteuerungssendern (500 W, [265]) mit 200 kHz-Modulation. Im November wurden bereits die ersten Störsender „Heinrich I/II" verfügbar, die dann entsprechend verteilt wurden. An den Küsten wurden von Brest bis Norwegen etwa alle 100 km Empfangsstationen mit 2 „Heinrich"-Sendern eingerichtet, die gegen Ende 1942 / Anfang 1943 voll in Betrieb gingen. Bis Kriegsende waren über 270 Störsender im Einsatz, um die jeweils benutzten Frequenzen abzudecken. Die Kontrolle der Wirksamkeit der Störung wurde mit erbeuteten Originalgeräten am Boden und in Flugzeugen überwacht. Die Engländer antworteten darauf mit der Einführung neuer Geräte R 1355 mit auswechselbaren HF-Teilen, wobei erst kurz vor dem Ziel auf eine neue Frequenz umgeschaltet wurde, deren Impulsfolge mit der zum Angriff benutzten und deutscherseits gestörten Frequenz synchronisiert war [256, 390, 391].

Nach der Invasion konnten die Briten bald in Nordfrankreich und Belgien neue „GEE"-Senderketten einrichten, so daß dann das Verfahren über dem größten Teil Deutschlands verwendbar war. In der Zwischenzeit waren deutscherseits auch mit den englischen Stationen synchronisierte Bodensender („Merkur" und „Feuerstein") eingerichtet worden zur gelegentlichen Mitbenutzung des „GEE"- bzw. „Truhe"-Systems durch deutsche

Flugzeuge mit FuG 122 bzw. 123 [265], wobei natürlich in den entsprechenden Gebieten die Störsender abgeschaltet wurden. Im August 1944 wurde auf dem Aussichtsturm auf dem Feldberg (Taunus) ein großes „Stördorf" eingerichtet. Neben normalen „Heinrich"-Sendern kamen die neuen impulsgetasteten Störsender „Feuerhilfe" (30 kW), „Feuerstein" (120 kW) und „Feuerzange" (1000 kW) zur Anwendung. Diese konnten sowohl die Impulse der Muttersender, als auch diejenigen der Tochtersender mit leicht veränderter Tastfrequenz bzw. Phasenlage nachahmen. In der Nähe der Störgeräte waren die Bordempfänger total gestört (außer Synchronisation), in größerem Abstand waren mehrere Signale zu sehen, die langsam gegeneinander wanderten, so daß echte und falsche Signale nicht unterscheidbar waren. Das setzte natürlich eine laufende Beobachtung der echten „GEE"-Sender voraus, um allen Veränderungen in Impulsfolge und Modulation folgen zu können. Die ersten Störsender gingen dort im November 1944 in Betrieb, im Januar 1945 war die Station voll ausgebaut; am 2. März 1945 vernichteten Jabos mittags um 12.30 Uhr die Anlagen zu 90%, die ja durch die Konzentration auf einen einzigen weithin sichtbaren Punkt ein gutes Ziel boten [101, 162].

Für die Störung des *„G. H."- (bzw. „Diskus"-) Verfahrens* wurden die gleichen Geräte wie für die Störung des „GEE" verwendet. Die Aktionen mußten teilweise „blind" erfolgen, da die Antwortsendungen der Bodentransponder auf einer Linie Stuttgart – Kassel – Emden erst in 6 km Höhe, östlich davon nur in noch größeren Höhen zu empfangen waren. Geplant war, vom Feldberg aus mit „Feuerzange"- und „Feuerstein"-Sendern die Bodentransponder mit hoher Impulsfolge auszulösen. Man erwartete dadurch ein „Zustopfen" der Empfänger für echte Abfragen und ein Zusammenschrumpfen der Senderleistung auf den Wert der Dauerstrichleistung. Die Vernichtung der Feldbergstation machte dieses Vorhaben hinfällig [101].

Das erste (schwer beschädigte) Bordgerät des im Grenzwellenbereich arbeitenden *Standard/SS – LORAN* wurde Mitte 1944 erbeutet. Es dauerte ca. 6 Monate, bis im FFO (*A. Mattes, J. Schönbuchner*) die Funktion des Gerätes durch Nachbauten voll eruiert war, u. a. weil darin bisher ungebräuchliche Frequenzteilerschaltungen (mit gebrochenen einstellbaren Teilungsverhältnissen) verwendet wurden. Außerdem mußte die Genauigkeit des Verfahrens durch Dauerregistrierungen belegt werden, da *Prof. von Handel* die Funktionsfähigkeit eines derartigen Systems abgestritten hatte [101]. Es wurde dann versucht, das „LORAN"-Verfahren zu stören, im März 1945 waren 10–20 mit Rauschmodulation versehene 1 kW-Sender „b" in Betrieb, die einen Störradius von 50–100 km aufwiesen. Außerdem waren beim RPZ durch die „LORAN"-Impulse synchronisierte Sender in Entwicklung. Darunter war ein Sender mit 100 kW Dauerstrichleistung, der nahe der Front aufgebaut werden sollte, aber auf dem Transport in Thüringen steckenblieb [101, 390, 391].

Der erste aktive Einsatz des *„Oboe I"-Verfahrens* (= „Bumerang"-V.) fand bereits am 20. 12. 1942 gegen ein Punktziel (deutscher Nacht-Jagd-Leitstand) bei Florennes (Belgien) statt, dem bald weitere folgten. Sie wurden meist als Einzelaktionen von „Mosquito"-Flugzeugen mit großer Geschwindigkeit und in Höhen um 10 km durchgeführt, wo sie vor deutschen Jägern sicher waren. Verschiedentlich wurden die „Mosquitos" auch als Pfadfinder für Bomberpulks eingesetzt.

Im Herbst 1942 erfaßte eine Marine-FuMB-Stelle etwas oberhalb des normalen Radarbandes (auf etwa 240 MHz) Doppelimpulse mit variabler Phasenlage auf, die aber mit gleichzeitig stattfindenden Schnellbootsaktionen in Zusammenhang gebracht wurden. Am 31. 12. 1942 erfolgte der erste „Oboe"-Angriff auf das Ruhrgebiet (Düsseldorf). Von dieser Zeit an wurde die unglaubliche Präzision der Punktzielangriffe und Zielmarkierungen durch „Mosquitos" bei den Großangriffen auf Düsseldorf, Dortmund, Köln usf. immer besorgniserregender. Im August 1943 (d. h. 7 Monate später!) wurde der damalige Sonderführer (K) *H. Widdra* vom Funkleitstand des Oberbefehlshabers der Luftwaffe (ObdL) zum Luftgaukommando Münster und von dort weiter zur FuMB-Stelle „Maibaum" (bei Kettwig im Ruhrgebiet) entsandt, um vermutete besondere Aussendungen von den „Mosquito"-Flugzeugen zu beobachten, die einen Rückschluß auf das Präzisions-Bombenwurfverfahren zuließen. Er fand bereits beim 1. Anflug einer „Mosquito" auf Essen bei 238 MHz eine bislang nicht beobachtete Aussendung, die eine verwirrende Erscheinungsform aufwies. Es ließ sich zunächst nur feststellen, daß es sich um zwei, nicht miteinander synchronisierte Impulsfolgen unterschiedlicher Folgefrequenz handelte, von denen die eine mit regelmäßigen Phasensprüngen, jedoch wechselnder Phase, getastet war. Bei der zweiten Impulsfolge traten in Abständen von etwa 2 Minuten Phasensprünge im Rhythmus von Morsebuchstaben auf, und zwar zunächst ein „A" (.–), dann „B" (–...), dann „C" (–.–.), „D" (–..) und wenig später ein „V" (...–). Anschließend schaltete der Sender ab. Die gleiche Beobachtung wurde bei den beiden nächsten Anflügen gemacht. Drei Tage später konnte durch Rücksprache mit *Hptm. Dahl* vom Luftgaukommando Münster, der die Flugwege der „Mosquitos" mit seinem „Naxburg"-Gerät verfolgte, eine Beziehung der Impulse zum Flugverlauf vor dem Bombenwurf (Kreisbogen von ca. 90 km Länge entsprechend 8 Minuten Flugzeit) hergestellt werden. Der Buchstabe „V" jedenfalls fiel eindeutig mit dem Augenblick der Bombenauslösung zusammen. So konnte schon am Anfang des Fluges nach Durchgabe des Buchstaben „A" das Ziel mit einer Genauigkeit von etwa 100 m x 100 m vorausgesagt werden (wobei aber für eine Vorwarnung nur wenige Minuten Zeit blieben) [456].

Mit diesem Wissen kehrte *H. Widdra* zum Funkleitstand in Berlin zurück, wo er darüber berichtete. In einer ausgedehnten Diskussion mit dem zweiten technischen Berater des Funkleitstandes, *Dr. Werner Scholz* vom RPZ, ergab sich eine schlüssige Deutung des Verfahrens, das von da an nach einem Vorschlag von *Widdra* unter dem Tarnnamen „Bumerang" lief. Der vom Funkleitstand vorgelegte Bericht stieß beim RLM auf Unglauben. Trotzdem wurde auf Veranlassung des Chefs des Nachrichtenverbindungswesens, *Gen. W. Martini*, Störsendungen befohlen, wofür eine größere Stückzahl der vom RPZ entwickelten Störsender „Heinrich" in erstaunlich kurzer Zeit geliefert und bei etwa 15 Störsendestellen aufgebaut wurden. Ihre Einschaltung auf der sehr gut erfaßbaren Frequenz des Flugzeuges ergab zwar einige Erfolge, die aber (nach späteren Erkenntnissen) reine Zufallserfolge waren [456].

Durch Beobachtungen der FuMB-Stellen an der Kanalküste im September (bzw. am 5. November) 1943 war der Funkleitstand bereits zu der Überzeugung gekommen, daß die Flugzeuge Radarimpulse empfingen, die von englischen Bodenstationen ausgesendet wurden, und diese (ähnlich wie bei Verwendung eines Kenngerätes) auf einer anderen Frequenz wieder abstrahlten, um so eine Entfernungsmessung durch Radarstationen auf große Entfernungen zu ermöglichen. Diesbezügliche Berichte stießen beim Technischen Amt des RLM wieder auf Unglauben, obwohl dieses Prinzip von deutschen Anlagen her bekannt sein mußte (vergl. weiter unten). Die Störung sollte weiterhin auf der Frequenz des Flugzeuges erfolgen, wobei also der Störsender beim Flugzeug nichts bewirkte, von den englischen Bodenstationen aber nicht empfangen werden konnte, da hier keine optische Sicht mehr bestand. Weitere Eingaben erwirkten dann bei dem höheren Nachrichtenführer des ObdL, *General Aschenbrenner*, die Genehmigung in Zusammenarbeit mit dem

Ln-Vers. Rgt. *Köthen* eine Anlage zu errichten, welche den Nachweis eines Rücksendeverfahrens erbringen könnte [456].

Am Rohrmast eines (noch leeren) Drehstandes einer „Freya-LZ"-Anlage [265] wurden übereinander 2 horizontale Reusendipole mit Reflektornetzen befestigt und in die Kabine ein FuMB-Empfänger und ein Störsender eingebaut, die unabhängig voneinander auf Frequenzen zwischen 195 und 250 MHz abstimmbar waren. Der Sender wurde von einem Impulsgenerator getastet, dessen Impulsfolgefrequenz bei 50 Hz lag. Dieses Vormuster für die späteren „Anti-Bumerang A"-Anlagen wurde im Spätherbst 1943 in der Stellung „Komet" bei Huckingen (südlich von Duisburg) in Stellung gebracht. Sobald der erste „Mosquito"-Anflug vom nahebei aufgestellten „Groß-Freya"-Gerät (75 MHz/*Oblt. John*) gemeldet war, wurde zunächst nur der Empfänger eingeschaltet und die Bordsendefrequenz (z. B. 234 MHz) ermittelt, wobei die charakteristischen Impulsfolgen deutlich empfangen wurden. Dann wurde der Störsender langsam über den Bereich 195–250 MHz durchgestimmt. Bis zum Empfang des Buchstaben „C" blieb der Empfang der Flugzeugsignale einwandfrei. Plötzlich, als der Störsender zum zweiten Male durchgestimmt wurde und gerade auf einer Frequenz von 224 MHz stand, sandte der Flugzeugsender auch die Störimpulse mit zurück. Daraufhin wurde der 50 Hz-Impulsgenerator abgeschaltet und der Empfängerausgang mit dem Modulationseingang des Störsenders durchverbunden. Es ergab sich dadurch eine „Rückkopplungsschleife" Störsender → Flugzeugempfänger → Flugzeugsender → FuMB-Empfänger → Störsender usf. Wie erwartet schaukelte sich so eine rasch anwachsende Zahl von Impulsen auf, die zu einem Leistungszusammenbruch des Bordsenders führte. Die Rückkopplung riß ab, um sehr schnell wieder erneut einzusetzen usf. Das Ergebnis war ein unkontrollierter Abwurf der Luftmine durch die „Mosquito", wobei erstere weit ab vom geplanten Ziel Edelstahlwerk Duisburg*) zu Boden kam. In gleicher Weise wurden auch die weiteren beobachteten Anflüge erfolgreich gestört [456]. Erst als am 7. Januar 1944 die erste „Mosquito" wegen Motorschadens notgelandet war, wurde nach einer Untersuchung der Bordgeräte auch amtlicherseits bestätigt, daß das „OBOE"-System mit 2 Frequenzen arbeitete. Eine daraufhin in 20 Stück bei der Fa. Lorenz bestellte Serienversion des „Anti-Bumerang A" kam erst ab Juni 1944 zum Einsatz, als es dafür in Deutschland zu spät war (vergl. weiter unten) [162].

*) aber sehr nahe der Stellung „Komet"

Es hat also vom ersten Einsatz im Dezember 1942 bis zur Erbeutung des ersten Bordgerätes im Januar 1944 gedauert, bis ein Verfahren von „oben“ als existent anerkannt wurde, das angeblich „technisch nicht möglich“ war. Dabei war aber bereits im Sommer 1942 (vollkommen unabhängig vom „Oboe“-Verfahren) an der Kanalküste das genau analog arbeitende deutsche „Erstling“-Verfahren und dann ab Oktober 1943 in Weiterführung das EGON-(*E*rstling-*G*emse-*O*ffensiv-*N*avigations-) Verfahren seitens der E-Stelle Rechlin eingeführt worden [265, 366]. Deren Funktionsweise war in Berlin sicher bekannt, samt den erzielten Reichweiten bis zu 300 km! Im Dezember 1943 sollen nach [101] ohne Kenntnis anderer FuMB-Stellen auch Versuche unternommen worden sein, die englischen Bodenstellen direkt vom Mont Couple aus zu stören. Ein Erfolg konnte nicht festgestellt werden.

Da die Behelfsanlagen an der Ruhr im Störeinsatz erfolgreich arbeiteten, ließen die Engländer ihr „Oboe I“-System zur Tarnung weiterlaufen und setzten bereits ab Januar 1944 das entsprechende „Oboe II“-System auf 9 cm Wellenlänge ein, das eigentlich erst bei der Invasion (im Juni) benutzt werden sollte. Da die alten Systeme weiterliefen, schenkte man prompt in Berlin den „Naxburg“-Meldungen über „Oboe“-Doppelimpulse im 9 cm-Bereich keinen Glauben. Dies geschah mit dem Vorwand, *Prof. Esau* habe bestätigt, daß eine Fernführung über 400 km auf Zentimeterwelle unmöglich sei. Die FuMB-Sonderstelle erhielt auch keinerlei Unterstützung bei ihren Forderungen nach einem CMW-Frequenzmesser oder gar nach einem CMW-Störsender, mit der Begründung, „sowas gebe es noch nicht“. Sie erstellte daher einen Störsender im Eigenbau. Nach einem Antrag von Minister Speer, der FuMB-Sonderstelle angesichts ihrer Erfolge den gesamten Warndienst an der Ruhr zu unterstellen, erfuhr *Gen. Martini* am 10. 6. 1944 nun erstmals von der Existenz und Tätigkeit der „Naxburg“-Geräte. Alle entsprechenden Meldungen und Eingaben waren im Schreibtisch des Berliner FuMB-Referenten als „unglaubwürdig“ abgelegt worden [162].

Hier ist noch anzumerken, daß die „Oboe II“-Einsätze an der Ruhr trotz Fehlens von Störsendern vor allem deshalb seltener wurden, weil das Verfahren (zusammen mit anderen) mit nahezu 100%igem Erfolg in Nordfrankreich gegen V1- und V2-Stellungen, Funkmeß- und Geschützstellungen an der Küste und andere Punktziele im Zeichen der Invasionsvorbereitungen eingesetzt wurde.

Ab Frühjahr 1944 wurden gegen das 9 cm-„Bumerang"-System (=„Oboe II") neue Anlagen „Anti-Bumerang B" entwickelt. Hierbei wurde der (ursprünglich bei Telefunken entwickelte) Störsender „Feuermolch" in Zusammenarbeit zwischen dem RPZ (*Wallor*) und der Fa. Lorenz (*Dr. Christ*) von den Röhren LD 6 auf LD 7 umgerüstet. Von den insgesamt 30 gebauten Anlagen kamen nur 7 ab Oktober 1944 zum Einsatz. Der Erfolg konnte nicht so durchschlagend wie bei „Oboe I" sein, weil die bessere Richtwirkung der Bordantennen für „Oboe II" die volle Störwirkung verhindert [456]. Meist waren je eine „Anti-Bumerang A"- und eine „Anti-Bumerang B"-Anlage in einem „Kurmark"-Stand vereinigt. Eine Täuschung durch falsche Impulsfolgen war an den Tastgeräten zwar vorgesehen, wurde aber anscheinend nie eingesetzt. Später gab man den Ball-Betrieb auf und ging zum Abfrage-Betrieb über mit fester 20 kHz-Modulation. Gegen Kriegsende wurde „Oboe II" in zunehmendem Maße auch bei Tage eingesetzt, da ein Einsatz deutscher Jäger gegen Einzelflugzeuge aus Spritmangel ausschied [82].

Störung von CMW-Rundsuchgeräten

Störeinsätze gegen *CMW-Radargeräte* (H2S = „Rotterdam") im 9 cm-Band an Bord von Flugzeugen waren sofort nach Erbeutung des ersten Gerätes gefordert worden. Der im Herbst 1943 entwickelte Störsender „Roderich" erwies sich jedoch bei Versuchsflügen als zu schwach, so daß er kaum eingesetzt wurde. Die Schwierigkeit, CMW-Radargeräte mit ihren stark bündelnden Antennen aus allen Richtungen zu stören, wurden für so groß erachtet, daß eine Konzentration der vorhandenen Störsender um die allerwichtigsten Objekte angeordnet wurde. Die Stellungen wurden so ausgewählt, daß sie günstig auf dem erwarteten Anflugweg lagen. Bei den Leuna-Werken kamen die Bomberpulks erfahrungsgemäß aus dem Norden, da dort bekannte (im „Rotter dam"-Gerät gut erkennbare) Wendepunkte lagen. 4 Stellungen wurden mit „Postklystron"- und „Roland"-Sendern mit Antennen von ca. 30° Diagrammbreite zur Bandstörung ausgerüstet. Die übrigen 4 Stellungen erhielten ebenfalls „Postklystron"-Sender, aber mit Antennen von 6° Diagrammbreite. Diese waren für Punktstörung mit den Hornantennen von „Korfu"-Empfängern zusammengebaut. Empfänger und Störsender wurden genau auf die „Rotterdam"-Frequenz eines erfaßten Flugzeugs abgestimmt und die Antennen in Maximumpeilung laufend den Flugzeugbewegungen nachgeführt. In diesem Falle konnte die Sichtanzeige des Bordgerätes bis zu einer Entfernung von 40 km total gestört werden. Bei größeren Entfernungen wurde wenigstens der Sektor gestört, in

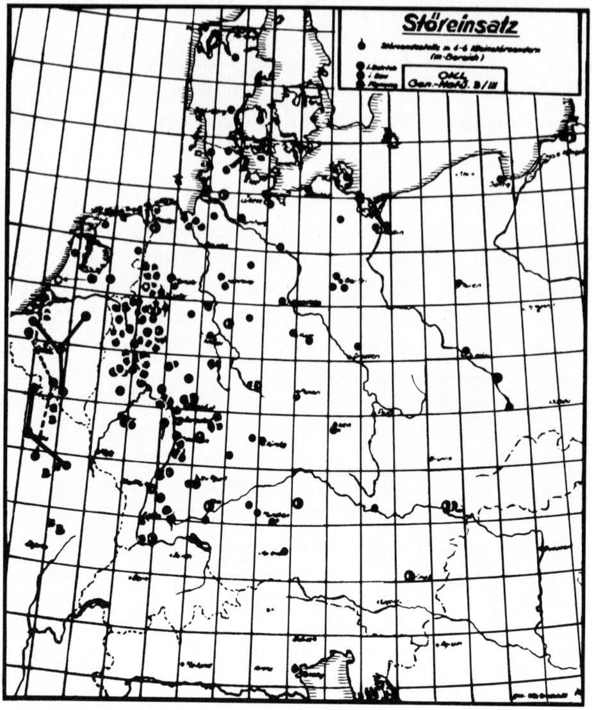

Einsatzkarte deutscher Störsender (ohne Norwegen) von Anfang 1945. In Nordfrankreich gegnerische Senderketten für „Hyperbel“, „Diskus“ und „Bumerang“ (B). (Original, leider verschwommen)

welchem der Störsender stand. Eine Störung der *CMW-Nachtjagdgeräte* wurde hingegen nicht versucht, da diese bestenfalls nur mit Flugzeugen durchgeführt werden konnte. Letztere wären aber im Zeichen der gegnerischen Luftüberlegenheit im Zielflug (im „Halbe“-Betrieb des Bordradars, vergl. [366]) von gegnerischen Nachtjägern angeflogen und abgeschossen worden. In FuMB-Küstenstellen der Kriegsmarine wurden jedoch noch „Roderich“- und gegf. auch „Roland M“-Störsender gegen gegnerische *CMW- Geräte an Bord von Kriegsschiffen* eingesetzt. Die *CMW- Rundsuchgeräte „H2X“* und „Meddo“ im 3 cm-Band konnten bis Kriegsende nicht gestört werden, da die in Entwicklung befindlichen Störsender „Roland 2“ usf. zu spät kamen.

Vortäuschung eines englischen Angriffs im Juni 1944

Auf deutscher Seite waren die Störaktionen mit Ausnahme der Unterstützung des Durchbruchs der Schiffe durch den Kanal und der Vorbereitung einer Invasion auf Malta meist nur Reaktionen auf die jeweiligen taktischen Situationen. Der Gegner ließ jedoch zur Vorbereitung der Invasion in der Normandie eine mehrjährige, nach strategischen Gesichtspunkten angelegte Abfolge von Stör- und Täuschungsaktionen abrollen [138, 251, 256, 398,

402]. Besonders interessant ist die Vortäuschung eines Angriffs auf die Kanalküste. Da diese Vorgänge kaum besser in konzentrierter Form darstellbar sind, wurde ihre Schilderung mit freundlicher Genehmigung des Verfassers *K. O. Hoffmann* aus seiner „Geschichte der Ln-Truppe“ [15] wörtlich übernommen:

„In dem von den Alliierten so bezeichneten „Neptun“-Abschnitt zwischen Fonteney sur Mer (Halbinsel Cotentin) und Orne-Mündung arbeiteten von 92 festgestellten Funkmeßgeräten (einschließlich Marine) kurz vor der Invasion nur 18. In den entscheidenden Stunden der Versammlung der Invasions-Luftwaffe, zwischen 1.00 und 4.00 Uhr, am 6. Juni 1944, arbeiteten nur noch neun Geräte. Im Abschnitt Le Havre-Barfleur wurde keine Station festgestellt, berichtete später *Air Chief Marshal* (General der Flieger) *Leigh-Mallory,* Oberbefehlshaber der Alliierten Expeditions-Luftwaffe, während der Invasion.

Neben den Funkmeßstellungen waren noch vier für die Funkaufklärung, -beobachtung und -störung usw. benutzte Funkdörfer auf dem Mont Couple bei Boulogne am 2. 6., Urville-Hague westlich Cherbourg, Au Fèvre bei Beaumont-Hague am 31. 5./1. 6. und Berneval-le-Grand, nordostwärts Dieppe am 2./3. 6. mit je fast 500 t und mehr Bomben belegt worden.

Wenn vor und während der Invasion die notwendige Netzstromversorgung bei den Anlagen der Luftnachrichtentrupps, als Folge von Bombardierungen, von Netzunterbrechungen und von akuter Brennstoffknappheit bei den zivilen Kraftwerken, oftmals ausfiel, waren die Luftwaffenanlagen auf ihre eigenen Netzersatzanlagen angewiesen. Diese Notstromaggregate, mit Benzin oder Diesel betrieben, hatten nur knapp bemessene Betriebsstoffvorräte, und so waren längere Totalausfalle der Funkmeßstellungen wegen fehlenden Stromes in vielen Fällen chronisch geworden. Der Betriebsstoffmangel beeinträchtigte ebenso oft die Beweglichkeit motorisierter Luftnachrichten-Formation und führte auf dem Rückzug zu zahlreichen Sprengungen von unbeweglich gewordenen Kraftfahrzeugen.

In der Nacht der Invasion 5./6. 6. wandten die Alliierten mehrere Methoden der Störung und Täuschung deutscher Funkmeßeinrichtungen zur Verschleierung der Großlandung an.

In Anwendung des rauschmodulierten Störsenders „Mandrel“ störten Flugzeuge, die im Raume südostwärts, südlich und südwestlich der Insel Wright kreisten, alle noch in Betrieb befindlichen „Freya"-Geräte der Luftwaffe und Marine („Seetakt") zwischen der Insel Guernsey und Le Havre.

Britische Stör- und Täuschungsmaßnahmen bei Beginn der Invasion (5./6. Juni 1944)

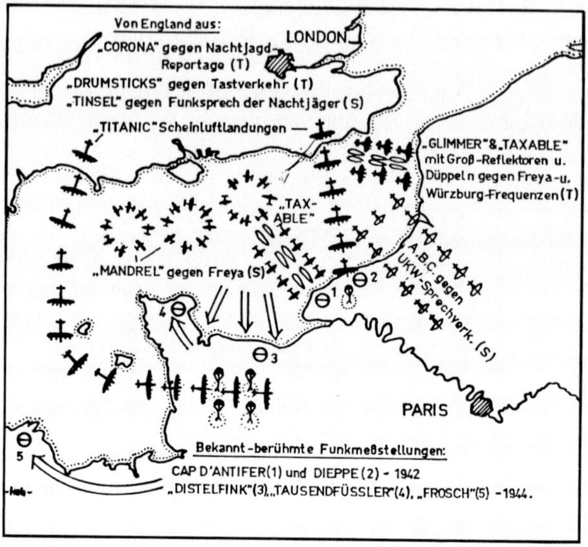

Lancaster-Bomber der vom Angriff auf die Talsperren in Westdeutschland bei der Operation „Chastice", am 16./17. Mai 1943, bekanntgewordenen 617. RAF-Staffel flogen in der Nacht zu „Overlord" (Deckname für Invasion) ihre eigene Teiloperation „Taxable" im Raume Cap d'Antifer. Andere Lancasters der 218. RAF-Staffel führten ihre Teiloperation „Glimmer" zwischen Boulogne und Dover aus. Zweck von „Taxable" und „Glimmer" war es, durch kreisende laufende Flüge knapp über der Wasseroberfläche, sich langsam von der britischen zur französischen Küste vorschiebend, eine Landung zwischen Le Havre und Calais vorzutäuschen. Bei diesen Flügen, die kurz nach der Abenddämmerung begannen und die ganze Nacht dauerten, warfen die Flugzeuge in bestimmten Abständen und aus befohlener Höhe Düppelbündel ab. Diese Düppelbündel erweckten den zusätzlichen Anschein, als ob sich ein starker Schiffsverband mit einer Geschwindigkeit von etwa 7 Knoten (etwa 13 km) auf die französische Kanalküste zu bewegte. Zu gleicher Zeit wurden die deutschen Funkmeßgeräte mittels Sendern leicht gestört, um die ganze Aktion echt erscheinen zu lassen.

Diese Scheinoperation hatte Erfolg und die Täuschung der Deutschen gelang nachhaltig. Von etwa 23.00 Uhr an, am 5. 6. 1944, hatten die deutschen Funkmeßstationen zwischen Cherbourg und Le Havre gemeldet, daß sie stark gestört würden. Zur gleichen Zeit meldeten die Stellungen zwischen Fécamp und Calais ungewöhnlich starke Schiffsbewegungen im Kanal. Diese und andere Meldungen veranlaßten die im Raum nordostwärts Caen in Richtung Calais eingesetzte 15. Armee, ihre Truppen zu alarmieren (23.00 Uhr). Eine Alarmierung der übrigen Front nach Westen wurde weder von der Heeresgruppe B (*Rommel*) noch vom Oberbefehlshaber West (*von Rundstedt*) befohlen.

Ein vierter Verband Lancaster der 1. Bomber Group störte indessen mit geräuschmodulierten Bord-Störsendern „Cigar" – oder „ABC-VHF" (Airborne Cigar – UKW) den Funksprechverkehr der im Raum zwischen Dieppe und Boulogne erwarteten Nachtjäger, die ggf. auf den Schwindel hereingefallen sein konnten. Um die Täuschung vollkommen zu machen, wurden Fallschirmpuppen, Gewehrfeuersimulatoren und Kanonenfeuer nachahmende Feuerwerkskörper bei Yvetot, etwa 50 km ostwärts Le Havre, abgeworfen.

Andere Luftlandekräfte flogen, über die Lyme-Bucht kommend, westlich an den Kanalinseln vorbei von Westen die Cotentin-Halbinsel an und warfen ihre Puppen und sonstige Täuschungsmittel in den Raum südlich des Küstenstreifens.

Beide Scheinluftmanöver führten die Bezeichnung „Titantic". Um die Menge der abgeworfenen Puppen größer erscheinen zu lassen, wurden zur Irreführung der Funkmeßgeräte noch Düppel im „Absprunggebiet" abgeworfen.

Die wahren Luftlandungen erfolgten im Raum Caen und bei Carentan" [15].

Weitere Angaben über die Lage und Tätigkeit der Luftnachrichtentruppe im Westen finden sich in Lit. [395].

3.2 Schutzmaßnahmen

Als Gegenmittel gegen natürliche Störungen (s. Kap. 3.1c) gab es damals nur die Verwendung scharf bündelnder Antennen, eine Erhöhung der Sendeleistung, die Wahl eines höheren Frequenzbereiches oder die Verminderung des Eigenrauschens des Empfängers (durch geeignete Konstruktion des HF-Teiles), sofern auch schwächste Nutzsignale erfaßt werden sollten. Bei starken Nutzsignalen genügte gegf. die Einstellung einer geringeren Empfängerempfindlichkeit, so daß nur noch das Nutzsignal „durchkam". Sehr reichhaltig war dagegen die Auswahl der Schutzmaßnahmen gegen unerwünschtes Abhören und gegen feindliche Störmaßnahmen.

a) Schutzmaßnahmen für Nachrichtensendungen
Wie bereits angedeutet, lassen sich nur wenige Maßnahmen eindeutig zu Stör-, Täuschungs- oder Schutzmaßnahmen zuordnen, da es oft nur eine Frage des Standpunktes ist, aus dem die Dinge betrachtet werden. Da etwa gleichzeitig mit diesem Buch eine ausführliche Behandlung der Täuschungs- und Schutzmaßnahmen bei der Kriegsmarine erscheinen wird [396], sollen hier nur die wichtigsten Punkte kurz angesprochen werden: Zum *Schutz von Nachrichtensendungen* muß vor allem eine strenge Funkdisziplin eingehalten werden mit möglichst nur einseitigen Sendungen auf planmäßig wechselnden Frequenzen von (dem Gegner bekannten) festen Funkstellen aus und mit totaler Funkstille beweglicher Einheiten, welche die Funkstille nur in Sonderfällen (Feindberührung etc.) durchbrechen dürfen. Alle Sprüche müssen sicher verschlüsselt und möglichst kurz sein, desgl. sollten möglichst störsichere Modulations- bzw. Kurzzeitübertragungsverfahren angewendet werden. Bei der Kriegsmarine wurden durch die Auswahl geeigneter Frequenzen und häufige Wiederholung der Funksprüche durch Landstationen sichergestellt, daß alle schwimmenden Einheiten auch in fernen Seegebieten die Sprüche mindestens 1x aufnehmen konnten, so daß auf eine Bestätigung normalerweise verzichtet werden konnte. Ein erfolgreicher Ansatz eines U-Boot-Rudels auf einen gesuchten Geleitzug erforderte aber, daß die erste Sichtung mit Standort durch ein Kurzsignal auf KW gemeldet wurde und daß auch auf LW Peilsignale für die Zielfahrt anderer Boote gesendet wurden. Dies waren natürlich Gefahrenpunkte, da später (1943/44) ein Funkspruch von bis zu 30 gegnerischen Peilstationen gleichzeitig erfaßt wurde. Die Frage der Entzifferung der mit den deutschen „Enigma"-Schlüsselmaschinen kodierten Funksprüche und Kurzsignale durch den Gegner wird ausführlich in [393, 402] behandelt.

Um bei der Aufnahme von Telegraphie-Funksprüchen beabsichtigten und auch unbeabsichtigten Störungen ausweichen zu können, gab es verschiedene Hilfsmittel, die einzeln oder alle zusammen (soweit vorhanden) anwendbar waren. So wurde mit möglichst kleiner Bandbreite gearbeitet, durch Einstellung von Regelung, Empfindlichkeit und Verstärkung, durch geringes Verdrehen der Abstimmung und entsprechende Einstellung des Telegrafie-Überlagerers und durch Einschaltung eines Tonsiebes (Resonanzkreis für 1000 Hz) versucht, ein

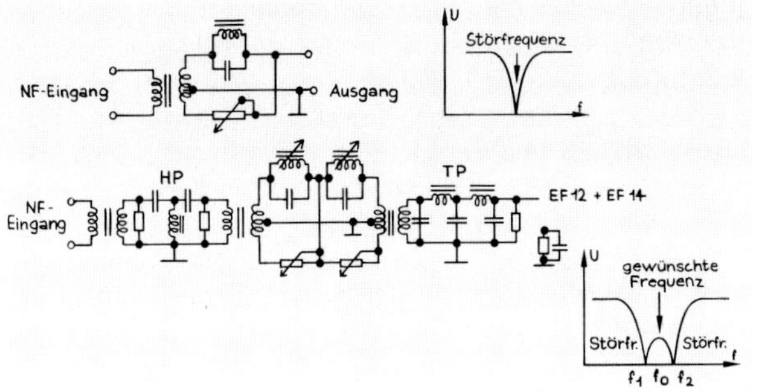

Störunterdrückungszusatz „Meerschweinchen„

möglichst günstiges Verhältnis von Nutz- zu Störsignal zu erreichen. Um bei normalen Betriebsempfängern, die fast ausschließlich an ungerichteten Antennen betrieben wurden, auch bei Anwesenheit sehr starker Störsignale einen Morseempfang zu gewährleisten, entwickelte das NVK (Abt. P) im Jahre 1944 einen *Störunterdrückungs-Zusatz „Meerschweinchen“*, der zwischen Empfängerausgang und Kopfhörer geschaltet wurde. Er bestand aus einem Tiefpaßfilter am Eingang (zur Unterdrückung von Netzbrummen), einem Brückenfilter mit Ein- und Ausgangstransformator und 2 in Serie geschalteten Abstimmkreisen bzw. Regelwiderständen, einem Tiefpaß zur Unterdrückung hoher Störtöne und einem zweistufigen NF-Verstärker (mit den Röhren EF 12 und EF 14). Wenn die Abstimmkreise auf Störer ober- und unterhalb der gewünschten Tonfrequenz abgestimmt und die Regelwiderstände so eingestellt waren, daß ihr Wirkwiderstand jeweils gleich dem Resonanzwiderstand des zugeordneten Kreises war, konnten bereits für Abweichungen von ±25 Hz von der Nutzfrequenz Abschwächungen der Störer von etwa 100:1 erzielt werden. Die DEBEG erstellte noch ein Mustergerät, die angelaufene Massenfertigung kam jedoch nicht mehr wie beabsichtigt auf den U-Booten zum Einsatz [177].

Feste Horchstellen waren meist mit großen Kreuzrahmen- oder Adcockantennen ausgerüstet und hatten neben dem höheren Antennengewinn den Vorteil wenigstens einen Störer in das Empfangsminimum legen zu können. Diese Anlagen und auch das nur dort anwendbare „Störsender-Entkopplungsgerät = Kardioiden-Zusatzgerät“ des NVK wurden bereits im Band über Peilanlagen [414] behandelt.

Als Ergänzung zu den (bereits in [265] besprochenen) *Kommando-Übertragungsverfahren* der Luftwaffe müssen hier noch 2 entsprechende Geräte der Kriegsmarine erwähnt werden. Das zuerst erprobte Verfahren *„ZUEMA“* (*Z*eichen-*Ue*bertragung *Ma*rine) der Fa. Zeiss Ikon verwendete 2 NF-Oszillatoren, deren Frequenzen durch Zuschaltung von Kondensatoren in Schritten zu je 3⅓ Hz verändert werden konnte. Die zugeordneten Schalter trugen die Bezeichnungen „A“ bis „N“ bzw. „1“ bis „12“, wobei z. B. die Einstellung „B 4“ eine bestimmte Nachricht bedeutete. Beide NF-Frequenzen wurden gleichzeitig 0,5 Sekunden lang über den Sender abgestrahlt. Im Empfänger wurde ein Alarm ausgelöst und eine Registriervorrichtung eingeschaltet. Beide Tonfrequenzen wurden nach Verstärkung und Amplitudenbegrenzung an Meßbrücken geleitet, deren Ausgangsspannungen nach Gleichrichtung an die vertikalen bzw. horizontalen Ablenkplatten einer Braunschen Röhre gegeben wurden. Hier erschien das Signal „B 4“ als Lichtpunkt auf dem Kreuzungspunkt der Skalenlinien „B“ und „4“. Diese Anzeige wurde zusammen mit Eichsignalen auf Fotopapier übertragen und dann ausgewertet.

Das Verfahren wurde 1943 ersetzt durch den *„Marine-Kurier“.* Mit Rücksicht auf die Raumwellenübertragung war als Übertragungszeit für eine Folge von 7 Morsebuchstaben etwa 0,4 Sekunden festgelegt. Der Geber besaß eine drehbare Spule. Sie wurde durch einen Synchronmotor an einer Reihe in Kreisform angeordneter Metallstäbe vorbeigedreht, welche das Auslösesignal = 250 Hz erzeugten, und an einer Reihe weiterer einschiebbarer Stäbe, mit denen Morsebuchstaben dargestellt werden konnten (1 Stab = Punkt, 2 Stäbe = Strich, 1 gezogener Stab = Zeichenabstand, 2 gezogene Stäbe = Buchstabenabstand). Der Umlauf dauerte 0,43 Sekunden und wurde nicht wiederholt! Die Empfangsstation befand sich bis 1944 in Bernau bei Berlin, danach in Sengwarden bei Wilhelmshaven. Sie war eingerichtet für Dreifach-Diversity-Empfang mit 3 Breitbandantennen und 3 Empfängern CR 101 (Bandbreite 12 kHz) mit je einer Anzeigeröhre mit vertikaler Ablenkung ohne Zeitbasis. Ein Empfangszusatz entsperrte die Röhren erst nach Eintreffen des 250 Hz-Auslösesignals für ca. eine halbe Sekunde und bewegte jeweils eine Rolle mit Fotopapier an den Bildschirmen vorbei. Die Auswertung erfolgte nach Entwicklung der mit Morsezeichen belichteten Papiere. Es wurde auch Kreisablenkung mit Blauschriftröhren („Blaustrumpf“) und Superposition der 3 Anzeigen versucht. Die erforderliche Frequenzgenauigkeit der Bordsender lag bei 1 kHz, die Übertragungssicherheit war nicht kleiner wie bei normalen Sendungen. Die Geber sollen bei Kriegsende in einer großen Zahl von U-Booten installiert gewesen sein [177].

Zu den *Schutz- oder Tarn-Maßnahmen für Nachrichtenanlagen* gehören u. a. auch die Verwendung unauffälliger *Erdantennen* (auf dem Erdboden isoliert oder in niedriger Höhe verspannte Antennen) an Land. Zu den analogen Maßnahmen bei der Marine zählten die Anwendung der *Längstwellen,* die vom U-Boot bei Schnorchelfahrt bzw. in geringer Wassertiefe empfangen werden konnten, die Versuche mit an der Wasseroberfläche schwimmenden Antennen *„Aal"* (Antennendraht in Styropor) bzw. *„Otter"* (mit fahrtabhängigem dynamischem Auftrieb), die über ein 250 m langes HF-Kabel vom U-Boot in 60 m Tiefe gespeist wurden. Die *„Kellerotter"* war eine in 5 m Tiefe schwimmende Antenne für Längstwellenempfang. Die *„Sehrohrantenne"* (mit Schleifenerregung des Sehrohres) war bei Schnorchelfahrt für KW-Sendung und -Empfang verwendbar, wurde jedoch ersetzt durch eine ausfahrbare Stabantenne. Der *„Hering"* war eine automatische (Not-)Sendeboje (L = 70 cm, ∅ = 25 cm), die unter dem Kiel mitgeführt werden sollte. Nach dem Abkoppeln stieg sie auf, eine Explosivladung fuhr eine 3 m-Teleskopantenne aus und der eingebaute 70 W-Sender (Bereich 6–15 MHz, Batteriebetrieb mit Zerhacker) strahlte ein (aus bis zu 17 Morsebuchstaben bestehendes) Signal ab, das an einer angetriebenen Zeichenwalze voreingestellt war. Nach weiteren 5 Minuten zerstörte sich das Gerät durch eine Sprengladung selbst. Die Entwicklung wurde bei der DEBEG durchgeführt. [110, 177, 355].

Die sog. *„Peil-Erschwerungsverfahren"* dienten dazu, daß der Gegner erfaßte Nachrichtensendungen nicht (genau) peilen konnte. Der Gleichwellenbetrieb bei Rundfunksendern wurde bereits besprochen. Die Engländer hatten zur Unbrauchbarmachung unserer LW-Funkfeuer für Luftwaffe und Marine ab Sommer 1940 sog. „Meacons" (*Masking Beacons*) in Betrieb genommen. Jedem der 12 (aus einer Zahl von 80) jeweils in Betrieb befindlichen Funkfeuer war in England ein Empfänger mit Richtantenne und ein Sender zugeteilt. Die vom Empfänger aufgenommene Tastung des Funkfeuers wurde nun zur Tastung des auf exakt derselben Welle arbeitenden Senders benutzt. Da dieser in der Diagramm-Nullstelle des Empfängers lag, konnten sich beide nicht gegenseitig beeinflussen. So entstand zwischen dem „Meacon" und dem Funkfeuer eine Verwirrungszone, die vielen deutschen Flugzeugen zum Verhängnis wurde. Über England waren nur die „Meacons" peilbar und konnten dann für deutsche Funkfeuer gehalten werden (s. Beispiel in [265]). Das gleiche Verfahren wurde angewendet, wenn deutsche Flugzeuge über England Peilzeichen gaben. Die Folge war hier, daß die von den deutschen Stationen am Festland ermittelten Peilstandlinien jeweils in die Mitte zwischen Meacon und Flugzeug zeigten und so vollkommen falsche Standorte ermittelt und an die Flugzeuge durchgegeben wurden. Auch die LW-Fächerfunkfeuer „Elektra“ bzw „Sonne“ [265] wurden auf diese Weise gestört [138, 239, 251, 256]. Das gleiche Prinzip benutzte ab 1942/43 die Peilverhinderungsanlage *„Kleeblatt“* der Luftwaffe (bestehend aus Adcock-Peiler und handabgestimmtem Sender im Süden von Dünkirchen), deren Aufgabe es u. a. war, eine Anpeilung der Flugzeuge zu verhindern, die auf dem Atlantik oder über der Nordsee Aufklärungs- oder Wettermeldungen absetzten. Auch die Kriegsmarine erprobte ein derartiges Verfahren mit der Bezeichnung *„Lissa“*. Hier wurde von einem abseitsstehenden Schiff die Meldung eines anderen Schiffes mit Hilfe eines Rahmenpeilers und des Bordsenders synchron abgestrahlt. Es gab auch eine Versuchsanlage in Kellenhusen (Dänemark) mit Adcock-Peiler und trägergesteuertem Sender. Mindestens hier soll die HF des Empfängers direkt verstärkt (ohne zwischengeschaltete Demodulation und erneute Modulation bzw. Tastung) zur Ansteuerung der Senderendstufe verwendet worden sein, so daß hier ein echter Gleichwellenbetrieb (mit konstanter HF-Phasenlage) vorlag [355, 364]. Für den späteren Betrieb wäre es hier zweckmäßig gewesen, den Funkbetrieb als A0/A2-Sendung (durchlaufender Träger mit getasteter Tonfrequenz) durchzuführen, um eine Auswertung nach der Laufzeit wie beim Impulspeiler (s. Kap. 2.5 in [414]) mindestens zu erschweren [392].

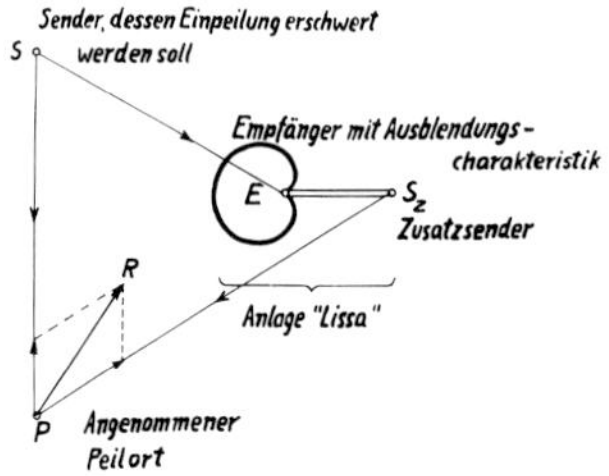

Prinzip des Peilerschwerungsverfahrens „Lissa“

b) Schutzmaßnahmen auf dem Funkmeßgebiet.
Zum direkten *Sichtschutz von Funkmeßanlagen* wurden bei der Marine zur Unkenntlichmachung der FuMO-Antennen auf Schiffen zuerst Segeltuchverkleidungen, später aus Isoliermaterial gefertigte Gitterbespannungen verwendet, die auch im Einsatz nicht entfernt werden mußten, trotzdem aber die Anzahl und Länge der Dipole (Betriebsfrequenz!) verdeckten. Bei kleinen Landstationen wurde die Antenne in den Betriebspausen umgelegt oder hinter den Ringwall abgesenkt. Bei Großanlagen wurden vereinzelt auf der Rückseite Tarnnetze gespannt, damit sich das FuMG nicht zu stark gegen den Himmel abhob. Bei der Luftwaffe verfuhr man bei den „Freya“-Geräten ebenso, kleine „Würzburg“-Geräte wurden mit Tarnnetzen abgedeckt, bis Alarm kam. Große Antennen (wie „W.-Riese“, „Wassermann“ etc.) konnten nicht getarnt werden, aber auch sie waren aus der Luft nur bei sehr schräg einfallender Sonne auffällig bzw. identifizierbar. Nach dem Handstreich von Bruneval wurden jedoch alle FuMG-Stellungen festungsartig ausgebaut, so daß sie nun zur Freude der englischen Aufklärer von weitem

erkennbar waren [247]. Dieser Ausbau mit Stacheldraht, Laufgräben, Bunkern etc. zog also einerseits die Luftaufklärung mit nachfolgenden Jabo-Angriffen und Zerstörung der wertvollen Geräte auf sich. Andererseits haben aber bei der Invasion einzelne Funkmeßstellungen weit überlegene feindliche Kräfte in heldenhaftem Einsatz gebunden und tagelang ohne jegliche Unterstützung aufgehalten. Aber selbst die wenigen, bei der Invasion noch einsatzfähigen Funkmeßstellungen, konnten bei einem direkten Angriff keinen Funkmeßbetrieb mehr durchführen. Ohne den Verdienst der Besatzungen schmälern zu wollen, ist es daher eine Frage, ob derartige Objekte die geeigneten Punkte für Befestigungen sind, die einen Gegner aufhalten sollen. Kommandounternehmungen zur Ausschaltung von Funkmeßstellungen oder zur Erkundung der verwendeten Geräte sind vielleicht 2 oder 3x, aber nicht öfter wiederholbar. Gute Tarnung wäre auch hier die wichtigste Voraussetzung für eine Einsatzbereitschaft zum benötigten Zeitpunkt gewesen.

Notdürftig getarntes Funkmeßgerät „See-Riese" auf einer flachen Insel (Norwegen)

Um die *Signale eigener Funkmeßgeräte* für den Gegner schwerer erfaßbar zu machen, war auch hier die Beachtung der Funkdisziplin und der festgelegten Regeln für den Funkmeßeinsatz oberstes Gebot (vergl. Ortungsvorschrift = OV) der Kriegsmarine [19, 271]). So wurde z. B. oft der *periodische Kurzbetrieb* angewendet, wobei das Gerät nur von Zeit zu Zeit eingeschaltet wurde, um je 1x den benötigten Sektor (oder Vollkreis) abzusuchen. Bei zu erwartenden Seezielen konnten die Pausen natürlich länger gemacht werden wie bei Luftzielen mit ihrer schnellen Ortsveränderung. Bei der Luftwaffe war bereits im Dezember 1942 die Forderung nach einer *Kurzzeitmessung* der „Freya"-Geräte aufgeworfen worden, um die Erfassung der Geräte durch in den Bomberpulks mitfliegende Flugzeuge mit nachfolgendem Störsendereinsatz zu erschweren. Derartige Zusatzgeräte wurden erst ab Mitte 1944 geliefert. Sie ließen jeweils nur eine Folge von 10 Impulsen durch, worauf eine zwischen 2 und 22 Sekunden einstellbare Pause erfolgte [101]. Das NVK berichtete in einer AGR-Sitzung (vom 25.10.44) über Versuche mit geringen Impulsfolgen bzw. *Einzelimpulsen.* Hier hatte sich ergeben, daß bei Absinken der Tastfrequenz unter etwa 300 Hz die Echoamplitude zur Erhaltung der Erkennbarkeit stark zunehmen muß. So ergaben z.B. der Sender „Gisela" mit 100 kW/500 Hz die gleiche Reichweite wie der Sender „Grete" mit 400 kW/50 Hz. Bei Verwendung von Einzelimpulsen (1x oder 2x kurz hintereinander) ging die erzielbare Reichweite beträchtlich zurück (bei konstanter Senderleistung), die Signale waren dafür aber praktisch nicht mehr erfaßbar vom Gegner:

Reichweitenverlust bei	Seeziel	Luftziel
Einzelimpuls	30%	50%
2 Impulse nacheinander	25%	35%

Bei diesen Versuchen wurden übrigens auch Nachleuchtröhren und Speichergeräte (nach *Dr. Krawinkel*) eingesetzt [282].

Bekannt waren außerdem Verfahren zur Kennzeichnung der eigenen Impulse durch Amplitudentastung oder Tastung der Impulsphase, um sie im Störungsfalle besser erkennen zu können. Diese Methoden wurden aber hauptsächlich nur zur Nachrichtenübermittlung (Kommando-Übertragungsverfahren [265]) und bei Impulsnavigationsverfahren angewendet.

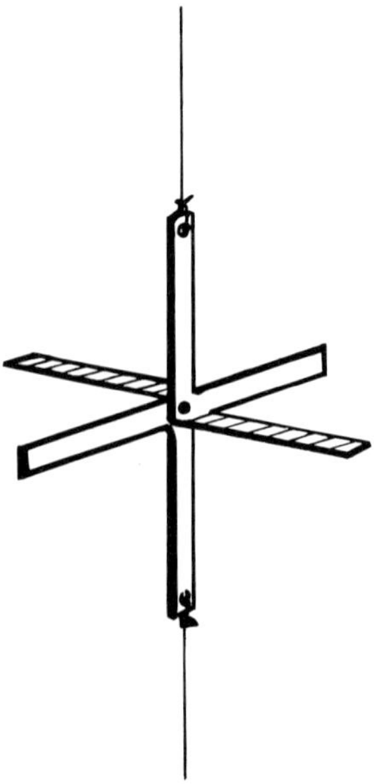

Raumkreuz-Reflektor aus 2 abgewinkelten und zusammengenieteten T-Stücken

Zur elektrischen *Tarnung eines Geländes* gegen CMW-Radar-Rundsichtgeräte wurden in einer Aktion *„Triberg"* verschiedene Verfahren untersucht. Am wirksamsten wäre hier natürlich ein *aktives Ballverfahren* mit Impulsverbreiterung durch Spiegelung der zurückgesendeten Impulse im Gelände auf dem Rückweg zwischen Ballgerät und Rundsichtgerät, wie in einer AGR-Sitzung vom 25. 10. 44 vorgeschlagen wurde. Um alle dunklen Stellen (Flüsse, Seen, etc.) der Anzeige bei Flügen über Land zuzudecken, hätten jedoch zur Tarnung eines Geländes von 100 km x 100 km z.B. 4 Türme von je 70 m Höhe mit jeweils 60 Ballanlagen (mit je 10 kW Leistung bei etwa 20 Hz Tastfrequenz) installiert werden müssen. Man verwendete daher fast ausschließlich *passive Reflektoren* aus Metall oder Metallfolie. Im Jahre 1943 untersuchte man zuerst Düppelwolken, die als Schleier zwischen das Flugzeug mit Rundsuchgerät und den Boden gelegt wurden. Der Aufwand stand hier in keinem Verhältnis zum Erfolg. Als 2. Schritt untersuchte man „Raumkreuze"

Tripelspiegel auf dem Wasser und an Land. Rechts „Rotterdam"-Anzeige mit dem durch Tripelspiegel getarnten Müggelsee (90°-Spiegel gibt volle Reflexion, 60°-Spiegel ergeben eine Aufhellung)

(gekreuzte Dipole von je 4,5 cm Länge aus Aluminiumblech). Zur Tarnung von Seen und Flüssen wurden auf Flößen vertikale Stangen angebracht, in deren Verstrebungsschnüren jeweils mehrere 100 Raumkreuze befestigt wurden. Mehrere in etwa 150 m Abstand aufgestellte Flöße dieser Art erzeugten auf der Radaranzeige einen großen weißen Fleck, unabhängig von der Anflugrichtung. Diese Flöße bewährten sich jedoch wegen ihrer mechanischen Empfindlichkeit nicht. Daraufhin erprobte man Tripelspiegel aus Blechplatten, die auf Flößen oder auch an Land aufgestellt wurden. Da das Reflexionsdiagramm von Winkelspiegeln leider keine Kugelgestalt, sondern einzelne Keulen mit Nebenzipfeln aufweist, konnte z. B. der bis auf einen schmalen Streifen getarnte Müggelsee bei Berlin noch in seiner ganzen Form erkannt werden, wenn das Rundsuchgerät auf geringere Empfindlichkeit eingestellt wurde. Das gezeigte Bild täuscht eine ideale Tarnung nur durch Einstellung einer etwas zu hohen Geräteempfindlichkeit vor [253, 282].

Im Gegensatz zur Tarnung an Land (mit Reflektoren zur Aufhellung wenig reflektierender Stellen) mußte zur *Tarnung auf See* umgekehrt verfahren werden, da hier Schiffe die einzigen gut reflektierenden Punkte (abgesehen von Küstenlinien etc.) sind. Zur Tarnung von U-Booten wurden daher absorbierende und streuende (wegspiegelnde) Materialien mit der Deckbezeichnung *„Schornsteinfeger"* (unter der Oberleitung des NVK/*Dr. Kühnhold*) entwickelt. Für Frequenzen oberhalb von 180 MHz versuchte die Firma Telefunken (*Dr. Rothe* u. a.) eine „Schwarzfärbung" (Absorption der Wellen) durch *Dipolgitter;* hierbei wurden um den Turm Dipole angebracht, von denen je 2 durch 100 Ohm-Widerstände miteinander verbunden waren. Das NEK (*Dr. Bachem*) erprobte an je 2 U-Booten ein schmal- und ein breitbandiges *„Bachem-Netz = Netzhemd".* Dies waren Netzwerke von 120 bzw. 377 Ohm-Widerständen in $\lambda/4$ Abstand vom Turm, die in eine Schaumstoffschicht eingebettet werden

Mit „Schornsteinfeger" getarnter Schnorchel eines U-Bootes Typ XXI

sollten. Die Rückstrahlung ging teilweise bis auf 5% derjenigen eines ungeschützten Turmes zurück. Beide Verfahren waren jedoch aus Gründen der Seefestigkeit und der Beschränkung auf relativ schmale Frequenzbereiche (ca. ±10 bis 15%) nicht einsetzbar.

U-Boot-Turm mit „Netzhemd", rechts Detailaufnahme

Für den CMW-Bereich wurden Absorptionsschichten („Sümpfe"), Streuschichten und kombinierte Schichten erprobt, wobei u. a. auch die Firmen Telefunken, AEG, I. G. Farben u. a. mehr beteiligt waren. Hier die wichtigsten Angaben in Stichworten:

„Dielektrischer Sumpf": Absorptionsschicht, Dielektrizitätskonstante (ε) von außen nach innen exponentiell steigend, Dicke ca. 1–2λ,

„Leitwert-Sumpf": dto., Leitfähigkeit von außen nach innen steigend durch Kohlenstoffbeimengung (auch 10 Schaumschichten mit zwischengeklebten leitfähigen Papierschichten),

„Magnetischer Sumpf": dto., Permeabilität (μ) nach innen steigend durch Beimengung von HF-Eisenpulver,

„Düppel-Sumpf": Schicht aus „sauerkrautartig" in Schaumstoff eingebetteten Düppeln; sogar Seetang anstelle der Düppel gab gute Ergebnisse, Wirkungsweise nicht ganz geklärt,

„Interferenz-Sumpf": Aus einer sog. „Dällenbach-Schicht" entwickelte Tarnmatte (nach *Dr. Wäsch*) mit Zusätzen von Karbonyl-Eisen und mit „phasendrehendem Untergrund".

„Streuschicht“: Blasen-, wellen- oder pyramidenförmige Oberfläche, welche ankommende Wellen wegspiegelt,

„Kombinierte Schicht“: Absorptionsschicht mit schuppenartig eingesetzten Metallplatten für zusätzlichen Streueffekt,

„Abweisende Tarnung“: Verkleidung des Schiffes mit Metallnetzen (nach *v. Wieser*) bzw. Formgebung von Schiff und Aufbauten (nach *Dechend*) mit parabolischen Flächen, die von Radarstrahlen in schrägem Winkel getroffen werden und diese daher nach oben oder unten wegspiegeln.

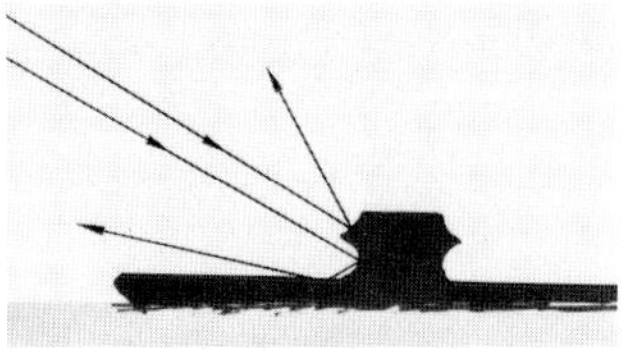

Streuung von Radarstrahlen durch parabolische Flächen (bzw. Drahtnetze)

Einzelne dieser Schichten und auch die abweisende Tarnung kamen noch zur Erprobung. Als erstrebenswertes Ideal wurde eine Schicht angesehen, bei der $\varepsilon = \mu$ und $\text{tg}\,\delta_\varepsilon = \text{tg}\,\delta_\mu$ sein sollte [177, 268, 355, 396, 397, 442].

Als Kuriosum muß noch der Versuch genannt werden, Metallplatten, Rohre oder sogar U-Boot-Türme etc. *für elektrische Wellen durchlässig* zu machen. Durch achsparallele Anbringung von mit einander verbundenen Dipolen auf Vorder- und Rückseite bzw. Außen- und Innenseite erfolgt ein „Hindurchreichen“ der Wellenfront, allerdings nur auf der Resonanzfrequenz der Dipole. Diese Entwicklung wurde bei der DMW durchgeführt, war jedoch in der Praxis nicht anwendbar [403].

Scheinziele wurden vor allem dann angewendet, wenn man vom Gegner entdeckt war und nun die Abwehr ablenken oder zersplittern wollte. Die bekannteste Art von Scheinzielen waren *Schein-Fabriken und Scheinflughäfen* etc., die von beiden Seiten erfolgreich eingesetzt wurden, wobei (nachts) vorbereitete Brände und „versehentlich“ eingeschaltete Lichter etc., die Aufmerksamkeit der Bomberbesatzungen erweckten. Es war dann nur eine Frage der Erfahrung und der Navigationsgenauigkeit einer Besatzung, ob sie die Täuschung erkannte oder nicht. Angeblich wurde einmal ein englischer Scheinflughafen am Tage von einem einsamen deutschen Flugzeug mit einer Holz- oder Zement-Übungsbombe „beehrt“.

Aktive Scheinziele in Form von Tarnsendern wurden bereits angesprochen. Die verbreitetste Art von *passiven Scheinzielen* gegen Funkmeßgeräte waren die sog. „Düppel“.

Reflektoren von halber Wellenlänge waren im Antennenbau seit langem bekannt und auch ausgiebig in Verwendung, desgleichen auch Einzeldipole als „künst-

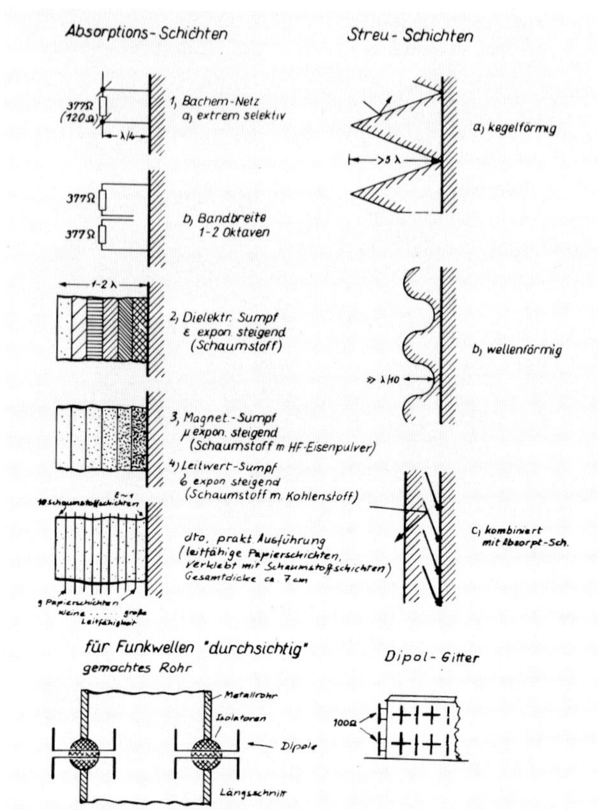

Scheinziel = „Fabrikanlage“

liche Ziele“. Der Gedanke ihrer Verwendung zu Täuschungszwecken und zur Tarnung eigener Flugzeuge lag also nicht ferne. Entsprechende Versuche der E-Stelle *Rechlin* (*Stüber, Schulze* [263, 286] mit Blechstreifen und dann mit Aluminiumfolien, *„Düppel“* genannt, ergaben, daß eine solche Störmaßnahme außerordentlich wirksam

In einigem Abstand neben einem „See-Riesen“ aufgestellte Scheinanlage

war und daß praktisch noch kein Gegenmittel direkt verfügbar war. Ein erster Einsatz von deutscher Seite erschien besonders auch im Hinblick auf die verlorene Luftüberlegenheit nicht vertretbar. Göring ordnete daraufhin als oberster Befehlshaber der Luftwaffe sofort die strengste Geheimhaltung auch gegenüber der eigenen Truppe an, um dem Gegner möglichst keine Hinweise zukommen zu lassen. Die angedrohten strengen Strafen wirkten sich jedoch unglückseligerweise so aus, daß es niemand wagte an eventuellen Gegenmaßnahmen zu

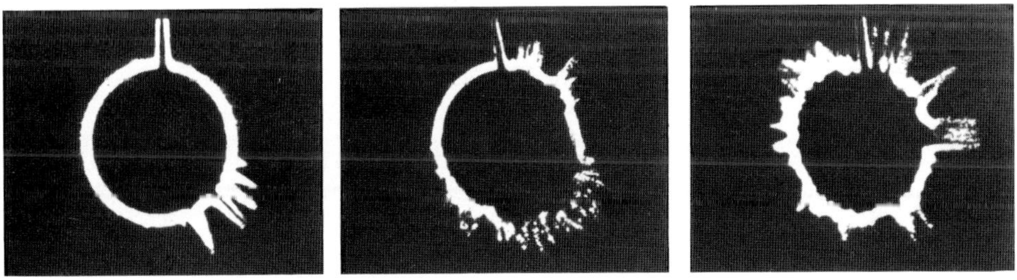

Übersichtsanzeige des „Würzburg“-Gerätes ohne (links) und mit „Düppel“-Störung (Mitte und rechts)

arbeiten, solange sie nur irgendwie mit dem Wort „Düppel“ in Verbindung zu bringen waren. Die Folge davon war, daß der (auch jenseits des Kanals lange hinausgezögerte) Einsatz der Düppel (engl. „Window“ bzw. „Chaff“) die deutsche Funkmeßtechnik fast völlig unvorbereitet traf. Bei einem Nachtangriff auf Hamburg in der Nacht vom 24. zum 25. Juli 1943 setzten die Engländer zum ersten Mal und in großen Mengen Störfolien ein. Bei deren Abwurf (92 Millionen Stück!) bildeten sich riesige reflektierende Wolken, in denen die Flugzeuge für die Funkmeßgeräte nicht mehr erkennbar waren. Da keine

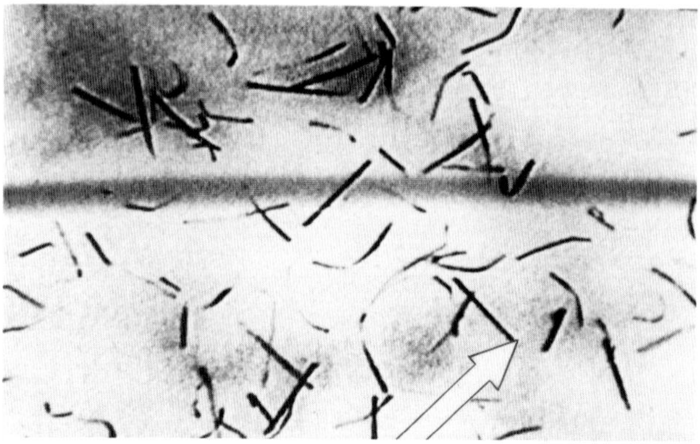

Fallende „Düppel“-Streifen

gezielte Abwehr mehr möglich war, führte das zu den bekannten katastrophalen Folgen für die Stadt. Die „blind“ gewordene Flak erreichte mit 50000 Schuß nur

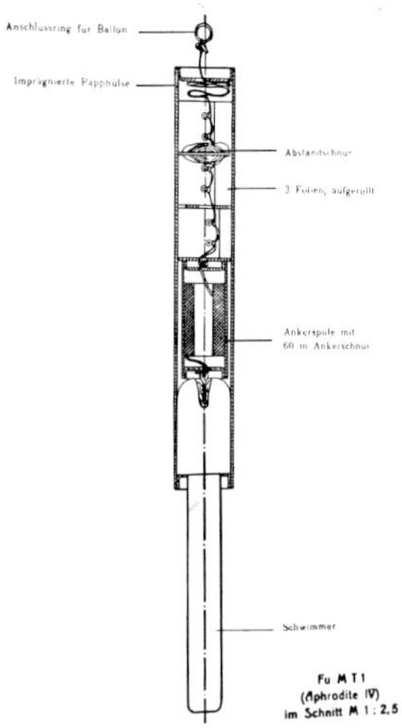

Scheinziel FuMT 1 „Aphrodite IV“

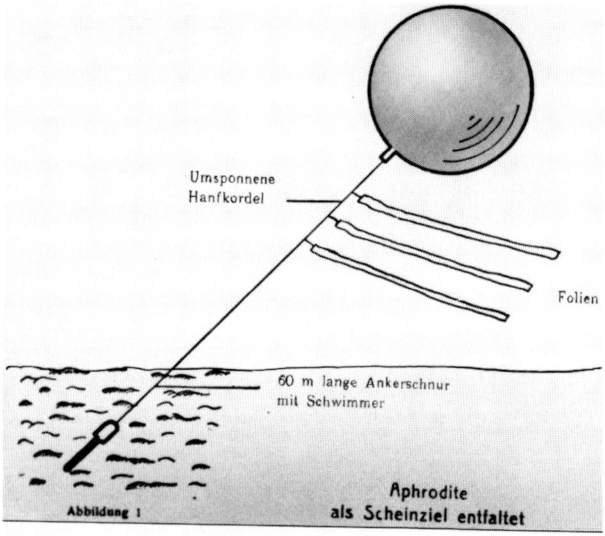

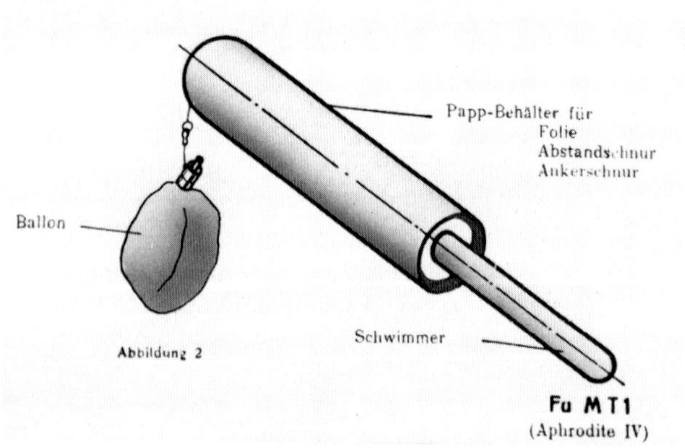

3 Zufallserfolge [236]! Da damals nur „Düppel“ für die Wellenlängen der „Würzburg“-Geräte der Flak und der „Lichtenstein B/C“-Geräte an Bord der Nachtjäger zur Verfügung standen, wurden die „Freya“-Geräte der Flum durch Störsender an Bord der Bomber geblendet. Mit dieser kombinierten Aktion war der „totale Krieg“ auch auf dem Funkgebiet ausgebrochen. Ab Ende 1943 wurden dann auch deutscherseits bei Einsätzen von Kampfflugzeugen über England „Düppel“ eingesetzt. Da die Zahl dieser Angriffe und ebenso die Zuladefähigkeit der deutschen zweimotorigen Kampfflugzeuge sehr begrenzt war, war die verwendete Düppelmenge und auch ihre Wirksamkeit nicht sehr hoch, zumal die Vielzahl der englischen Ortungsfrequenzen die Mitnahme ebenso vieler Düppellängen erforderte.

FuMT 2 „Thetis IIc“

Besonderes Gewicht wurde den Scheinzielen bei der Kriegsmarine beigemessen, wo sie für alle Arten der Ortung (d. h. also auch für Infrarot- und Unterwasserschallortung) entwickelt wurden. Bei den gegen Radargeräte eingesetzten sog. *Funkmeß-Täuschungsgeräten (FuMT)* unterschied man in die Bauart „Aphrodite“ mit kurzer Standzeit, d. h. für den Einzeleinsatz zur Zersplitterung eines Angriffes, und die Bauart „Thetis“ mit großer Standzeit, die im Masseneinsatz von Flugzeugen oder auch Schnellbooten aus zur Verseuchung größerer Seegebiete bestimmt waren. Anscheinend für beide Zwecke geeignet sollte die „Thaphrodite“ der Fa. GEMA sein, über die aber nichts weiteres bekannt wurde. Nachfolgende Tabelle gibt eine Übersicht über die bekanntgewordenen Geräte:

FuMT 3 „Thetis S“

Bezeichnung	Firma	Frequenzbereich	Reichweite*	Bauart
kurze Standzeit:				
FuMT 1 „Aphrodite IV“	AEG	75–600 MHz	?	Ballon (60 cm ∅) mit 3 Dipolbändern (L = 4 m) und Schleppanker, Überwasser-Einsatz auf U-Booten, später mit horizont. Dipolkreuz
FuMT? „Fliegballon“	?	ab 190 MHz	60%	frei aufsteigender Ballon (1 m ∅) mit eingeb. Tripelspiegeln, erprobt, nicht mehr im Einsatz

Bezeichnung	Firma	Frequenzbereich	Reichweite*	Bauart
lange Standzeit:				
FuMT 2 „Thetis II c"	Telefunken	190–240 MHz	80%	zerlegbare 5 m-Mastboje mit 9 schräg polaris. Dipolkreuzen, für Überwasserschiffe, ab Jan. 1944 im Einsatz
FuMT- „Thetis IV"	?	166–230 MHz	60%	Schwimmkörper für Flugzeugabwurf mit selbsttätig ausfahrendem 4 m-Mast mit 4 Folienbändern
FuMT 3 „Thetis S"	Telefunken	ab 190 MHz	30%	Schwimmkörper mit Reflektornetz in Oktaederform, zerlegbar, für Überwasserschiffe
FuMT- „Schwimmballon"	?	ab 3000 MHz?	70%	Schwimmballons (1,5 m bzw. 2 m∅) mit eingeb. Tripelspiegeln, für Überwasserschiffe
FuMT 4 „Thetis US"	NVK/AEG	ab 500 MHz	20%	Gummisack mit autom. Gasfüllung (1 m H x 0,3 m ∅) mit eingeb. Tripelspiegelgeflecht für Unterwasserausstoß in U-Booten
FuMT 5 „Thetis IV S"	Pieler	ab 350 MHz	22%	Schwimmkörper mit selbsttät. 2 m-Teleskopmast und horizont. Tripelspiegel (15 cm x 40 cm) für Überwasserschiff. in Erprobung
FuMT 6 „Thetis IV US"	Pieler	ab 350 MHz	22%	wie FuMT 5, aber für Unterwasserausstoß in U-Booten, in Erprobung
FuMT 8 RT 10/150	Wasag	ab 170 MHz	ca. 80%	Rakete (8,6 cm ∅) mit 1 km Flugweg und verschiedener Düppelfüllung, im Versuch

*) Relativwert bezogen auf U-Boot VII C (Breitseite) als Ziel

Ein Erfolg der ab Herbst 1943 eingesetzten Täuschungskörper ist schwer nachzuweisen, da sich das den Körper abwerfende Schiff bzw. das ausstoßende U-Boot möglichst rasch aus dem Angriffsgebiet entfernte und so nur selten Gelegenheit hatte, einen feindlichen Angriff auf einen Täuschungskörper zu beobachten. Fest steht, daß die für 2 m Wellenlänge ausgelegten Typen gegen die damals bereits überwiegend eingesetzten CMW-Rundsuch-Radargeräte auf 9 cm Wellenlänge nur bedingt wirksam waren (Ausnahme: FuMT 4).

Die Düppelrakete FuMT 8 besaß eine Füllänge von etwa 22 cm bei 7,3 cm Innendurchmesser. Kürzere Düppel wurden zylinderförmig gepackt und übereinanderstehend eingeführt, dies ergab z.B. 100000 Düppel der Abmessung 50 mm x 1 mm oder 400 Düppel der Größe 80 cm x 2 cm in Zickzackform eingelegt. Um gegen ASV-Geräte (um 200 MHz) und gegen „Rotterdam"-Geräte (um 3000 MHz) gut wirksam zu sein, wurden in eine (längere?) Rakete ca. 100000 Düppel 45 mm x 1 mm und 40 Düppel 80 cm x 2 cm gepackt, letztere in einer Rolle zusammengewickelt. Bei diesem theoretisch zu großen Aufwand war berücksichtigt, daß auch bei Verfilzung, Beschädigung beim Ausstoß oder bei nicht vollständiger Entfaltung eines Teiles der Düppel noch ein befriedigendes Ergebnis (Reflexionsvermögen eines Schnellbootes) erreicht wird. Die Versuche mit verschiedenen Dipolbreiten konnten nicht mehr abgeschlossen werden (breitere Dipole verfilzen weniger leicht und bleiben länger in der Luft, so daß mit einer kleineren Anzahl eine höhere Wirkung zu erwarten war) [442].

Die in verschiedenen Veröffentlichungen [153, 154] gezeigte Aufnahme eines Schirmbildes eines erbeuteten und wieder instandgesetzten Rundsuch-Radargerätes „Rotterdam" = H2S mit einem „Täuschungskörper" in der Hafeneinfahrt von Neustadt zeigt [nach *W. Dechend* †] die Reflexion eines großen Stahlnagels auf der holzernen Spierentonne in der Hafeneinfahrt.

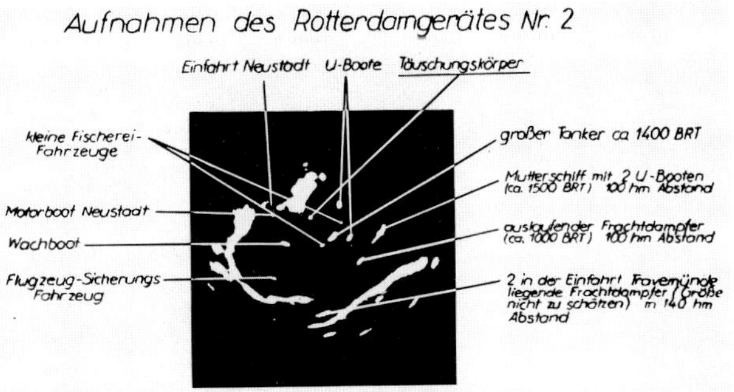

„Rotterdam"-Schirmbild mit Schiffen, „Täuschungskörper" und Hafeneinfahrt Neustadt

Dadurch war der Beweis erbracht, daß das „Rotterdam"-Gerät unter günstigen Umständen auch die Sehrohre getauchter U-Boote erfassen konnte. Zur Vermeidung allzu großer Unruhe wurde dann nachträglich die Spierentonne als „Täuschungskörper" deklariert.

Nun muß noch kurz auf *geräteseitige Maßnahmen* zum Schutz gegen Störungen eingegangen werden: Die Zahl der Betriebsfrequenzen der deutschen Funkmeßgeräte sollte ursprünglich im Hinblick auf Freund-Feind-Kennungsverfahren möglichst klein gehalten werden. Die Entwicklung hatte jedoch bereits 1939 dazu geführt, daß 3 sehr weit auseinanderliegende Frequenzen, d. h. 560 MHz für die Flakgeräte, 125 MHz für die Flumgeräte und 368 MHz für die Seetaktgeräte, eingeführt waren, die eine Verwendung eines gemeinsamen Kenngerätes ausschlossen, (wenn man keinen zusätzlichen Aufwand für besondere Abfragesender etc. treiben wollte). Bei Kriegsausbruch behielt man aus Gründen einer schnellen Fertigung die 3 Festfrequenzen bei, bis die Engländer in der Nacht vom 27. auf den 28. Februar 1942 in einem Kommandounternehmen an der Kanalküste bei Bruneval ein „Würzburg"-Gerät entführten. Von diesem Moment an mußte nun mit massiven Störmaßnahmen gerechnet werden, wobei dem Gegner obendrein die Möglichkeit gegeben war, vorher die Wirkung am erbeuteten Gerät genau zu studieren und zu optimieren.

Auf Anregung des neu ernannten Entwicklungsgruppenleiters „Funkmeß" *Leo Brandt* (Fa. Telefunken) versuchte man nun alle Funkmeßgeräte in einer „Wismar" benannten Aktion nach einem festgelegten Schema auf verschiedene (weiter aueinanderliegende) „Inselwellen"-Bereiche umzurüsten, worin die Einzelgeräte jeweils auf leicht von einander abweichenden „Streuwellen" arbeiten sollten. Die Entwicklung von Breitbandantennen und (über größere Bereiche) durchstimmbaren Geräten veranschlagte man auf 1½ bis 2 Jahre. Der erste Schritt der anlaufenden Entstörungsaktion war bei den Flak-FuMGs der Ersatz des Empfängerüberlagerers durch einen

Gestörte Seitenpeilanzeige (links), rechts mit abgeschalteter Zeitbasis = „Stendal A"

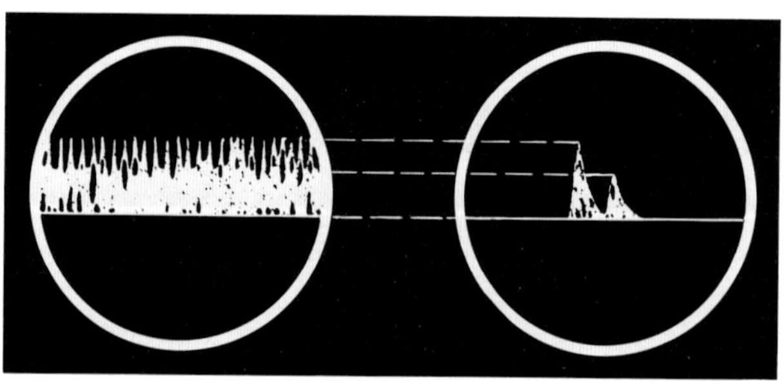

durchstimmbaren Überlagerer (Oszillator des DMW-Richtfunkgerätes „Michael" DMG 4 k/Telefunken). Damit konnte die Empfangsfrequenz von 560 MHz um ±6 MHz geändert werden = „Insel A". Die Grenzen waren hier durch den Durchstimmbereich des Senders und die Anpassung der schmalbandigen Antenne gegeben. Noch im Jahre 1942 konnte Telefunken die ersten Breitbanddipole liefern, die auch die anderen „Frequenzinseln B" bei 530 MHz und „C" bei 490 MHz erfaßten. Ein Teil der Geräte konnte so bereits auf die Insel B umgestellt werden. Die Benutzung der Insel C erforderte bei den „Würzburg"-Geräten den Ersatz des Bausteines SÜ 62 „Eidechse" durch den 1943 gelieferten Typ „Urechse", der einen weit durchstimmbaren Sender und einen ebensolchen Empfängerüberlagerer, desgl. einen in seiner Empfindlichkeit verbesserten Mischkopf und einen Frequenzmesser enthielt. Analoge Maßnahmen wurden auch bei den „Mannheim"-Geräten durchgeführt.

Damit war bei dem seit Ende März 1943 erfolgenden Störsendereinsatz im DMW-Bereich ein Frequenzwechsel innerhalb einer Insel in ca. 12 Sekunden, von Insel zu Insel in 20 Sekunden möglich [160]. Dies war ausreichend, solange der Gegner keine Störsender mit Aufschaltung verwendete, d. h. Störanlagen mit zusätzlichem Horchempfänger, der bei Frequenzwechseln des FuMG die neue Frequenz automatisch suchte und den Störsender mit abstimmte. Damit wurden dann laufende Frequenzwechsel nötig, die den Funkmeßbetrieb außerordentlich behinderten. Analoge Aktionen liefen bei den Flum-Funkmeßgeräten („Freya" etc.) und auch bei der Marine [300].

Um im Falle einer Anwendung von Störsendern bis zur Auslieferung der Umrüstungsteile nicht ganz hilflos zu sein, entwickelte die Flak-Artillerieschule III = FAS III (*Hoffmann-Heyden*) innerhalb kurzer Zeit Behelfsmaßnahmen. Bei der Form *„Stendal A"* konnte das einen Störsender tragende Flugzeug noch passiv gepeilt werden, d. h. unter Verzicht auf die Entfernungsmessung. Durch Ziehen einer Röhre für die Zeitablenkung der Peilröhren blieben auf diesen als Anzeige 2 Balken erhalten, deren Amplitude den von links/rechts bzw. oben/unten empfangenen Zeichen entsprachen. Die damit erzielte Peilgenauigkeit genügte für die Einrichtung von Scheinwerfern. Praktisch die gleiche Peilgenauigkeit wie früher brachte eine verbesserte Ausführung mit Auftastung der (jetzt normalerweise gesperrten) ZF-Endstufe durch den Dunkelpunktimpuls. Dieser zeigte beim „Würzburg"-Gerät auf dem Übersichtsrohr die Entfernungseinstellung der Meßkette und damit den auf den Peilröhren angezeigten Entfernungsausschnitt an. Letzterer wurde durch die Tastung der ZF-Endstufe verschmälert und verbesserte so auch im Normalbetrieb bei eng benachbarten Zielen die Anzeige. Da zu dieser Umrüstung nur wenige Teile benötigt wurden, konnte sie innerhalb von wenigen Wochen an allen Einsatzorten durchgezogen werden [160].

Beobachtungen von Störsendern mit Funkmeßgeräten hatten ergeben, daß die Störstrahlung vornehmlich in einer Polarisationsrichtung auftrat (in Abhängigkeit von der Polarisation der Störsenderantenne), wobei dann das FuMG-Dipol in den 90° dazu verdrehten Stellungen nur ein im Verhältnis von etwa 10:1 geschwächtes Störsignal empfing, so daß hier noch eine E-Messung meist möglich war. Dafür war allerdings eine Dunkeltastung aller Anzeigen außerhalb der Störminima (in Abhängigkeit von der Dipolstellung) nötig. Diese Maßnahme *„Stendal B"* wurde automatisiert durch einen Zusatz (Entfernungsblende) „Goldammer" EFB 62 (von Telefunken für die „Würzburg"- und „Mannheim"-Geräte gefertigt), der aus der ZF-Spannung mittels Verstärkerstufe und Diode durch Verstärkung der periodischen Störminima Gleichstromimpulse zur Helltastung der Anzeigen gewann. Die „Goldammer" wurde noch in großer Zahl in Flak-FuMGs eingebaut, mußte aber im Zuge der Enttrübungsmaßnahmen (s. w. unten) wieder zurückgezogen werden [160].

Wirkungsweise der Polarisationsblende „Goldammer" (Stendal B)

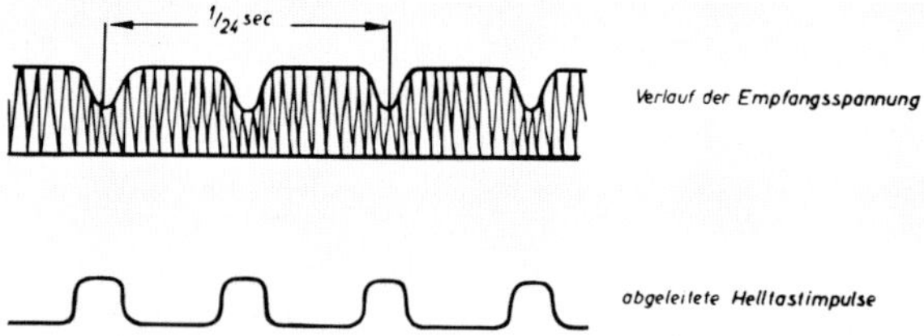

Wirkungsweise der Polarisationsblende „Goldammer" (Stendal B)

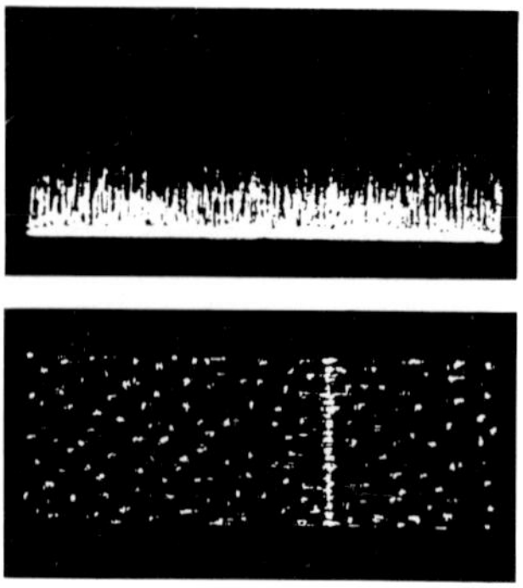

Periodische Basisverschiebung;
oben: durch Rauschmodulation gestörte Anzeige,
unten: gewobbelte Zeitlinie mit Helltastung durch die Empfängerausgangsspannung, ein schwaches Echo wird erkennbar

Ein ursprünglich zur Erkennung schwacher Echos im Empfängerrauschen entwickeltes, aber auch bei rauschmodulierten Störsendern anwendbares Verfahren war die sog. *„periodische Basisverschiebung"* (Reichsstelle für Hochfrequenzforschung/*Dr. Breuning*). Hierbei wurde anstelle der senkrechten Auslenkung der Echos eine Helltastung der nun periodisch in senkrechter Richtung verschobenen (= gewobbelten) Zeitbasis vorgenommen. Feste Echos erzeugten so helle vertikale Striche, während die in ihrer Lage ständig wechselnden Rauschimpulse (oder Störimpulse) als unregelmäßig verteilte Punkte dargestellt wurden [355].

Interessant war auch ein Vorschlag ([285] *Angel*) namens *„Gleichenberg“* für eine Störbeseitigung durch Verwendung eines Zweiseitenbandverfahrens mit Trägerunterdrückung:“ Ein impulsgetasteter Funkmeßsender wird von einem durchschwingenden Steuersender und einem Hilfsfrequenzgenerator über einen Differentialmodulator so angesteuert, daß er auf zwei Seitenbändern mit unterdrücktem Träger abstrahlt. Die Steuersenderfrequenz wird in den Doppelempfänger mit je einem Kanal für das obere und einem für das untere Seitenband einmal direkt und einmal um 90° in der Phase verschoben eingespeist. Die Demodulatoren beider Kanäle werden direkt bzw. über einen 90°-Phasenschieber mit einem Differenzglied mit nachfolgendem 2. Demodulator und Anzeige verbunden. Phasenstarre Signale von Störsendern heben sich so gegenseitig auf, während die sich in ihrer Phasenlage stets ändernden Seitenbändern der Zielechos ein unregelmäßig schwankendes Nutzsignal ergeben. Zur Verbesserung der Anzeige wird diese vom Differenzglied aus nur dann hellgetastet, wenn eine bestimmte Nutzamplitude vorhanden ist.“ Dieser hier gekürzt wiedergegebene Vorschlag war wirkungslos gegen Düppel und wurde daher, falls er je bearbeitet worden sein sollte, mindestens ab Juli 1943 nicht mehr weiter verfolgt.

Zu den Störungen durch Störsender kamen ab Mitte 1943 noch diejenigen durch Düppel. Die vor dem Verbot durchgeführten Versuche mit Flugzeugen und Düppeln hatten noch keine grundsätzliche Klärung aller Düppeleigenschaften, jedoch wenigstens die Erkenntnisse gebracht, daß die Relativgeschwindigkeit des Flugzeugs zum FuMG-Standort einen Doppler-Effekt der Echos erzeugte (*Fack*), daß Flugzeugechos eine periodische Modulation durch die Propellerumdrehungszahl aufwiesen (*Breuning*) und daß Echos von Flugzeugen und Düppeln unterschiedliche Polarisationseigenschaften zeigten (*Stüber*). Als nach der Katastrophe von Hamburg das Verbot der Beschäftigung mit Düppeln und Gegenmaßnahmen dafür fiel, besaß man also nur diese Erkenntnisse.

Das nun als erste Maßnahme zur „Entdüppelung“ bzw. „Enttrübung“ der Flak-Funkmeßgeräte herangezogene *Doppler-(„Laus“)Verfahren* beruhte auf vorhergehenden Versuchen (*Fack*) für die Unterscheidung von Flugzeug- und Festzielen (heute Moving Target Indication = MTI genannt) durch den Doppler-Effekt (nach einem Vorschlag von *Prof. Dr. H. G. Müller* vom Reichsamt für Wetterdienst = RfW). Der Grundgedanke war den Impulssender (IS) des Funkmeßgerätes durch Einkopplung eines dauernd schwingenden Reguliersenders (RS) zum phasenstarren Anschwingen mit letzterem zu zwingen. Weichen nun die Frequenzen von IS und RS um einen kleinen Betrag voneinander ab, so ergibt sich aus dem Frequenzunterschied von Echo und RS am Empfängereingang beim Echobild von Festzielen ein charakteristischer „Schlängel", der das stehende Bild einer Schwebung wiedergibt. Bei Flugzeugechos aber änderte sich laufend mit der sich ändernden Entfernung die Phasenlage der Schwebung, welche vom Auge auf der Anzeige als „Laus" wahrgenommen wurde [160].

Nach Erprobung verschiedener Varianten (durch *Fack, Schulze* und Telefunken) wurde Anfang August 1943 als einfache Lösung die sog. *„Würzlaus"* von Telefunken eingeführt, wobei im Hinblick auf Frequenzwechsel ein durchstimmbarer Empfängeroszillator des DMW-Richtfunkgerätes „Michael" als Reguliersender in den Sender und den Empfänger des Funkmeßgerätes eingekoppelt wurde (wobei die Einstellung und Konstanthaltung der Einkopplungen sehr kritisch war). Bei richtiger Einstellung konnten schwache Verdüppelungsgrade (Verhältnisse Düppelecho/Flugzeugecho einer He 111) unwirksam gemacht werden, sofern nicht Erschütterungen durch benachbarte Flak-Batterien eine Frequenzmodulation des RS und dadurch eine „Verlausung" aller Ziele ergab [160].

Hier gab nun das RLM (*Pöhlmann*) ein Verfahren *(Tastlaus"* an, das von der FAS III (*Hoffmann-Heyden*) entwikkelt und von Telefunken (unter Verwendung des nicht mehr benötigten „Goldammer"-Gehäuses) gebaut wurde. Die aus verschiedenen Entwicklungsstufen (s. [160]) hervorgegangene Schaltung bestand aus einem Hilfsoszillator mit einer um die Schwebungsfrequenz von der ZF abweichenden Frequenz, die lose in die ZF eingekoppelt wurde. Eine nachgeschaltete und vom Impulsgenerator des FuMG aufgetastete Verstärkerstufe speiste in den Empfängeroszillator die Hilfsfrequenz mit ausreichender Amplitude ein, so daß die zur Phasenregulierung des Impulssenders benötigte Frequenz aus den Seitenbändern des Empfängeroszillators über die Simultanschaltung zum Sender gelangte. Diese Methode vermied jegliche Nachstellung bei Frequenzwechseln des Funkmeßgerätes. In der Übersichtsanzeige erfuhren jedoch die Düppelechos eine so starke Peilmodulation und Polarisationsmodulation durch den Dipolumlauf, daß die schwachen und „läuselnden" Flugzeugechos kaum erkennbar waren. Durch Einbau einer sog. „Übersichtsaufklärung", d.h. Freigabe von Übersichts- und E-Meßröhre jeweils nur bei einer bestimmten Dipolstellung

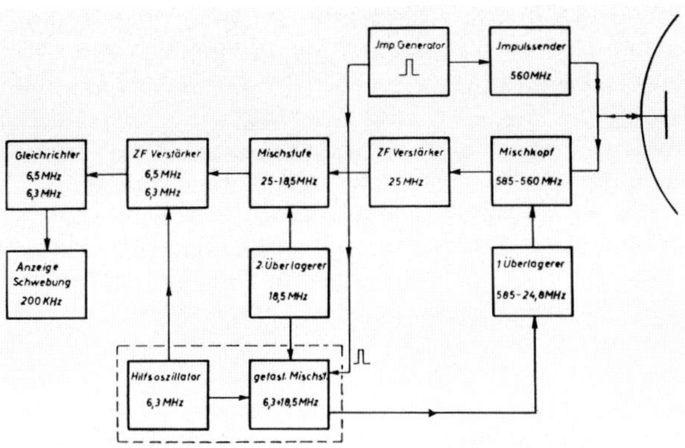

Blockschaltbild der „Tastlaus“ (endgültige Form)

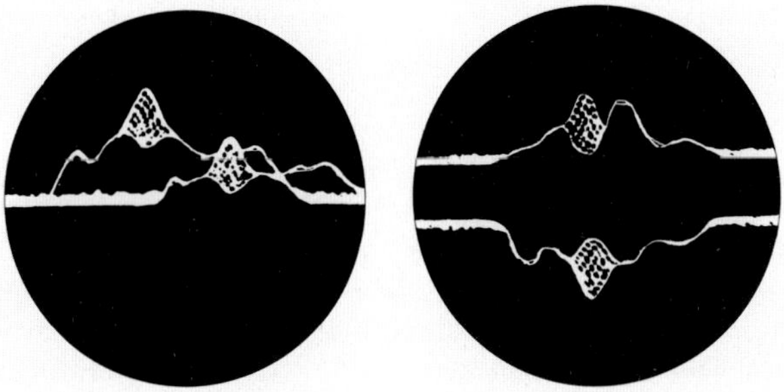

Peilanzeige mit „Tastlaus“, links alte Form, rechts Kehrbildanzeige

(= „unten“), konnten trotz des „Schielens“ beider Anzeigen gegenüber der Spiegelachse und den Peilanzeigen noch gut brauchbare Anzeigen geschaffen werden. Bei der Peilanzeige erwies es sich als notwendig, von den nebeneinander geschriebenen Echos (links/rechts usf.) zur sog. Kehrbildanzeige mit getrennten Zeitachsen überzugehen, so daß die „Schlängel“ bzw. „Läuse“ nicht mehr ineinandergeschrieben wurden. Auch hier gab es 3 Versionen (Telefunken/*Hinzpeter*/*Hoffmann-Heyden*), von denen die zweite nur bei den Jägerführungsgeräten, die letztgenannte aber bei den übrigen Geräten eingeführt wurde. Um bei vielen beieinanderliegenden Zielen die Übersichts- bzw. E-Meßanzeige mit den Peilanzeigen zuordnen zu können, konnte der Dunkelpunkt durch Tastendruck auch in die Peilröhren eingeblendet werden [160].

Beim Flugfunkforschungsinstitut Oberpfaffenhofen = FFO (*Kinder, Scholz*) war früher schon die Modulation der Flugzeugechos durch die Vibration der Flugzeugoberfläche und durch die Drehung der Propeller (beides abhängig von der Motorendrehzahl) nachgewiesen worden. Um diese „Propellermodulation“ zu einem Enttrübungsverfahren weiterzuentwickeln, wurde die Bearbeitung im August 1943 an die FAS III übergeben. Da es sich hier (im Gegensatz zur Phasenmodulation beim Doppler-Verfahren) um eine reine Amplitudenmodulation handelte, verwendete man die jeweils über die Dunkelpunkteinstellung ausgewählten Echoimpulse und hörte sie bzw. die Hüllkurve ihrer Amplituden im Kopfhörer ab. Beim Einsatz der (aus einer an Ausblendimpuls und ZF angeschlossenen Koinzidenzstufe und einer weiteren NF-Verstärkerstufe bestehenden) Schaltung *„Nürnberg“*

Wirkplan „Nürnberg II“

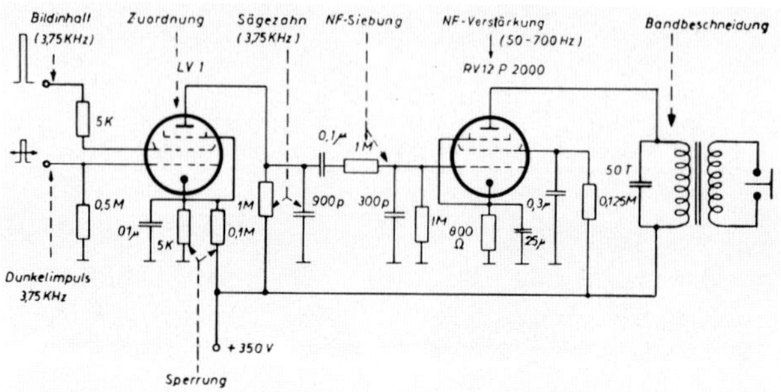

Wirkplan „Nürnberg II“

zeigten sich u. a. die durch den Dipolumlauf bedingte Peil- und Polarisationsmodulation (24 Hz und 48 Hz mit ihren Harmonischen) als störend, so daß mit stehendem Dipol gearbeitet werden mußte. Hierbei war der tiefe Brummton der Propellermodulation gut hörbar, aber der Spiegel schielte je nach der Stellung, in welcher der Dipol stand. Bei gleichzeitig angewendetem Dopplerbetrieb mit rotierendem Dipol stellte sich aber die Abhörbarkeit der Geschwindigkeitsmodulation heraus, da deren Amplitude meist diejenige der Störmodulation überstieg. Auf diese Weise konnten Flugzeuge in Düppelwolken sehr häufig bereits über den „Nürnberg“-Zusatz akustisch von den Düppeln unterschieden werden, wo eine Feststellung einer „läuselnden“ Anzeige noch nicht möglich war. Es war so durch pendelnde Spiegelbewegungen und Nachstellung des Dunkelpunktes auf größte Lautstärke möglich, Flugzeuge beim Durchfliegen dichter Düppelwolken zu halten, bis an lichteren Stellen ein Betrieb mit der „Laus“ (und damit auch wieder ein Flakschießen) möglich war. Andererseits konnte es durch schnelle Windversetzung von Düppelwolken gegenüber dem Funkmeßgerät vorkommen, daß auch Düppelechos „Läuselten“, also eine Unterscheidung schon bei Radialgeschwindigkeiten von ca. 10–15 km/h nicht mehr möglich war [160].

Anstoß zu einem weiteren Entdüppelungsverfahren *„Taunus“* ergab eine Beobachtung bei der Instandsetzungsstelle Hilden (*Winters*), daß Düppelechos eine wesentlich geringere Anstiegssteilheit aufwiesen als Flugzeugechos. Bei Differenzierung der gleichgerichteten ZF-Spannung über einen kleinen Serienkondensator mit nachfolgender Verstärkerstufe war also zu erwarten, daß kleinere Flugzeugechos noch höhere Impulse lieferten als vergleichsweise größere und breitere Düppelechos, bei denen aber durch Einsattelungen auch Doppelimpulse erzeugt werden konnten. Es ergab sich als Nebenprodukt auch eine verbesserte Nahauflösung, weshalb diese Differenzierung auch bei Bordfunkmeßgeräten zur Anwendung kam. Es war bei den Flak-FuMGs auch eine kombinierte Anwendung von „Taunus“ und „Laus“ möglich, die beim Bedienungspersonal wegen der Ähnlichkeit zur früheren Form der Anzeige sehr beliebt war. Das Verfahren barg aber trotz Abschaltbarkeit auch Gefahren der Fehldeutung in sich (u.a. infolge der Impulsverformung durch die relativ schmale ZF-Bandbreite), desgl. konnten z.B. Fehlpeilungen bei Vorhandensein zweier Ziele in gleicher Entfernung entstehen [160].

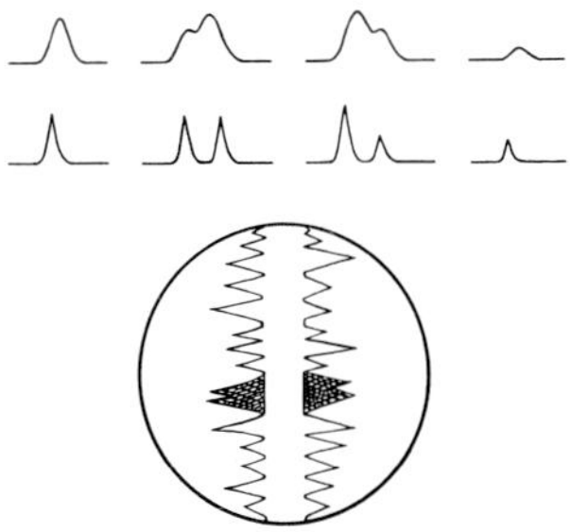

Impulsdifferenzitation beim Verfahren „Taunus“ (oben).
Darunter: Kehrbildanzeige bei gleichzeitiger Ansendung von „Taunus“ und „Laus“

Die Entwicklung des Hörzusatzes „Nürnberg“ hatte den Gedanken nahegelegt, auf ein E-Meß- und Peilverfahren überzugehen, das nur die Geschwindigkeitsmodulation ausnützte, wobei „die Laufzeitmessung des FuMG nur die Rolle des Modulationsträgers übernahm“. Der inzwischen geschaffene „Tastlaus“-Hilfssender lieferte eine stabile Möglichkeit der Phasenregulierung. Die Fa. Telefunken (*Kettel*) baute hierauf ihr *„K-Laus“-Verfahren* auf.

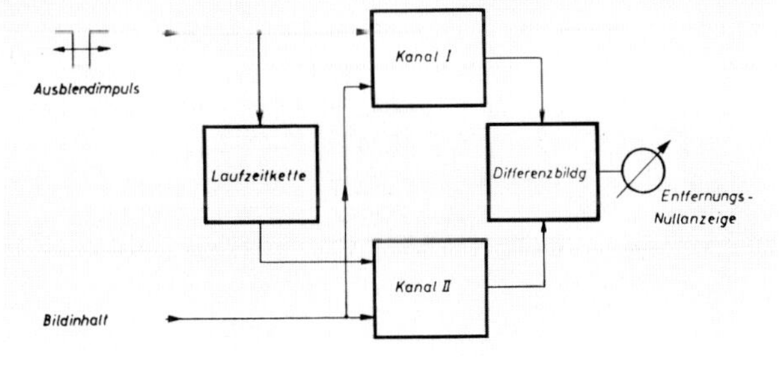

Arbeitsweise des Zusatzgerätes „K-Laus“

Die Peilanzeige erfolgte (bei abgeschalteter Zeitablenkung) wieder als nebeneinanderstehende Balken, die durch Spiegelbewegungen jeweils auf gleiche Amplituden zu bringen waren. Zur raschen Suche auf ein geschwindigkeitsmoduliertes Ziel war im Gerät „K-Laus“ ein unabhängiger Meßkanal vorgesehen, dessen Ausgangsspannung abgehört und dessen E-Meßzuordnung durch eine Hellmarke auf der Übersichtsanzeige ersichtlich war. Um auch niedrige Radialgeschwindigkeiten erfassen und dadurch den sog. „Totraum“ um das FuMG (bei Über- oder Vorbeiflug am FuMG) möglichst klein halten zu können, mußte die Umdrehungszahl des Dipols, die ja Störfrequenzen erzeugte, von 24 auf 12 Hz herabgesetzt werden, wobei gerade noch kein Flimmern der Anzeigen auftrat. Da die auszuwertende Modulation in ihrer Frequenz wesentlich tiefer lag als diejenige des Modulationsträgers, mußte die E-Messung über den Vergleich der Spannungen zweier Kanäle erfolgen, deren Ausblendsignale mittels einer Laufzeitkette gegeneinander verschoben waren. Damit waren sie auch entfernungsmäßig verschoben und ermöglichten so eine Kurz/Weit-Anzeige an einem Instrument (wie beim FuMG „Mannheim"). Wichtig war auch, wie bei allen vorhergehenden Verfahren, die Verhinderung der Übersteuerung des FuMG-Empfängers durch entsprechende Einstellung seines Empfindlichkeitsreglers. Infolge des (in Lit. [160] genau beschrieben) sehr komplexen Aufbaues mit 18 zusätzlichen Röhren mußte die „K-Laus" als eigenes Gerät samt getrenntem Netzteil in das Gerätegestell des Funkmeßgerätes eingebaut werden.

Da sich eine Eigengeschwindigkeit der Düppel nachteilig auf den Totraum um das FuMG auswirkte, wurde die „K-Laus" von vorneherein mit einem Phasenreguliersender *„Windlaus"* versehen, welcher die Geschwindigkeitsmodulation der Düppel durch eine gleichartige, aber gegenphasige Modulationsspannung kompensierte, so daß dann die Düppel eine scheinbare Wanderungsgeschwindigkeit von Null hatten.

Die Tote Zone um ein Fu.M.G.

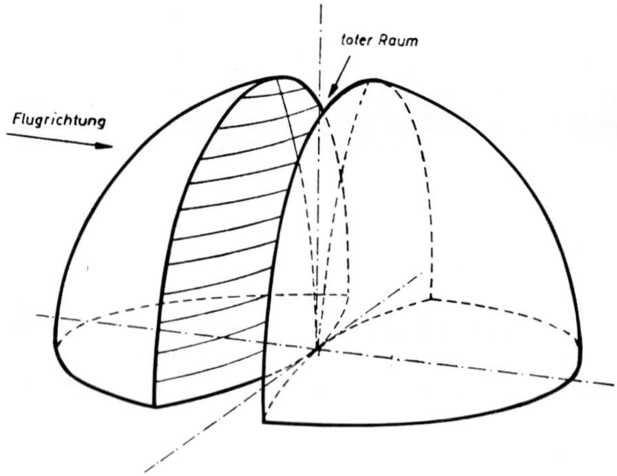

In Versuch war auch ein Verfahren *„Kreuzotter"*. Es beruhte auf der Annahme, daß Flugzeugechos stärker in der Polarisation gedreht würden als Düppelechos. Wenn also Sendung und Empfang mit verschiedener Polarisation (horizontal bzw. vertikal) durchgeführt würden, sollte eine Entdüppelungswirkung auftreten. Dieses Verfahren war also in einfacher Form nur bei Funkmeßgeräten wie „Freya" etc. mit feststehenden und getrennten Antennen für Sendung und Empfang zu verwenden. Entsprechende Untersuchungen des FFO im Juli 1944 zeigten aber keinerlei ausnutzbaren Effekt (im Gegensatz zur weiter oben erwähnten Aussiebung der Polarisation einer Störsenderstrahlung).

Zu erwähnen ist auch noch ein Forschungsprojekt des Ferdinand-Braun-Institutes namens *„Kugelschale"*, dessen Sendertastung beim FFO bearbeitet wurde. Um Flugzeuge in Düppelwolken zu finden, sollten um das FuMG verschiebbare konzentrische Kugelschalen von je 75 m Abstand und wenigen Metern Dicke erzeugt werden, die wahlweise allein für die Ortung ausgenutzt werden sollten. Vorgesehen war ein CMW-Funkmeßsender mit einer Impulsbreite von 2 μs und einer Tastfrequenz von 400 bzw. 666,6 Hz. Der Sender- und der Empfängeroszillator sollten synchron (über $\lambda/4$-Transformationsleitungen mit Diodenabschluß) durch eine Sägezahnspannung von 2 MHz frequenzmoduliert werden. Der Maximalwert des Frequenzhubes war noch nicht festgelegt. Auf einen 2 μs-Impuls entfielen so 4 FM-Schwingungen (entsprechend 4 x 0,5 μs bzw. 4 x 75 m auf der Entfernungsskala). Ein Empfangsecho wäre also nur dann in den ZF-Verstärker gelangt, wenn der Empfängeroszillator jeweils um die ZF niedriger als das Echo lag. Diese Bedingung wäre jeweils nur auf Ziele zugetroffen, deren Entfernung einem Betrag A + n.75 m entsprochen hätte, d.h., die sich auf einer der jeweils um das FuMG gelegten Kugelschalen befunden hätten. Die Dicke der Kugelschalen war eine Funktion des Frequenzhubes und der Empfängerbandbreite gewesen und hätte nur wenige Meter betragen. Der Betrag A und damit auch die Lage der Kugelschalen konnte verändert werden durch Änderung der Phasenlage der modulierenden Sägezahnspannung, die der Blindröhre des Empfängeroszillators zugeführt wurde. Zwischen den Kugelschalen „verlorene" Ziele konnten jederzeit durch Verringerung des FM-Hubes (= Verdickung der Kugelschalen) wiedergefunden werden, denn bei einem Hub gleich Null wäre die Schalendicke 75 m gewesen, d.h. das Gerät hätte wie ein normales Impulsradar gearbeitet. Die Anlage war bei Kriegsende in Teilen in Entwicklung [277, 278].

Wie war nun die Wirkung der Enttrübungsmaßnahmen? Einige der genannten Umrüstaktionen waren dank guter Organisation und unermüdlichen Einsatzes der durch

Reparatur und Wartung bereits überlasteten Instandsetzungsstellen bereits innerhalb von 4–6 Wochen nach der Entwicklung im gesamten Heimatkriegsgebiet durchgezogen worden. Wesentlich schwieriger war die Einschleußung bei der Industrie in die laufende Produktion. Trotzdem waren bald bei der Truppe etwa ein Dutzend verschiedener Rüstzustände der Flak-FuMGs im Einsatz, wodurch der Großteil des Bedienungspersonals einfach technisch überfordert war. Nur wenige FuMG-Besatzungen hatten das notwendige Fingerspitzengefühl, um im Gefecht jeweils das maximal Mögliche aus den oft nicht einfach zu bedienenden Enttrübungszusätzen herauszuholen.

Ohne Entdüppelungszusätze sank bei „Würzburg"-Geräten bei Verdüppelungsgraden (Düppelecho/Flugzeugecho) von 1:1 die Meßgenauigkeit auf etwa die Hälfte, die gerade noch ein gezieltes Flakschießen erlaubte. Bei allen in Großserie eingeführten Entdüppelungszusätzen waren Verdüppelungsgrade von 2:1 noch zulässig. Verdüppelungsgrade von 3:1 (bzw. 5:1 mit Zusatz) führten zum Verlieren des Zieles bzw. es war nur noch zeitweise auszumachen. Bei den stückzahlmäßig selteneren „Mannheim"-Geräten lagen die Verhältnisse etwas günstiger. Lediglich die „K-Laus/Windlaus" ermöglichte noch bei Verdüppelungsverhältnissen von 7:1 ein genaues Schießen. Da dieser Zusatz aber einen erheblichen Nachrüstaufwand erforderte, waren bei Kriegsende erst wenige Flak-FuMGs auch bei starker Verdüppelung voll einsatzfähig. Von den Zentimeterwellengeräten „Marbach/Kulmbach" (s. [366]), zu deren Störung u. a. wegen der wesentlich schmäleren Antennendiagramme ein vervielfachter und nur für Einzelfälle anwendbarer Düppeleinsatz nötig gewesen wäre, war erst eine Anlage „Egerland" fertig. Ausführliche Angaben und Schaltungsunterlagen für Entdüppelungsmaßnahmen finden sich in Lit. [160, 263, 277, 286, 296].

Auch bei Flugmelde- und seetaktischen Funkmeßgeräten waren Entdüppelungsmaßnahmen im Gange in Form der *„Freya-Laus"* bei „Freya"-Geräten bzw. *„Wasserfloh"* mit „Rohrspatz" (zum Abhören der Dopplermodulation) beim Gerät „Wassermann", desgl. bei den 150 km weit reichenden Rundsuchgeräten „Jagdschloß" im Meterwellenbereich. Hier fing die Verdüppelung oft bereits an der Grenze der Reichweite an, wobei dann durch weiteren Düppelabwurf eine „Straße" entstand, an deren Kopf sich jeweils der Bomberverband befand. Dies konnte wenigstens für die Flugmeldung ausgenützt werden. Über dem Bombenziel wurde dann die Verdüppelung so gesteigert, daß auch die mit Zusätzen ausgerüsteten Flak-FuMGs nur ab und zu eine Unterscheidung zwischen Düppeln und Zielen treffen konnten. Bei Flugzeugfunkmeßgeräten waren u. a. wegen der Komplizierung der Bedienung Enttrübungsverfahren kaum durchführbar. Das stark gestörte „Lichtenstein SN-2"-Gerät mußte ersetzt werden durch das auf höheren (bisher noch kaum gestörten) Frequenzen arbeitende „Neptun"-Gerät, das dann durch die weitgehend störsicheren Zentimeterwellenentwicklungen „Berlin N", „Bremen" usf. abgelöst werden sollte [366].

Über eine Reihe von weiteren Enttrübungsverfahren, die sich meist noch im Stadium der Vorentwicklung befanden, sind nur die Decknamen und nur teilweise auch Hinweise auf das Prinzip bekannt geworden [355, 460]:

„Heldlaus"	beruhend auf der bereits beschriebenen periodischen Basisverschiebung
„Impulsverdichtung"	Die HF-Trägerfrequenz der FuMG-Impulse wird zusätzlich frequenzmoduliert. Frequenzabhängige Filter im Empfänger verzögern Anfang und Mitte des Impulses soweit, daß sie gleichzeitig mit dessen Ende eintreffen = Impulskompression mit Amplitudenvergrößerung
„Kamm"	mechanischer Schwinger zur Aussiebung der Impulsfolgefrequenz (mit Harmonischen) aus dem Rauschspektrum
„Krawinkel-Röhre"	Festzeichenunterdrückung in Kathodenstrahlröhre mit eingebauter Quarzplatte als Ladungsträger
„Laufzeit-Verstärker"	ähnlich „Kamm" mit zusätzlicher Rückkopplung
„Mischlaus"	Verbesserung der „Windlaus" durch Beeinflussung der Sendefrequenz

„Reißlaus“	Variante der „Laus“ für Bordgeräte mit automatischer Nachdrehung der Phase des Reguliersenders, so daß Flugziele mit gleicher Geschwindigkeit nicht „läuselnde“ Echos zeigen [293].
„Rotlaus“	„Laus“ für CMW-Geräte
„Raabe/ Schellhoß-System“	Magnetbandspeicher mit Endlosschleife zur gegenseitigen Unterdrückung von Festzielen für Panzerortung durch Rundsichtgeräte
„Schiebelaus“	rotierendes Goniometer zum Empfang von Düppelechos mit konstant gehaltener Phasenlage
„Strolaus“	„Laus“ mit Ausnützung des stroboskopischen Effektes bei Rundsichtgeräten
„Ultraschall-Kompensation“	mechanischer Schwinger zur gegenseitigen Unterdrückung von Festzielechos
„Umkehrlaus“	Synchronisierung des Reguliersenders durch den FuMG-Sender
„Zählschaltung“	Zählung (Aussiebung) periodischer Impulse durch Thyratrons
„Z-Laus“	mehrstufiger Reguliersender für „Laus“

Als Fazit ergibt sich: In Deutschland waren einerseits die im UKW- und DMW-Gebiet arbeitenden Funkmeßgeräte aus Gründen der Zusammenarbeit mit Kenngeräten (zur Unterscheidung Freund/Feind) auf wenige Festfrequenzen (125 MHz, 368 MHz und 560 MHz) festgelegt, wodurch sie auch durch wenige Störsendertypen lahmgelegt werden konnten. Bei der stark gedrosselten Entwicklung von Zentimeterwellengeräten hingegen hatte man eine Durchstimmbarkeit der Frequenz gefordert, was die Entwicklung leistungsstarker Magnetrons stark behinderte. Dazu kam das Verbot der Arbeit an Düppeln und Gegenmaßnahmen dafür. So traf der Einsatz von Störsendern auf eine zu spät alarmierte und der Einsatz von Düppeln auf eine in keiner Weise vorbereitete Industrie und Forschung und konnte so über 1¾ Jahre die Funkmeßgeräte weitgehend lahmlegen. Wirksame Maßnahmen (und auch CMW-Geräte) waren bei Kriegsende zwar in Serienfertigung, aber nur in Mustern greifbar.

Nachwort

Obwohl in diesem Band oft von „Funkkrieg“ die Rede ist, so verdient es doch festgehalten zu werden, daß praktisch alle hier beschriebenen Verfahren *rein defensiver Natur* waren, da sie eine Funkaufklärung oder Angriffe des Gegners mit Hilfe von Radar oder Funknavigationsverfahren unmöglich machen sollten (einzige Ausnahme: Einsatz von Störsendern über dem Feindgebiet).

Bis zum Jahre 1942 konnte die deutsche Industrie Funkgeräte aller Art liefern, die besonders in Hinsicht auf erzielte Daten, Betriebssicherheit, mechanische Konstruktion und leichte Wartbarkeit ausländischen Fabrikaten weit überlegen waren, wenn auch oft des Guten zuviel getan wurde. Doch dann begannen sich auf fast allen Gebieten ab 1940 erlassenen Entwicklungsverbote auszuwirken; die Forschungsfeindlichkeit der obersten Führung, unübersehbare Zuständigkeiten und die als Folge übertriebener Geheimhaltungsvorschriften nur ungenügend koordinierten Forderungen der 3 Wehrmachtsteile taten ein übriges. Die Gegenseite war inzwischen erfolgreich in das CMW-Gebiet vorgestoßen, das bei uns praktisch auf dem Stand von 1939 „eingefroren“ war.

Die Entführung eines deutschen Funkmeßgerätes am 27./28. Februar 1942 an der Kanalküste gab eine Vorwarnung für die kommenden Ereignisse. Einsichtige Männer wie *Gen. Martini* von der Luftnachrichtentruppe, *Dr. Plendl* als Bevollmächtigter für die Hochfrequenzforschung, *Dr. Esau* und weitere Repräsentanten der Forschung erhoben schon damals die Forderung nach Aufhebung des Entwicklungsverbotes und Erschließung des CMW-Bereiches. Viele Stellen des RLM und des OKM nahmen jedoch, unterstützt von einigen Herren der Industrie an, daß der Gegner auch nicht weiter sein könne als wir. Der Gegenbeweis wurde Anfang 1943 in Form des „Rotterdam“-Gerätes geliefert. Der Angriff auf Hamburg im Juli 1943 mit überwältigendem Einsatz von Düppeln und Störsendern zeigte dann überdeutlich, daß der Gegner seinerseits voll in den „Krieg im Äther“ eingetreten war, dem man sich nicht entziehen konnte.

Dieses Buch versucht einen Eindruck zu geben, welche Anstrengungen auf dem Gebiet des „Krieges im Äther“ von Truppe, Industrie und Forschung unternommen wurden, um jeweils das Beste aus den gegebenen Möglichkeiten herauszuholen. Besonders ist die Leistung von

Forschung und Industrie zu bewundern, die trotz manchmal chaotisch erscheinenden Anordnungen, Materialengpässen, Zulieferschwierigkeiten, Bombenschäden und Arbeitszeitausfall durch laufende Luftalarme z.B. noch im Dezember 1944 ihren bisher größten monatlichen Ausstoß von 400 „Würzburg"-Geräten erreichte [273]. Trotz eines (dem Ausland gegenüber) sehr geringen Forschungspotentials konnte bis zum Kriegsende die Technologielücke der Jahre 1940–43 auf dem CMW-Gebiet geschlossen werden und der Anschluß an den Entwicklungsstand der anderen Seite gefunden werden. Die anlaufende Fertigung erstickte allerdings dann im Bombenhagel.

Die Nachkriegsverhältnisse mit Entwicklungs- und Veröffentlichungsverbot und die Verfrachtung deutscher Erkenntnisse und Wissenschaftler ins Ausland brachten einen Verlust an Erkenntnissen, der erst einige Jahre später und nur zum Teil durch importiertes Wissen ersetzt werden konnte. Hier könnte die Kenntnis dessen, was schon mal erfunden war, durch die Kombination „alter" Gedanken mit neuer Technologie neue Wege und Möglichkeiten aufzeigen. Es ist ganz sicher damit zu rechnen, daß ein zukünftiger Gegner diese Chance voll nützen und für Überraschungen sorgen wird!

Anhang 1:

2 Dokumente (von Februar 1944):

Terminzusammenstellung über den Ablauf der Freya-Wismar-Aktion (Flum)

27./28. 2. 42 Unternehmung Cap d'Antifère.
6. 9. 42 Erste Freya-Störungen.

1.) Forderungen an die Industrie.
5. 3. 42? Besprechung in Potsdam-Eiche: Zusammenfassende Forderungen über Frequenzausweich bei Freya-Geräten (durch Drehsender-Inselbildung).
19. 1. 42 Professorenkonferenz.
Grundsätzliche Forderungen von Entstörungsmaßnahmen für sämtliche Funkmeßgeräte gegen Störsender und Düppel (1,50–3, 10 m).
9./10. 9. 42 Entstörungsbesprechung: Forderung weiterer sofort darstellbarer Welleninsel (B) aufgrund der Angaben der Firma Gema.

2.) Ausführung durch Industrie.
10. 9. 42 Inmarschsetzung von 2 Firmentrupps zur Umstellung der Geräte an der Kanalküste auf 2,48 m.
20. 10./1. 11. 42 Erste Auslieferung von Wismar-Posaunen-Insel A für Nachrüstung.
26. 11. 42/13. 1. 43. Erste Insel-A-Seriengeräte.
23. 2. 43 B-Insel.
10. 7. 43 C-Insel. Demnächst erste Vollwismargeräte Bereich I (Lorenz). Erprobung des ersten Versuchsmusters läuft seit Mitte August 43.

3. Truppenmaßnahmen.
19. 12. 42 Entstörungsbesprechung im Potsdam-Eiche.
In. Vers. Ret. meldet erfolgreiche Truppenversuche zur Frequenzumstellung.
5. 1. 43. Einsatz Köthen „grün". (Bisher 7 Wellen für Mot- und LZ-Stände.)

Terminzusammenstellung über den Ablauf von Entstörungsmaßnahmen gegen Düppel. (Flak)

24./25. 7. 43 Erster Düppeleinsatz.

1.) Forderungen an die Industrie.
19. 1. 42 Professoren-Konferenz. Grundsätzliche Forderungen von Entstörungsmaßnahmen für sämtliche Funkmeßgeräte gegen Störsender und Düppel.
22. 8. 41 gibt Hptm. Hoffmann FAS III den Abwurf von Düppel als Störungsmittel gegen Funkmeßgeräte an.
29. 10. 42 Forderung an GL/C–E 4, die Entstörung gegen Düppel mit allem Nachdruck weiterzuführen.
18. 11. 42 Zusammenfassender Vortrag von Dr. Stützer über Entstörungsmaßnahmen.
10. 12. 42 Beauftragung von Staatsrat Dr. Plendl mit der Durchführung der Gegenmaßnahmen gegen Düppel.
6. 1. 43 Bericht der E'Stelle Werneuchen über Düppelstörungen: Empfehlung der Untersuchung der Methode zur Ausnutzung des Doppler-Effektes von Prof. H. G. Müller als Entstörungsmaßnahmen gegen Düppel.

2.) Ablauf der Entstörungsmaßnahmen.
10. 8. 43 Vorführung der Steinhäger-Würzlaus bei E'Stelle Werneuchen (Dr. Schulze).
Mitte Sept. 43 Auslieferung der ersten Michael-Überlagerer (Versuchsmuster).
11. 9. 43 Vorführung Würzlaus-C und Nürnberg bei FAS III
26. 10. 43? Erprobung der Hinzpeter-Schaltung.
Anfang Februar 1944 Vorführung des Verfahrens Taunus.

Anhang 2:

FuMB-Peilanlagen

Jahr	Bezeichnung FuPeil	Firma	Type	Frequenz	Empfänger	Antenne
Luftwaffe						
1943	A 82 a, a1, beweglich	Lorenz	Pulm Sa	UKW 100–375 MHz	Samos	Drehantenne
1943	A 82 a, beweglich	Lorenz	Pulm Sb	100–300 MHz	Samos	Drehantenne
1944	A 82 b, beweglich[z)]	Lorenz	–	100–180 MHz +150–300 MHz	Samos Samos	Doppel- Drehantenne
–	A 90 (Reserve)			DMW 300–3000 MHz	Fanö u. a.	Drehantenne
1943	(A 100), beweglich	Ln-Tr./Telef.	Naxburg	CMW 2,4–12,0 GHz	V 350 a Naxos	Würzb.-Spiegel
1943	A 100, beweglich[x)]	Blaupunkt	Korfu	2,5–3,75 GHz	E 351 E = Korfu 812[o)]	Drehantenne
1944	A 100, beweglich	Blaupunkt	Korfu	7,5–11,0 GHz	E 351 D = Korfu 274[o)]	Drehantenne
1943	A 100a, beweglich	Telef./Blaup.	Kornax I	2,5–3,75 GHz	E 351 E	Hornantenne
1944	A 100, beweglich	Telef./Blaup.	Kornax (D)	7,5–11,0 GHz	E 351 D	Hornantenne
1944	A 100 a1, beweglich[y)]	Telef./Blaup.	Kornax II	2,5–3,75 GHz +3,75–5,0 GHz +5,0–7,5 GHz +7,5–11,0 GHz	E 351 E[o)] E 351 A E 351 B E 351 D	4 Hornantennen 1 Stielstr. (8) 1 Drehantenne

Anmerkungen:
x) einzeln oder auch als Zwillingsanlage
y) Vierlingsanlage
z) Zwillingsanlage
o) Sichtpeilanlage

FuMB-Peilanlagen (Fortsetzung)

Jahr	Bezeichnung	Hersteller	Type/ Deckn.	Frequenz MHz	Empfänger/ (Verstärker)	Antenne
Kriegsmarine						
1940	FuMB 1	NVK/Metox/ Grandin	Metox	113-500	R 600 (A)	FuMB Ant. 1 od. 2
1940	FuMB 2	Sadir	Sadir	66-120	R 87 E	(versch.)
1942	FuMB 3	RPZ	Domeyer	180-220	FuMB/C	(versch.)
1942	FuMB 4	R & S	Samos	90-470	RS 1/5 UD 42	(versch.)
1943	FuMB 5	R & S	Fanö	400-800	RS 1/20 DM 43	(FuMB Ant. 13)
1942	FuMB 6	R & S	Wangeroge	160-250	RS . . . (+FuMZ 8)	(FuMB Ant. 3)
1943	FuMB 7	Telef.	Naxos 1	2500-3750	(FuMZ 6)	FuMB Ant. 11
1943	FuMB 8	Hagenuk	Cypern 1	160-250	W. Anz. g (1)	(FuMB Ant. 3)
1943	FuMB 9	Hagenuk	Cypern 2	156-254	W. Anz. g 3	(FuMB Ant. 3)
1943	FuMB 10	NVK/Tel.	Borkum	>150	(FuMZ 6)	(FuMB Ant. 3)
1943	FuMB 11	Blaup.	Korfu 812	2500-3750	E 351 E	(Hornant. oder Parab.)
1943	FuMB 12	Blaup.	Korfu 1218	1666-2500	E 351 C	"
1943	FuMB 13	Blaup.	Korfu 68	3750-5000	E 351 A	"
1944	FuMB 14	Blaup.	Korfu 46	5000-7500	E 351 B	"
1944	FuMB 15	Blaup.	Korfu 274	7500-11100	E 351 D	"
1944	FuMB 16	Hagenuk	Cypern 3	150-286	W. Anz. g3	(FuMB Ant. 3)
1945	FuMB 17a	Blaup.	Korfu 1726	11500-17700	E 351 F?	(Hornant.)
1942	FuMB -+)	NVK	Neufundland	162-222	FuMB 4	FuMB Ant. 10
1942	FuMB 20+)	NVK/ELAC	Grönland	91-462	2x FuMB 4	FuMB Ant. 9
1943	FuMB 21	NVK/Lorenz	Pellworm	136-857	FuMB 4+5	FuMB Ant. 8
1942	FuMB -	NVK	Timor	100-400	FuMB 4	FuMB Ant. 7
1943	FuMB 22+)	NVK/Tel./Lor.	Kreta	120-462	FuMB 4 + Anz.	FuMB Ant. 21
1944	FuMB 23o)	Telef.	Naxos ZM1	2500-3750	(FuMZ 6) +Anz.	Stielstrahler
1943	FuMB 24	NVK/Tel.	Cuba Ia/Fl.	1300-3750	(FuMZ 6)	Parabolantenne
1944	FuMB 25	NVK/Tel.	Mücke	7500-15000	(FuMZ 6)	Hornantenne
1944	FuMB 26	NVK/Tel.	Tunis	1300-3750 +7500-15000	= FuMB 24 +FuMB 25	Doppelantenne
1943	FuMB 27+)	NVK/Lor.	Chinese	2500-3750 +7500-11100	FuMB 11 +FuMB 15	Parabol+ Hornantenne
1944	FuMB 28o)	Telef.	Naxos ZM 4	2500-3750	(Verst. mit Anz.)	Stielstrahler
1943	FuMB 29	Telef./IFS	Bali I	100-400	FuMB 4 od. 9,10	FuMB Ant. 3
1942	FuMB 30	NVK/ELAC	Sumatra	100-400	FuMB 4 (od. 9)	4x FuMB Ant. 4
1942	FuMB -	NVK	Samoa	158-254	FuMB 9	FuMB Ant. 5
1943	FuMB 31	NVK/ELAC	Palau	120-333	FuMB 4 (od. 9)	FuMB Ant. 6
1943	FuMB 32	NVK/MNA	Flores	100-300	FuMB 4 (od. 9)	FuMB Ant. 12
1944	FuMB 33	OKM/Tel.	Liliput I	2500-3750	tragb. verst.	auf Kopfhaube
1945	FuMB 34	Tel./S&H	Liliput II	2140-15000	tragb. verst.	auf Kopfhaube
1944	FuMB 35	NVK/Funkstr.	Athos I	1500-15000	(FuMZ 12+13)	Doppelsektorpeil.
1945	FuMB 38	NVK/S&H/IFS	Bali II	330-750	FuMB 10(+FuMZ 6)	FuMB Ant. 14
1945	FuMB 41o)	Telef.	Naxos ZMD	2500-3750 7500-12000	(verst. mit Anz.) (verst. mit Anz.)	Doppelantenne Doppelantenne

Anmerkung: FuMB 2-6 und 8-17 = FuMB-Geräte, übrige = FuMB-Anlagen
+) Bodenanlagen
o) Sichtpeilanlagen

Funkstör- und Funktäuschungsanlagen

Bezeichnung	Firma	Frequenzbereich MHz	Leistung+)	Bemerkungen
Bodenanlagen/Luftwaffe				
Anti-Bumerang A Anti-Bumerang B Anti-Bumerang D	Lorenz Lorenz Lorenz	200-250 3050-3300 um 10 000	25/80 kW/J 5 kW/J 5 kW/J	später mit Sender „Eibsee" 80 kW mit Sender „Feuermolch" nur Projekt?
Anti-Peenemünde	-	-	-	Planung, geg. Lenkwaffen
S 604/1 Breslau 1	Ristow/DVG	22-28	1 kW	im Einsatz
S 604/2 Breslau 2	Ristow	40-50	1 kW	im Einsatz
Eigenbau-Störsender	LN-Truppe	3100-3300	10 kW/J	aus Rotterdam
DVL-Störsender	HWA/DVL	20-30	1 kW	Wobbelung →Impuls
Feuerball = RPF-Sender = Post-Klystron	RPZ	3200-3500	0,1 kW	Muster, Rauschmod. (3 MHz), 50 cm-Spiegel
Feuerberg Feuerburg	FFO RPF?	3100-3300 3100-3300	? ?	Muster f. „Anti-Bumerang"
Feuerechse	Lorenz	um 10 000	2 kW	in Entwicklung
Feuerhilfe	Koethen	50-90	30 kW	ca. 30 Geräte, in Serie, aus „Feuerstein"
Feuerhund A Feuerhund B	? ?	158-188 188-222	? ?	fertig März 1944
S 602/0 Feuerland 0	Blaupunkt	300-600 (1000?)	0,5 kW	ca. 30 Geräte, in Serie, rauschmoduliert oder tonmoduliert
S 602/1 Feuerland 1	Blaupunkt	166-300	0,5 kW	
S 602/2 Feuerland 2	Blaupunkt	85-176	0,5 kW	Nach [177] Bereiche: 215-300/162-215/ 100-162/66-100/37,5-66/18,8-37,5 MHz
S 603/3 Feuerland 3	Blaupunkt	20-85	0,5 kW	
Feuermolch	Lorenz	3100-3300	5 kW/J	für „Anti-Bumerang B", auch Rausch- oder Sinusmodulation
S 601/1 Feuerstein 1	Telefunken	20-55	140 kW/J	auch 300 kW für „Truhe"
S 601/2 Feuerstein 2	Telefunken	55-90	100 kW/J	
S 601/ . . Feuerstein . .	Telefunken	90-200	80 kW/J	ca. 10-15 Geräte SkHz
S 601/ . . Feuerstein . .	Telefunken	50-200	100 kW/J	
Feuerwurm	Lorenz	2150-3200	?	nicht mehr fertig aus „Feuermolch"

+) J = Impulsleistung

Funkstör- und Funktäuschungsanlagen/Fortsetzung

Bezeichnung	Firma	Frequenzbereich MHz	Leistung+)	Bemerkungen
(Bodenanlage Luftwaffe/Forts.)				
S 600/1 Feuerzange 1	Siemens	43-53 (25-75?)	1000 kW/J	Störsender gegen Navigationsanlagen
S 600/2 Feuerzange 2	Siemens	25-75 (über 100?)	1000 kW/J	6-10 Geräte im Einsatz 5 kHz.-Modul.
Feuerzauber A Feuerzauber B	? ?	75-136 25-43	? ?	fertig März 1944
Fips Gewitterziege	Funkstrahl Phywe	3300 100-150	1 W 50 W	Funkensender, Muster Funkensender, Muster
Heinrich 1 Heinrich 2	RPZ RPZ	20-80 50-75	0,5 KW 1,5 kW	ca. 350 Geräte Sinusmodulation 150 kHz + 100 Hz
FuMS 3 Karl 1	RPZ	170-220	0,5 kW	ca. 150 Geräte, auch Marine,
Karl 2	RPZ	75-176	2,0 kW	Sinus- oder Rauschmodulation
Korona	Blaupunkt/ Siemens	3200-3300 +8600-11000	4 W +4 W	2 od. mehr Störsend. „Roderich", komb. mit FuMB-Anl. „Kornax"
LHMT-Sender (1) LHMT-Sender (2) LHMTSender (3)	LHMT LHMT LHMT	23-30 40-46 50-85	? /J ? /J ? /J	fertig März 1944
Ludwig 1 Ludwig 2	RPZ RPZ	? 23-50	? /J ? /J	Nur Labormuster?
Merkur . . Merkur . . Merkur . .	Lorenz Lorenz Lorenz	22-28 45-50 158-230	20 kW/J 20 kW/J 20 kW/J	in „Kurmark"-Stand auch als „Truhe"-Sender
Olga 1 Olga 2/FuMS 1 Olga 3	GEMA Blaupunkt Blaupunkt	170-200 167-220 60-100	0,3 kW/J 0,4 kW/J ?	s. a. Marine, Serie im Einsatz
Post-Klystron	RPZ			siehe Feuerball
S 603/./FuMS 11 Roderich . .	Siemens	2860-3160	ca. 4 W/J	Im Einsatz
S 603/ . . Roderich . .	Siemens	8600-11000	? W/J	Muster?
Roland I i Roland I d Roland Ili Roland J	Siemens Siemens Siemens Travemünde?	3060-3410 3230-3330 9400-10000 3000-3300	0,3 kW/J 25 W/d 0,3 kW/J ? W/J	Versuchsanlagen i = Impulsmodul. d = Dauerstrich (Rausch- oder Sinus-Modulat.) in Entw. f. Anti-Bumerang B 2
S-Kurier	Telefunken	43-50	25 kW/J	mit Tastger. Meschede I . . IV (FFO)
Störanlage A Störanlage B Störanlage C	NVK NVK/Hagenuk NVK	46-51 36-54 500-750	10 W 50 W ? W	1 Muster in Zusammenstellung in Entwicklung

Funkstör- und Funktäuschungsanlagen (Fortsetzung)

Bezeichnung	Firma	Frequenzbereich MHz	Leistung+)	Bemerkungen
Flugzeug-Bordanlagen/Luftwaffe				
FuG - Caruso I	RPZ	100 .. 120	30 W	Störsender gegen feindl. Sprechfunk, 100 Geräte
Caruso 3	RPZ	100 .. 150	30 W	dto. Kleinserie
FuG 305? Frosch IV	Wega?	170 .. 215	W	Abwurf-Störsender mit Fallschirm und Fallzeit 30 Minuten
FuG - Garmisch-Partenkirchen	Hagenuk	15 .. 70	? W	Störsender für Ball-Verfahren mit Empfänger, ca. 10 Geräte Impulsvervielfältigung
FuG - Heinrich-Bord	RPZ	50 .. 80	? W	Störsender gegen Boden-FuMG
FuG-/FuMS 5 Kettenhund 1 .. 5	Telef./ZVH	1: 20 .. 100 2: 140 .. 220 3: 600 .. 1200 4: 3000 .. 3330 5: 5500 .. 6000	500 W 500 W 500 W 500 W? ?	Störsender-Anlage/jede Anlage besteht aus einer Reihe v. Sendern mit z. B. 10 MHz Bandbreite und ges. Ant-Anpaßgerät 1944 geplant, Fertigung unsicher
FuG Kobold 1 .. 3	RPZ	1 = ? 2 = 170 .. 250 3 = 170 .. 215	? W 60 W 120 W	Störsender geg. ASV, AI, Monica etc./ 500 Hz-Modulation
FuG 40 Nervtöter I	Graetz	90 .. 140	25 W	Durchlauf-FuMB-Empfänger mit handbed. Störsenderaufschaltung (Muster)
FuG 40/2 Nervtöter II	Lorenz	98 .. 156	25 W	dto. mit autom. Aufschaltung (Muster Mai 44) für Kampffl. und Nachtjäg.
FuG Starnberg 1 .. 2 C 293	FFO/ FTU	1 = 180 .. 220 2 = 98 .. 156	20 W 20 W	Störsender geg. ASV, AI etc. Störsender geg. Sprechfunk (1 Satz = 24 Sender für je 4 MHz fertig April 44, 10 Satz bestellt)
FuG Störnebler	Phys. Lab.	180 .. 220	25 W	Störsender gegen ASV, „Monica", AI etc., rauschen
FuG (Schwan-Luft?)	FFO	170–215	?	Abwurf-Störsender gegen Flak-Radar
FuG - Wolke 1 .. 2	AEG	1 = 180 .. 220 2 = 88 .. 94	20 W 20 W	Störsender, rauschmoduliert geg. ASV u. Navigationsverf. Übungs-Störsender (geg. FuG 220)
FuG - Hummel	PTR	560	?	Tarnsender für Würzburg
FuG - Drohne	?	600	?	Tarnsender?

Funkstör- und Funktäuschungsanlagen (Fortsetzung)

Bezeichnung	Firma	Frequenzbereich MHz	Leistung+)	Bemerkungen
Schiffs-/Landanlagen/Kriegsmarine				
FuMS 1 „Olga II"	Blaupunkt	167–222	450 W I	(B 460 UK 43), Antenne: FuMB Ant. 10, 50 Anlagen
FuMS 2	?	?	?	(Nur Versuch)
FuMS 3 „Karl I"	RPZ	170–220	450 W	gegen ASV und Bumerang, Sinus- oder Rauschmodulation, ca. 150 Geräte, Ant.: FuMB Ant. 10
FuMS 4	?	?	?	(Nur Versuch)
FuMS 5 „Kettenhund"	Telefunken	166–250 (166–176/ 176–186) usf.	8 x 60 W	Anlage mit 8 Tröpfelsendern, 50 Hz. 300 kHz Impulsfolgefrequenz, Antenne = $\lambda/2$-Dipole horizont. polarisiert (s. a. Luftwaffe – Bord)
(FuMS 6–10 nicht bel.)				
FuMS 11 „Roderich"	Siemens	2860–3160	3 W	Magnetronsender mit Parabolspiegel 3 m ∅
FuMS 12 „Roland M"	Siemens	2730–3750	50 W	Sender + Tastgerät + Empfänger 2 Trichterantennen

Literaturverzeichnis

(Hier nicht genannte Nummern betreffen andere Sachgebiete)

[15] Hoffmann, K. O.
Ln – Die Geschichte der Luftnachrichtentruppe
Band I, II / Kurt Vowinkel-Verlag/Neckargemünd, 1965

[19] Giessler, H.
Der Marine-Nachrichten- und -Ortungsdienst
Wehrwissenschaftliche Berichte, Band 10
J. F. Lehmanns Verlag München, 1971

[82] Kramar, E./Goldmann, u. w.
Zusammenstellung der Entwicklungsaufgaben der Fa. C. Lorenz A. G.
Berlin in den Jahren 1939–45
ident. mit CIOS I–1 1945, unveröffentlicht, 1945

[101] Felkin, S. D.
Radio and Radar Equipment of the Luftwaffe
A. D. I. (K) and U. S. Air Interrogation, 1945

[110] N. N.
Radio Direction-Finding and Navigational Aids
(Some reports of german work issued 1944–45)
Department of Scientific and Industrial Research
H. M. S. O. London
Radio Research Special Report No 21, 1945

[112] N. N.
a) Decknamenverzeichnis der deutschen Funk- und Ultrarot-Entwicklungen der Jahre 1944–45 (Nachdruck)
Ausschuß für Funkortung / Düsseldorf, Best.-Nr. 1010/I (?), 1953
b) Decknamenverzeichnis / Abgeschlossene Aufgaben, Ausschuß für Funkortung / Düsseldorf, Best.-Nr. 1010/II, 1953

[115] Stanner, W.
Leitfaden der Funkortung / Lehrbücherei der Funkortung Bd. 1
Elektron-Verlag / Garmisch-Partenkirchen, 1952

[120] N. N.
Taktisch-Technische Forderungen
GL/C–E (N. O.), März 1944

[136] N. N.
Funkmeßgeräte (Typenblätter)
Sonderkommission für Funkmeßtechnik SKFM
August 1944

[137] Bekker, C.
RADAR-Duell im Dunkel
G. Stalling-Verlag / Oldenburg / Hamburg, 1958

[138] Price, A.
Instruments of Darkness
William Kimber, London, 1970

[139] Reuter, F.
Funkmeß / Die Entwicklung und der Einsatz des RADAR-Verfahrens in Deutschland bis Ende des Zweiten Weltkrieges (= Wiss. Abhandl. d. Arbeitsgem. f. Forschung des Landes Nordrhein-Westfalen / Band 42)
Westdeutscher Verlag / Opladen, 1971

[153] Brandt, L.
Deutsche Funkmeßtechnik 1944
Sonderheft Bücherei der Funkortung,
AFO/DGON Düsseldorf, 1956

[154] Brandt, L.
Zur Geschichte der Radartechnik in Deutschland und Großbritannien
AFO/DGON Düsseldorf
Z. Ortung & Navigation, Best.-Nr. 1030 IV/1967

[160] Hoffmann Heyden, A. E.
Die Funkmeßgeräte der deutschen Flakartillerie (1938–45)
Bücherei der Funkortung Band 3
Verkehrs- & Wirtschafts-Verlag Dortmund,
ca. 1957

[162] Dahl, A.
Bumerang / Ein Beitrag zum Hochfrequenzkrieg
Wehrwissenschaftliche Berichte Nr. 13
Lehmanns Verlag / München, 1973

[163] Dahl, A.
a) Mitteilungen an den Verfasser, 1977/78
b) Deutsche Gegenmaßnahmen gegen feindliche Funk-Navigation, 1942–45
Sonderbücherei der Funkortung, Best.-Nr. 1029
AFO/DGON Düsseldorf, ca. 1956

[167] N. N.
Ausgewählte Fragen über Theorie und Technik von Antennen
Vorträge Arbeitsbesprechung „Antennen“ 24/26. 3. 1943
ZWB / Heft 1 und 2, nachgedruckt in
Sonderbücherei der Funkortung
AFO/DGON Düsseldorf, Best.-Nr. 1017/1018

[168] Mallach, P.
Dielektrische Richtstrahler
FTZ / Band 2 (S. 33) 1949

[177] Rindfleisch, H.
Work on Infrared, Radar Interference and Communication Technique (NVK)
F-TS-5512-RE, 1945

[206] Giessler, H.
The Breakthrough of the „Scharnhorst“, Some Radio-Technical Details
Z: IRE Transactions on Military Electronics
Januar 1958

[214] Trenkle, F.
Die deutschen Ortungs- und Navigationsanlagen (Land und See) 1935–45
AFO-DGON/Düsseldorf, Best.-Nr. 1038, 1961

[215] Trenkle, F.
Die Bordfunkgeräte der deutschen Luftwaffe 1939–45
AFO-DGON/Düsseldorf, Best.-Nr. 1031, 1958

[216] N. N.
Schriftwechsel Telefunken-HAP 1942–43

[236] Aders, G.
Geschichte der deutschen Nachtjagd 1917/1945
Motorbuch-Verlag/Stuttgart, 1977

[239] N. N.
No. 80 Wing Royal Air Force Historical Report 1940–45
RAF-Report, 1946

[247] N. N.
The Bruneval Raid
Rep. Air 20/63/949
13. 7. 1942

[251] Johnson, B.
The Secret War
BBC, London, 1978

[253] Stüber, C.
Künstliche Reflexionsobjekte
Z: Das Elektron in Wissenschaft und Technik, Heft 1, 1950
RADAR-Verlagsg./Garmisch

[256] Jones, R. V. Prof.
Most Secret War / Hamish Hamilton / London
= The Wizard War / Coward, Mc. Cann & Geoghegan, Inc. / New York 1978

[258] Kotthoff, J.
Prinzipielle Darstellung der Arbeitsweise der Anlage „Breslau"
DVG-Ber. Nr. 293, 1942

[260] Kotthoff, J.
Impulsstörgerät „Meschede II"
UM 4003/1943, 23 S., 1943

[261] Kotthoff, J.
Impulsstörgerät „Meschede IV"
UM 4005/1943, 25 S., 1943

[262] Ehrenspeck
Versuchsbericht über „Heinrich 3"
ZWB / UM 4038 (nicht greifbar), 1944

[263] Wächter, F.
Teilbericht „Düppel" zum Versuchsprogramm „Rügen" EF-05, Sond.-Bücherei der Funkortung / Beiträge zur Entwicklung der deutschen Funkmeßtechnik, Stand 1944,
AFO / DGON, Düsseldorf (Nachdruck), 1953

[265] Trenkle, F.
Die deutschen Funk-Navigations- und Funk-Führungsverfahren bis 1945 / Stuttgart
Motorbuch-Verlag, 1979

[266] N. N.
Ein Leben für das Funkwesen / Ein Abschiedsgruß für Dr. W. Hasselbeck
Telefunken-Werkschrift / Ulm, ca. 1975?

[268] Brandt, L.
Fachvorträge über Schiffs-Funkortung /
OKM 9/10. 3. 1944
Nachdruck DGON Nr. 1012 / Düsseldorf

[270] Giessler, H.
Vom Löschfunkensender zum Funkmeßgerät
Zeitschr. für Wehrkunde, IV, 1955

[271] Giessler, H.
Die Revolutionierung des Seekrieges durch Funkmeß, Z. Marine-Rundschau 65
S. 181–191 und 412–426, 1968

[277] Handel, v.
Ein Verfahren zur Beseitigung von Störungen bei Funkmeßgeräten
Ferd.-Braun-Institut / Ber. Nr. ??, 1945

[278] N. N.
Stand der Versuchsaufträge der ZVH
Bericht, 1944/45

[282] Brandt, L.
Sitzungsprotokolle der Arbeitsgemeinschaft Rotterdam = AGR
Nachdruck Aussch. f. Funkortung / Düsseldorf, 1953

[285] Angel
Erfindervorschlag Verfahren „Gleichenberg"
Manuskript Patentanmeldung / 16. Okt. 1944

[286] Schulze, E., Dr.
Enttrübung von Funkmeßgeräten
Aussch. für Funkortung /
Beiträge zur Flugfunkortung, 1952/53
Düsseldorf, Best.-Nr. 2003

[288] Klickermann, W.
Persönliche Mitteilung an den Verfasser, 1963

[289] N.N.
Terminzusammenstellung über den Ablauf der Freya-Wismar-Aktion / Chef NVW 4. Abt. II B
13. Febr. 1944

[290] Slevogt, K., Wessel, K., Dr., Hoffmann-H.
Über die Absorption und Depolarisation kurzer el.-magn. Wellen beim Durchgang durch eine Düppelwolke, Flak-Vers. Stelle der LW Karslhagen / 9. Febr. 1944

[291] N.N.
Vorläufige Beschreibung für das Zusatzgerät „Wasserfloh", Fm 26/44/H.T.L. Cottbus (FMG) Nr. 44, 1944

[292] N.N.
Vorläufige Beschreibung für das Zusatzgerät „Rohrspatz", Fm 27/44/H.T.L. Cottbus (FMG) Nr. 45, 1944

[293] Herold (?)
Phasendreher „Reißlaus" für Lichtenstein SN-2
Manuskript, ohne Nr., 1944/45

[294] Scholz, H.
Entstörung eines "Würzburg"-Gerätes
FFO-Bericht 105/10. Nov. 1944

[295] Herrmann, P., K.
Vorschlag 2 zur Entdüppelung von Panorama-Bodensichtgeräten (AEG / TPW / 13. Okt. 1944

[296] Braun, W., Stark, Th.
Untersuchungen zum Verfahren „Nürnberg" des FFO / ZWB / FB 1853 / 2. Sept. 1943

[297] Wessel, Prof.
Schriftwechsel mit Prof. Scherzer BHF über Reflexion von Sprengwolken von Flakgranaten
März 1945

[298] N.N.
Sonderbücherei der Funkortung / Beiträge zur Entwicklung der deutschen Funkmeßtechnik / Düsseldorf / Best.-Nr. 1014, 1953?
a) Dummer, H.J.
Über die Verwendung von Einzelimpulsen zur Entfernungsbestimmung

b) Wächter, F., Brummack, O.
Teilbericht Düppel
Telefunken EF 05/Juni–Aug. 1944
c) (SKFM)
Prüf- und Meßgeräte CMW-Gebiet (Datenblätter)

[301] N. N.
Telefunken im deutschen Heere
Telefunken-Zeitung Nr. 15, Mai 1919

[306] Niemann, O.
Funkentelegraphie für Flugzeuge
Handbuch der Flugzeugkunde, Band IX
Verlag R. C. Schmidt & Co. / Berlin, 1921

[355] Schlicke, H. Dr.
Electronic Research in the German Navy
Div. Nav. Int., 15. 9. 1945

[361] = [266]

[364] Wächtler, M.
Über einige Funkpeilverfahren der Kriegsmarine
ZWB/UM 802/2, 1944

[366] Trenkle, F.
Die deutschen Funkmeßverfahren bis 1945
Stuttgart, Motorbuch-Verlag, 1979

[380] Rohwer, J.
Die Funkführung der deutschen U-Boote im Zweiten Weltkrieg
Wehrtechnik, Heft 9/10, 1969

[384] Kiewert, K.
Elektronische Kampfführung / Marine
Z. Truppenpraxis, Heft 2, 1970

[385] Stallmann, W.
Elektronische Kampfführung / Entwicklung und Einfluß auf die Seetaktik
Z. Truppenpraxis, Heft 7, 1974

[386] Ganter, K. / Wollschläger, J.
Elektronische Kampfführung / Luftwaffe
Z. Truppenpraxis, Heft 10, 1974

[390] Smith, R., A.
Radio Aids to Navigation
Cambridge U. P., 1947

[391] Hall, J., S.
Radar Aids to Navigation
MIT Rad. Lab. Series / New York / London, 1947

[392] Juschka, R. / Wächtler
Persönliche Mitteilungen, 1979

[393] Rohwer, J. / Jäckel, E.
Die Funkaufklärung und ihre Rolle im
Zweiten Weltkrieg
Stuttgart / Motorbuch-Verlag, 1979

[394] Watson Watt, R.
Battle Scares of Milit. Electronics –
The Scharnhorst Break-Through
IRE Transaction of Mil. El. Vol. MIL.-1, 1975

[395] Haenschke, W.
Die Luftnachrichtentruppe 1944 im Westen (I/II)
Z. Wehrkunde, Band IV, 1955

[396] Dechend, W. (†)
Tarnung in See- und Luftkrieg
Manuskript (1980)

[397] Balcke
Radarstrahlung-Radartarnung
Band 1 / Taschenbücher für Strahlungstechnik
1950?

[398] Brown, A., C.
Die unsichtbare Front (Bodyguard of Lies)
München, 1976

[400] Dieminger
Persönliche Mitteilungen, 1979

[401] Hepcke, G.
Persönliche Mitteilungen, 1979/80

[402] Beesly, P.
Very Special Intelligence
Hamish Hamilton/London, 1977

[403] Klipphan, O.
Radar-Technik
Z. Radio Mentor H. 9/1949

[405] Randewig, K.
Taktische Funkpeilung
Z. Wehrtechn. Hefte, Heft 4, 1955

[406] Hepp, L.
Die Funkaufklärung
Z. Wehrwiss. Rundschau, Heft 6, 1956

[407] Hepp, L.
Funktäuschung
Z. Wehrwiss. Rundschau, Heft 3, 1954

[408] Rohwer, J.
Geleitzugschlachten im März 1943
Motorbuch-Verlag / Stuttgart, 1975

[414] Trenkle, F.
Die deutschen Funkhorch- und -Peilverfahren
bis 1945, AEG-Telefunken 1981

[421] Grammüller, M.
Breitband-Adockpeiler Type C 318/3234
DVG-Bericht Nr. 299/1943

[430] N. N.
BHF-Rundschreiben
Der Bev. f. Hochfrequenzforsch. / Berlin-Gatow
1945

[441] Meinel, E.
Einige Sonderfälle der deutschen Funkpeiltechnik im Rundfunkkrieg des
2. Weltkrieges, in [444]

[442] Röhrl,
Praxis und Physik des Funkmeßwesens,
des Nachrichtenmittelversuchskommandos
Manuskript, 1945

[443] Streetly, M.
Confound and Destroy / 100 Group and the
Bomber Campaign
McDonald & Jones / London, 1978

[444] Horstmann, B.
Funkpeilen, gestern – heute – morgen
Maximilian Wächtler, 80 Jahre
Schrift der Dr. Wächtler GmbH / Hamburg, 1980

[455] Wolf, E.
Rundfunkkrieg
Technische Mitteilungen PTT / Schweiz Nr. 2, 1947

[456] Widdra, H.
Persönliche Mitteilungen an den Verfasser, 1980

[457] Meinel, E. Dr.
Persönliche Mitteilungen an den Verfasser, 1980

[458] Owczarek, R., Dr.
Persönliche Mitteilungen an den Verfasser, 1980

[459] Boehnlein, W.
Persönliche Mitteilungen an den Verfasser, 1980

[460] Johnston, S., L.
„Radar ECCM History“
IEEE CH 1554 / NAECON-Reprint, 1980

[461] Michelssen, F.
Zur Funkmeß-(Radar-)Technik“
Z. Frequenz 1951, Heft 9 / 1952 / Heft 1 / 1952 Heft

[464] N.N.
Beschreibung Störsender „Heinrich 1“, 1945

[465] Price, A.
Persönl. Mitteilungen an den Verfasser, 1980

[466] Trenkle, F.
Die deutschen Funklenkverfahren bis 1945
AEG-Telefunken 1982